U0934626

THE EVOLVING OECD CONSENSUS

A STUDY ON THE INTERNATIONAL RULES OF OFFICIALLY SUPPORTED EXPORT CREDITS

官方支持出口信贷国际规则的研究

中国出口信用保险公司/编译

中国金融出版社

责任编辑：王雪珂
责任校对：李俊英
责任印制：张也男

图书在版编目（CIP）数据

演进中的“君子协定”——官方支持出口信贷国际规则的研究/中国出口信用保险公司编译.—北京：中国金融出版社，2021.5
ISBN 978-7-5220-1131-8

Ⅰ.①演… Ⅱ.①中… Ⅲ.①出口信贷—国际信贷—经济协定—研究
Ⅳ.①F831.6

中国版本图书馆CIP数据核字（2021）第083743号

演进中的“君子协定”——官方支持出口信贷国际规则的研究
YANJINZHONG DE “JUNZI XIEDING”: GUANFANG ZHICHI CHUKOU XINDAI GUOJI GUIZE DE YANJIU

出版
发行 中国金融出版社

社址 北京市丰台区益泽路2号
市场开发部 （010）66024766，63805472，63439533（传真）
网上书店 www.cfph.cn
（010）66024766，63372837（传真）
读者服务部 （010）66070833，62568380
邮编 100071
经销 新华书店
印刷 北京市松源印刷有限公司
尺寸 185毫米×260毫米
印张 25.75
字数 500千
版次 2021年5月第1版
印次 2021年5月第1次印刷
定价 96.00元
ISBN 978-7-5220-1131-8

编写委员会名单

作　序：宋曙光

主　编：蔡希良

副主编：张　辉

总　审（按姓氏拼音排名）：陈　新　黄　山

编写组：

副　审（按姓氏拼音排名）：钮文梅　孙意风　赵　峥

作　者（按姓氏拼音排名）：韩羽时　李瑞民　李　哲　林　海　孙意风　张小铭　张友迅　周　珂

翻译组：

副　审（按姓氏拼音排名）：傅　哲　刘　胜　穆　歌　钮文梅　孙意风　赵　峥

译作者（按姓氏拼音排名）：冯　蕾　韩羽时　李瑞民　李　哲　林　海　陆元勋　王　静　肖　铁　许　光　闫　妮　张小铭　张友迅　周　珂

序言

当今世界面临百年未有之大变局，全球政治经济格局正发生着深刻的变化。随着新兴市场国家的不断崛起，广大发展中国家要求参与制定多边规则、提高话语权的呼声越来越高，全球经济治理体系亟待改革和创新。

党的十八大以来，中国对全球治理的重视和参与度达到了历史新高。习近平总书记在党的十九大报告中特别指出，中国秉持共商共建共享的全球治理观，支持扩大发展中国家在国际事务中的代表性和发言权。不管全球经济治理体系如何变革，中国都要积极参与，发挥建设性作用，推动国际经济和金融秩序朝着更加公正合理的方向发展，为世界和平稳定提供制度保障。在这样的背景下，深入研究经济治理领域国际规则对积极在国际多边平台上贡献中国智慧和方案、不断提升中国参与全球经济和金融治理能力具有重要价值和意义。

官方支持出口信贷——广义上通常包括直接贷款、出口信用保险或担保等形式安排——是世界各国支持出口和投资的政策性金融体系中的重要组成部分，也是国际经济治理体系中具有独特功能的特定细分领域。该领域的规则作为国际规则制定中的有机组成部分，值得我们密切跟踪、深入研究。当前，该领域内以发达国家为参加主体的现有国际规则正在演变改革的同时，旨在推动增加发展中国家代表性和发言权的新国际规则也在酝酿过程中。

自20世纪60年代起，世界主要发达国家均通过参加经济合作与发展组织（OECD）来协调各自的出口信贷和信用保险政策，并于1978年制定了第一版《官方支持出口信贷的安排》，俗称“君子协定”，以保障各参加国在公平的环境中支持出口；其作为一套西方国家主导的官方支持出口信贷技术规范，体现了新自由主义价值体系对公平交易和市场竞争原则的重视，即官方支持的使用应规范有序、避免恶性竞争，同时避免对私营市场产生挤出效应。

在“君子协定”建立之初，作为其参加国的高收入OECD国家垄断了全球接近80%的进出口贸易，因此在较长的一段时间内，“君子协定”发挥了规范市场竞争秩序的重要作用，其充分体现行业特质的差异化融资条件、较为科学、严谨和精细的定价机制，以及严密的动态管理机制都较好地体现了行业治理国际规则的规范性和专业性。与此同时，“君子协定”亦存在一定的局限性，特别是随着全球贸易版图发生重大变化，越来越多发展中国家建立本国官方支持出口信贷机制，这样的局限性逐渐显现，一方面主要体现在其部分融资条件规定欠缺灵活性，无法与时俱进地满足参加国自身适应全球价值链、产业链发展变化的新需求；另一方面则是其作为西方视角的国际规则，欠缺对发展中国家差异性的包容，无法充分反映全球出口信贷发展现状。

为此，2012年11月中美两国牵头建立了出口信贷国际工作组（IWG），旨在制定一套照顾不同的国家利益和国情、与国际最佳实践一致的出口信贷国际指导原则，最终取代“君子协定”。IWG成员除中美之外，还包括以欧盟、日本为代表的OECD国家以及其他金砖国家等共十八方，代表45个国家的利益。在中国政府的指导下，中国的两家出口信用机构（ECA）——中国出口信用保险公司（以下简称中国信保）和中国进出口银行一直积极参与相关磋商工作。

作为以服务国家外交和对外经济贸易发展为己任的政策性出口信用保险机构，中国信保一直高度重视行业的发展和相关国际规则的跟踪。为有效把握和深刻理解国际发展环境面临的深刻复杂变化，借鉴国际先进理念和经验，以外促内，服务自身可持续发展，自2005年起中国信保开始持续跟踪“君子协定”的发展变化，先后翻译出版了《官方支持出口信贷的安排（2005修订版）》和《官方支持出口信贷的安排（2015修订版）》，得到国内业界的认可和好评。

党的十九届五中全会提出要“积极参与全球经济治理体系改革”“提高参与国际金融治理能力”。在此新形势下，我们认为有必要结合公司参与IWG谈判情况，开展“君子协定”最新文本的翻译，并分享我公司对OECD国家在官方出口信贷领域相关治理的研究成果，编写《演进中的“君子协定”——官方支持出口信贷国际规则的研究》一书，为增进行业、社会对官方支持出口信贷体系的理解，推动构建该领域全球新秩序提供参考借鉴。

本书分为上、下篇，上篇主要阐释了“君子协定”的诞生与发展、改革趋势分析，并尝试对诸如“风险定价体系”“最长还款期”以及“当地费用”等“君子协定”中重要融资条件的概念及规则进行详细解读；此外，还介绍了国际社会重点关注的可持续信贷、环境与社会责任以及反贿反腐等内容在出口信贷领域的规则及应用，它们与“君子协定”联动发挥作用，共同构建了OECD国家在官方支持出口信贷领域的规则框架。下篇为我公司同事翻译的2020年1月版“君子协定”中文译本，以便读者查阅规则具体内容，此译本已获OECD秘书处正式授权。

中国信保成立于2001年12月我国加入世界贸易组织这一特殊历史时刻，二十载风雨兼程、砥砺奋斗，对中国外经贸事业的支持作用日益凸显。截至2020年末，中国信保已累计实现承保金额超过5.3万亿美元，每年直接和间接拉动的出口占我国同期出口总额的比重超过四分之一。2020年，受新冠疫情影响，全球贸易大幅萎缩，中国信保充分发挥逆周期调节作用，防风险、促融资、稳外贸、保就业，为我国外贸逆势增长贡献了力量。

2021年是“十四五”的开局之年，中国将进一步实行高水平对外开放，开拓合作共赢新局面，亦将开启积极参与和引领全球治理体系改革和建设的新征程，这是中国立足国情和未来发展目标的必然选择，也对在官方支持出口信贷领域打造出一套既具有中国特色、维护国家利益、服务中国出口实际，又能符合各国利益和诉求的全新国际多边规则，提出了更高要求。

作为官方支持出口信贷从业者，中国信保将始终保持“世界眼光、开放心态”，持续跟踪和研究行业相关国际规则，充分认识国际主流实践的科学性和合理性，在具体工作中，回归出口信用保险本源，把握行业风险规律，切实服务“一带一路”高质量发展的同时，与国内同行一道，在国家指导下积极参与本领域新国际规则的构建并推动其朝更公正更合理方向发展。

未来，我们也将持续分享相关国际规则研究成果，欢迎广大同仁予以关注，以促共同发展。

中国出口信用保险公司

二零二一年　元月

目　录

上　篇

下 篇

上篇

1

风云四十年："君子协定"的诞生与发展

出口信贷（Export Credit）是国际信贷的主要方式之一，最早起源于西方国家，是指出口国为支持和扩大本国资本性货物/服务出口，而对本国出口商或外国进口商提供的一种融资支持方式，通常具有期限长、金额大的特点。

目前，出口信贷在国际经贸往来中广泛存在，其中大部分出口信贷是商业性的，还有一部分是由各国政府支持，具有一定政策属性。广义的官方支持出口信贷（Officially Supported Export Credit）通常包括直接贷款、出口信用保险或担保等提供形式，是世界贸易组织（WTO）规则允许的、各国普遍采用的对外贸易促进工具。

官方支持出口信贷的诞生源于"出口促进国家经济增长"理论。伴随着日益繁荣的全球贸易活动，官方支持出口信贷逐步发展成为调节市场失灵、弥补商业性出口信贷供给不足、实现政府促进出口政策目标的重要金融工具。国际上，官方支持出口信贷主要由各国政府建立的出口信用机构（Export Credit Agency，ECA）提供。自1919年世界首家ECA——英国出口信用担保局（ECGD，现名UKEF）成立以来，德国、法国等主要西方国家和亚洲的日本、韩国均陆续建立了本国的ECA，并通过这些ECA推动国家出口政策实施，支持本国开发海外战略资源、实施对外援助项目等，助力国家政治、经济和外交目标的实现。在政策性职能和市场化力量微妙的平衡作用下，西方国家作为官方支持出口信贷领域的先行者，主导制定并发展了官方支持出口信贷的国际规则。从1978年的最初制定到现今的四十年间，这套规则的参加国数量不断增多，技术内涵也在不断丰富。

一、"君子协定"诞生背景和过程

第二次世界大战之前，随着资本主义工业化和国际贸易的扩张，西方国家的机械设备出口大幅增加，各国出口信贷业务因而实现了一定程度上的发展。二战之后，不论是西方发达国家出于加强对资本性货物的出口以拉动其生产和就业、缓解经济危机影响的需要，还是发展中国家因取得民族独立、重建国家秩序而对发达国家的先进设备、工程和技术有迫切需求，都导致西方发达国家对发展中国家的大型资本性货物出口不断增加。然而，巨大的外汇额度和较长的项目周期使进出口商都面临着较大的资金压力，银行等一般性商业机构无力覆盖这一部分的风险资金敞口。因此，各发达国家通常利用ECA向发展中国家提供中长期的出口信贷支持。

进入20世纪70年代，国际政治经济局势风云变幻。世界各国已经初步体会到了全球经济相互依赖和全球贸易便利化的红利，但是繁荣也催生了交易主体间的无序竞争；而石油危机的爆发、外汇市场的震荡以及大宗商品的价格波动，都导致资本性货物的出口风险陡然上升。同时，应缓解经济滞胀和外交政策转型的需要，发达国家政府开始尝试向发展中国家提供与贸易相关的国际援助。在这一时期，这些官方支持应按照怎样的“游戏规则”参与国际经济贸易活动，成为各国政府和市场的争论焦点。

为解决这一问题，世界主要发达国家的政府及其ECA纷纷借助经济合作与发展组织（OECD）平台来协调彼此间的官方支持出口信贷政策。遗憾的是，各国在历经了多轮次的沟通交流后发现，没有一个国家愿意单方面终止这种政府主导的支持行为或率先做出让步。因此，国际社会亟须一项以文本为基础的多边协定来规范官方支持出口信贷的市场秩序，支持中长期资本性货物和/或服务出口贸易的发展。

1976年，作为当时全球官方支持出口信贷主要提供国，英国、德国、法国等OECD国家在七国集团（G7）峰会上，就制定一套关于官方支持出口信贷的国际规则达成了共识。历经两年谈判，第一版OECD《官方支持出口信贷的安排》（*Arrangement on Officially Supported Export Credits*）于1978年2月问世，同年4月生效。在统一的规范框架下，各参加国的出口商将基于其提供货物和/或服务的质量和价格参与国际竞争，而不再是基于其可获得的融资支持优惠程度。由于初期签署《官方支持出口信贷的安排》的国家数量较少，且其中未引入惩罚机制，对其参加国不具备强制约束力，属于君子之间的协议，故俗称“君子协定”，但对于欧盟成员国，由于该协定已植入欧盟法律规则中，其具有法定约束力。截至2020年，其参加国包括澳大利亚、加拿大、欧盟（28国）、日本、韩国、新西兰、挪威、瑞士、土耳其和美国等10方，代表37个国家利益（各国加入情况见附表）；此外，巴西虽然不是OECD国家，但却是“君子协定”中《民用航空器出口信贷的行业谅解》的参加国。

鉴于OECD国家的进出口和投资总额在当时的国际贸易中占有很大份额，“君子协定”自推出后便在出口信贷行业内产生了广泛影响，至今仍被OECD国家及其ECA广泛沿用，亦成为许多发展中国家后续制定本国出口信贷政策的重要参考依据。

二、“君子协定”及其四十年发展

（一）“君子协定”主要内容及其发展

“君子协定”作为一套西方国家主导的官方支持出口信贷技术规范，体现了新自由主义价值体系对公平交易和市场竞争原则的重视，即官方支持信贷的使用应规范有序、避免恶性竞争，同时避免对私营市场的挤出。其规则涉及内容很多，包括最低预付款、最长还款期、还款方式等一般融资条件，以及围绕利率和风险费率等定价内容做出的相应规定以及底线标准。OECD 在对"君子协定"四十年发展的里程碑事项①的回顾中，重点提及以下内容及其发展：

1. 融资利率规定（Interest Rate）

对于直接贷款来说，商业参考利率（CIRR）是其放贷计息不得突破的底线。CIRR 是一项月度调整的、反映融资币种的本国市场动态的利率，大多数情况下，CIRR 的结构被设定为"国债利率 + 风险溢价"。这一规定历经两轮修改：1983 年，"君子协定"首次引入低利率货币的 CIRR；1997 年，正式将 CIRR 的应用普及至所有国家。此外，"君子协定"中规定，在为浮动利率贷款提供官方融资支持的情况下，银行等融资机构所提供的利率不应低于初始合同签订时的 CIRR 和在贷款期限内短期市场利率两者相较的低值。

2. 风险费率规定（Premium Rate）

"君子协定"规定，除收取贷款利息之外，其参加国还应针对贷款收取不还款的风险费用。其费率以风险为基础定价，综合反映了项目东道国国家风险水平、贷款期限，甚至项目经营情况、进出口双方信用状况等其他风险情况。ECA 在定价时，该风险费率不应低于"君子协定"设定的最低风险费率（Minimum Premium Rate）。

这项规定最初来源于 1997 年官方支持出口信贷的最低费率协议（Knaepen Package②），并融入了以国家风险为基准的、体现不同官方支持出口信贷产品间差异的风险费率定价模型，并于 2003 年正式落实到实操层面。2011 年，基于买家风险评级的补充协议（Malzkuhn-Drysdale Package）又特别针对买方信用风险设定了衡量标准，使得风险费率定价体系更加科学合理，有助于 OECD 国家出口商之间的公平竞争，也保护了 ECA 免于来自违反 WTO《补贴与反补贴措施协议》（ASCM）的指责。2017 年，对于风险费率的修订进一步落实了针对高收入国家的定价机制。

3. 当地费用（Local Cost）

当地费用指的是在进口国购买货物和/或服务的支出。这些费用是为执行出口合同或为完成项目（出口合同构成项目的一部分）而发生的，但在买方所在国支付给出口方代理的佣金除外。1978 年，为了规范 OECD 国家对当地费用提供的支持比例，第一版"君子协定"就纳入了对当地费用的规则。2008 年，"君子协定"参加国一致同意，将该比例从出口合同金额的 15% 提升至 30%，并于 2011 年生效。2012 年，"君子协定"中《可再生能源、减缓气候变化型和水资源项目出口信贷的行业谅解》进一步将低于 1000 万特别提款权的可再生能源项目的当地费用比例提高至 45%。

---

① 详见 OECD TAD/PG（2020）2 号文件及其出版物 *The Export Credits Arrangement*：1978—2008。

② 为了向出口信贷行业的领军人物或关键会议致敬，对"君子协定"有重要调整作用的一揽子方案均以人物的名字或会议召开的地点命名。

4. 约束性援助（Tied Aid）

约束性援助（含部分约束性援助，Partially Tied Aid）是一种与定向采购绑定的援助，即与从援助国或其他指定国家采购货物和/或服务形成有效（在法律或事实上）约束的援助；援助形式包括贷款、赠与或优惠水平大于零的联合融资安排。与约束性援助相对应的概念是“非约束性援助”（Untied Aid），即贷款或赠与的款项可以全部、自由地用于采购任何国家的货物和/或服务。值得注意的是，“君子协定”只强调了约束性援助的形式、受助资格、例外情况、优惠水平、有效期等，而未对非约束性援助进行详细的规定。

为了消除不恰当的补贴行为、引导与贸易相关的援助资金向较穷困的发展中国家（Poorer Developing Countries）流动，“君子协定”先后三次调整了援助相关的条款。其中，1985 年和 1987 年分别修订了优惠水平计算方式；1992 年的赫尔辛基规则（Helsinki Package）则禁止了对较富裕的发展中国家（Richer Developing Countries）的约束性援助和部分约束性援助。同时，“君子协定”着重强调，即使是对上述较穷困的发展中国家的约束性援助，也只能在私营部门没有能力介入时方可提供，显示出“君子协定”不对私营市场挤出的坚定态度。

5. 行业谅解（Sector Understanding）

制定行业谅解是“君子协定”四十年发展过程中的重要成果。在众多资本性货物和服务的出口中，部分行业项目融资结构较为复杂、风险敞口较高或对环境、社会产生负面影响。因此，“君子协定”参加国之间达成行业谅解，同意对特定交易或在特定情况下，针对特殊行业使用特殊的官方支持融资条件，且其效力高于“君子协定”一般约定中的要求。现行的各行业谅解——船舶（2003 年生效，下同）、核电站（2009）、民用航空器（2011）、可再生能源/减缓和适应气候变化型/水资源项目（2014）、铁路（2014）、燃煤发电项目（2016）在其正式出台前均历经了数次修改①。

（二）“君子协定”的适用范围

“君子协定”从提供主体和业务范围等两个维度对官方支持的适用范围做出约束。

1. 提供主体

结合国际实践，受“君子协定”约束的主体可以是政府部门，也可以是代表政府的机构，比如参加国的 ECA。

由于不同国家的政策性业务布局不同，因此各国 ECA 的经营形式也不尽相同，有

① 在此期间，地面卫星通讯站（1986—1988 年）曾短暂地出现在“君子协定”的附件中，随后于 1988 年被正式移除。

的是“出口信用保险机构”（例如，中国信保 SINOSURE，意大利信保 SACE），有的是“银行机构”（通常是进出口银行，如中国进出口银行 CHINA EXIMBANK，美国进出口银行 US EXIMBANK），还有的是由商业机构代理的政府账户（比如裕利安怡集团德国官方账户，EH Germany State Account）。

2. 业务范围

“君子协定”所约束的官方支持业务分为两个大类。

第一类是比照市场原则确定信贷条件的一般官方支持，其核心是不能“过于优惠”从而构成 WTO 项下的禁止性补贴。这一类官方支持，通常是指由上述主体针对本国货物和/或服务出口（包括融资租赁）而提供的、还款期在 2 年及以上的官方支持，具体形式包括纯风险保障（出口信用保险或担保）、融资支持（直接信贷/融资和再融资、利率支持）以及上述任意组合的形式；对于 ECA 而言，就是其在业务实践中提供的中长期出口信贷或者中长期出口信用保险等。

“君子协定”通过确立对最低利率和风险费率水平、最大官方支持比例、最长还款期等融资条件的详细规范，来约束各参加国提供上述一般官方支持；此外，针对船舶、核电站、民用航空器、可再生能源/减缓和适应气候变化型/水资源项目、铁路和燃煤发电等特殊行业的货物和/或服务出口另有特殊规定。

第二类是约束性援助（Tied Aid），即援助国要求受援国购买其产品和服务、具有一定优惠成分的援助性质资金，包括官方发展援助（Official Development Assistance, ODA）贷款（Loans）、赠与（Grants）、其他官方现金流入（Other Official Flows，不包括第一类提及的一般官方支持）以及混合援助等；与第一类一般官方支持明显有别的是，其核心是“必须足够优惠”，以充分体现援助性质。

此外，还有两点需要关注：其一，“君子协定”并未覆盖国际贸易中各行各业。由于军品涉及国防议题，WTO 的关税谈判至今尚未就农产品的进出口贸易达成共识[①]，因此“君子协定”对军品和农产品行业是不适用的。其二，“君子协定”虽然没有对非约束性援助做出详细规定，但是其中关于信息通报的程序同样适用于与贸易有关的非约束性援助。

（三）与 WTO 及其他国际组织和规则的关系

在过往四十年里，“君子协定”已经融入国际金融体系，成为其中重要组成部分，

① 根据原定计划，有关农产品的行业谅解谈判于 1995 年启动，与 WTO 乌拉圭回合谈判同时进行，并于 1997 年形成可纳入“君子协定”的附件草案。然而，WTO 乌拉圭回合成果不如预期，该附件草案也被推迟到 2000 年才发布。遗憾的是，自 WTO 多哈回合重启农产品谈判至今，尚未取得实质进展。

最核心的是该协定与WTO《补贴与反补贴措施协议》[①] 的紧密关联。

在20世纪50年代“君子协定”出台前，为了鼓励本国企业出口，政府会承担过高的补贴成本，从而容易造成市场扭曲。为此，欧洲经济合作组织（OEEC，OECD的前身）曾明确禁止按“不足以覆盖信用保险机构长期运营成本和损失的费率”收取风险费；随后，关税和贸易总协定（GATT，WTO的前身）吸纳了“不花政府的钱”（No-cost-to-the government）的规定。然而，这一要求似乎本身存在矛盾：一方面，官方支持只有在商业机构因风险过于不确定、无利可图，而无能力或不愿意涉足时，方可介入；另一方面，受制于公平贸易原则，这种官方介入又不允许让政府负担费用。因此，在实践中，GATT的“不花政府的钱”要求并未被严格落实。

“君子协定”出台后，GATT/WTO规则和“君子协定”终于确认了清晰的锚定关系，“君子协定”成为官方支持出口信贷在WTO《补贴与反补贴措施协议》要求下的“安全港”，即按照“君子协定”规则要求提供的官方支持出口信贷，不构成WTO项下的禁止性补贴。

除WTO规则外，“君子协定”还与OECD框架下，ECA须遵守的约束发展融资、出口融资产品及配套服务的规则保持着密切联系。例如，OECD《官方支持出口信贷环境和社会尽职调查共同方法》就规定成员国ECA在开展环境和社会尽职调查过程中须遵循一套识别、评估和应对潜在影响和风险的通用路径，并将其纳入官方支持出口信贷的决策和风险管理体系。而OECD《关于可持续信贷实践和官方出口信贷的政策建议》和OECD《关于贿赂和官方支持出口信贷的建议》也分别在控制债务风险和预防交易腐败方面做出了重要贡献。每年，由OECD国家ECA代表组成的出口信贷和信用担保工作组（ECG）和OECD秘书处，都会针对这些规则不断进行完善，大大丰富了官方支持出口信贷国际规则的内涵与外延。

（四）“君子协定”与非参加国

目前，“君子协定”的参加国仍以较高收入的国家为主。但是，当ECG对“君子协定”文本开展修订时，均会组织召开和其利益相关方，例如，参加国的非政府组织、商业机构和银行、劳工团体和其他国际组织的磋商会议，听取他们的意见和建议。与此同时，“君子协定”参加国也欢迎非参加国的参与，就行业发展的前沿问题展开

① WTO《补贴与反补贴措施协议》（ASCM）附件1中对出口信贷和出口补贴的关系做了界定。若出口信贷满足（1）由政府或公共机构提供；（2）具有法律或事实上的出口指向性；（3）授予利益三项条件，则会被判定为存在出口补贴。而如果某一成员属某一个官方出口信贷国际承诺的参加方，且截至1979年1月1日，至少有12个本协议创始成员属于该国际承诺的参加方，或如果一成员实施相关承诺的利率条款符合这些承诺的出口信贷做法，则不得视为WTO规则所禁止的出口补贴。

讨论。

目前，中国、印度等发展中国家未加入"君子协定"，但是在提供官方支持出口信贷的实务安排中，通常也会遵循"商业化运作"理念，坚持合理利用官方支持，不对私营市场造成挤出。在出口信用保险业务领域中，中国信保业务承保政策的很多方面与"君子协定"的有关要求相近，对某些特定行业融资条件（如最长还款期）的承保要求甚至比"君子协定"更为严格。

三、"君子协定"步入"中年危机"

以2008年全球金融危机为转折点，21世纪全球经贸版图的重大改变、全球价值链的转型、ECA现代角色的"再定位"以及后金融危机时代银行风险监管的加强，均使"君子协定"现行规则的局限性逐渐显现，挑战增加。

（一）全球贸易版图的重新布局

早在"君子协定"建立之初，作为其参加国的高收入OECD国家垄断了全球接近80%的进出口贸易①，因此"君子协定"在较长的一段时间内，切实发挥了规范市场竞争秩序的作用。随着新兴市场等发展中国家的崛起，全球出口市场份额结构逐步调整，OECD国家占国际出口贸易比重大幅下降。2014年，中国取代欧盟成为全球最大出口国；2017年，中国出口占全球出口额的比值高达17%，相比2002年加入WTO时仅7%的占比，实现了大幅跃升。在这期间，主要OECD经济体，如美国、欧盟、日本等在全球出口贸易中的比重则相应下滑。

随着非OECD贸易大国也积极使用官方支持出口融资，以及OECD国家自身为助力本国参与项目海外竞争不断避开"君子协定"规则转而支持协定框架外的信贷项目，致使当前"君子协定"在全球官方出口信贷领域的约束范围缩小。根据有关研究显示，在全球官方支持项目中，按照"君子协定"规则提供的比例已从2011年的50%缩减至2018年的36%，甚至曾低到27%。

（二）全球价值链的变化

随着全球化进程加快、程度加深，全球产业布局亦逐步转型。与"本国出口"为主的传统资本性货物出口模式相比，以"本国出口+多国采购+当地购买"的全球价值链正日趋成为主流。出口商在项目当地建厂、生产、雇用劳工的必要性日益增加，

① 来源于世界银行数据，1978年，OECD国家的贸易额占全球贸易总额的77%，2017年该比例降至61%。

因此必然会对运营成本、当地费用等方面的支持提出新要求；而一向以服务本国出口为己任的各国ECA也必须不断创新其融资支持手段，从而满足出口商或融资机构的现实需求。这样看来，现行“君子协定”中的相关融资条件规定显得不够灵活，尚无法及时跟上这种变化。

（三）ECA现代化角色“再定位”

国际营商环境与外交政策在当今世界的联系愈发紧密。不论是为了满足本国出口商、融资银行等市场需求，还是为了维护国家利益需要，官方支持出口信贷作为国家经贸体系中一项政策性工具，在推动国家出口政策、助力实现本国海外战略目标方面的重要性日益增加，竞争性作用不断增强。特别是在当前应对新冠肺炎疫情冲击的情况下，西方各国ECA都纷纷打破常规、积极施策，力争在保障国家贸易、拉动就业、提振本国甚至全球经济等方面发挥积极的逆周期调节作用。而目前“君子协定”中某些过分细致的规定在一定程度上对其参加国参与国际竞争形成掣肘。因此，在全球经贸环境呼唤ECA发挥更多作用的新时代，对于“君子协定”这一套官方支持背后的国际规则，在既要确保公平竞争、不对私营市场形成挤出，又要保有适度灵活性以适应市场需要等方面，提出了更高要求。

（四）后金融危机时代银行监管的加强

金融危机来袭时，贸易需求急剧下降，信贷环境迅速恶化，这给了出口信贷行业一条重要的教训：不可高估市场自身运作的稳定性。后金融危机时代，西方各国纷纷加强了对银行业务运作的监督，对融资风险的监管要求亦不断提升。特别是《巴塞尔协定Ⅲ》实施以来（目前仍处于政策落实阶段），关于银行资本充足率、杠杆率等与ECA业务密切相关的关键指标方面的监管新要求，或将导致ECA基于主权风险评级的优势被弱化，以及对商业银行未来参与官方支持出口信贷活动的吸引力降低。这些，都可能直接或间接地要求“君子协定”对现行融资条件规定进行一定的调整。

“君子协定”的发展历程一定程度上反映了过去四十年全球经济贸易格局的演变，以及市场供需关系的不断调整。“君子协定”形成于OECD，是当今世界在官方支持出口信贷领域唯一的一套详细规则。它在一般融资条件、利率和风险费率定价上形成的标准，已经成为各国开展相关业务的普遍参照准则，并与WTO《补贴与反补贴措施协议》规则形成了有效关联，对于维护全球出口贸易的公平竞争发挥了积极作用。然而，在后金融危机时代，随着世界经贸格局的不断发展变化，“君子协定”的完整性和约束力正在不断面临外部挑战的冲击，其自身亦需要开展一定程度地与时俱进的改革和调整，方可更好地反映和适应全球新形势。

附表　　OECD"君子协定"参加国情况

国家	加入时间
澳大利亚、加拿大、欧洲经济共同体＊、芬兰、希腊、日本、挪威、葡萄牙、西班牙、瑞典、瑞士和美国	初始成员（1978 年）
奥地利	1978 年以独立成员身份加入"君子协定"；1995 年加入欧共体后，不再以独立成员身份存在
希腊	1981 年加入欧共体后，不再以独立成员身份存在
葡萄牙、西班牙	1986 年加入欧共体后，不再以独立成员身份存在
芬兰、瑞典	1995 年加入欧共体后，不再以独立成员身份存在
捷克	2003 年以独立成员身份加入"君子协定"；2004 年加入欧盟后，不再以独立成员身份存在
爱沙尼亚、塞浦路斯、匈牙利、拉脱维亚、立陶宛、马耳他、波兰、斯洛伐克和斯洛文尼亚	2004 年加入欧盟，开始受"君子协定"约束；目前除塞浦路斯和马耳他外，其余国家均已成为 OECD 国家
保加利亚、罗马尼亚	2007 年加入欧盟，开始受"君子协定"约束，但尚未加入 OECD
克罗地亚	2013 年加入欧盟，开始受"君子协定"约束，但尚未加入 OECD
新西兰	1978 年加入"君子协定"
韩国	1997 年加入"君子协定"
巴西	2007 年签署《附件 3》（民用航空器出口信贷的行业谅解）
土耳其	2018 年加入"君子协定"

＊注：欧洲经济共同体（EEC，欧盟的前身）的以下成员国以集体身份加入"君子协定"，包含比利时、丹麦、德国、法国、爱尔兰、意大利、卢森堡、荷兰和英国。

2

中年危机下的改革之思：打造智慧版“君子协定”

进入21世纪，国际政治经济格局发生了翻天覆地的变化，迈入中年危机的“君子协定”在一定程度上已无法全面反映全球贸易的发展现状和市场需求，内部约束力不断弱化，外部挑战不断增加。

作为ECA的主要服务对象和出口信贷行业的重要主体，参与全球竞争的出口商和融资机构都会受到“君子协定”规则执行的很大影响。近年来，部分OECD国家的ECA在不同场合中曾多次表达：“君子协定”应对其现行融资条款进行松绑，以免作茧自缚，给本国企业参与国际竞争拖后腿。与此同时，OECD国家的工商业和银行业对“君子协定”应与时俱进改革的呼声更是高涨，他们希望这套规则应该更加简单易懂、便于操作、灵活反映市场动态；同时强化参加国彼此的信息透明沟通，以及与其他国际规则之间的有效衔接，以巩固参加国之间的公平竞争基础。

2019年，OECD工商咨询委员会（Business at OECD）、欧洲银行业联盟（EBF）、国际商会（ICC）在共同撰写的《联合建议报告》中提出了对“君子协定”开展改革的主要建议。虽然目前尚无法确定这些建议是否能被OECD及“君子协定”参加国政府认可和接受，并纳入其后续的修订文本，但是这些建议对于我国研判国际官方支持出口信贷的发展新趋势并制定我方政策，具有较强的研究和借鉴意义。

一、“君子协定”面临的内外挑战和改革方向

事实上，各国为出口贸易提供的官方支持将最终转化为本国企业在国际贸易中的成本优势和现金流优势，因此“君子协定”作为各参加国在提供官方支持时必须遵守的国际规则，其约束力和公平性至关重要。当前，“君子协定”的执行面临着来自内外部的双重压力。

首先，“君子协定”的内部约束力正逐步下降。近年来，不少“君子协定”参加国有意绕开“君子协定”，采用了许多与国家利益挂钩的融资支持手段，以提升本国出口商的全球竞争力、助力国家利益最大化，例如非约束性融资安排，或是混合融资模式安排（即约束性援助与出口信贷的组合）。这种现象不仅打破了“君子协定”现有规则的平衡，同时还引起了WTO项下的诉讼事件，挑战了WTO《补贴与反补贴措施协议》中关于出口信用保险或担保产品“应实现长期盈亏平衡”的总要求。

其次，“君子协定”的外部影响力正不断被削弱。对“君子协定”参加国而言，出口商正日益面临来自约束体系外竞争者的有力挑战。非参加国无需遵守该规则，因此在某些特定情况下可以提供更为优惠的融资支持，这最终转化成了该国出口商的贸易竞争优势。这些均有损于“君子协定”长期以来在“平衡官方支持和商业贷款关系”目标上发挥的积极作用。

作为官方支持出口信贷实践中唯一的国际规则,"君子协定"发展四十余年,推动参加国摒弃了20世纪70年代贸易保护主义和"向下竞争"的补贴政策,开始向着联合国可持续发展目标(SDGs)的目标前进。

考虑到国际政治、经济、社会结构深度调整的大趋势,且来自非"君子协定"参加国的官方支持出口信贷提供者不断增加,并发挥越来越重要的作用,如能建立一套包括更多国家在内的、新的多边规则,不失为一种重要的全球治理解决方案。于2012年开启的出口信贷国际工作组(IWG)谈判,因其参与主体不仅包括了美欧等OECD"君子协定"参加国,还包括了金砖五国等新兴市场经济体,为构建真正意义上的多边框架提供了新路径。但是,对于"君子协定"参加国而言,由于IWG谈判进展缓慢,更加现实的做法是针对"君子协定"本身启动与时俱进的改革计划——简化流程、提升透明度,更好地适应过去四十年来资本市场和风险缓释措施的发展变化,并将其打造成为一套智慧规则(Smart Rules),通过鼓励各国探索创新出口融资、包容市场多元竞争,最终吸引更多国家加入"君子协定"的建设中,共同服务联合国长期可持续发展的目标。

二、OECD工商业和银行业对"君子协定"的改革建议

OECD工商业和银行业认为对"君子协定"进行实质性改革刻不容缓,并分别从指导原则、远景目标和短期内急需的改革举措三个层次提出了具体建议。

(一)指导原则

1. 坚守初衷,消除不公平竞争。"君子协定"应致力于将自身打造成为推动全球公平竞争环境的强大引擎,最终引导所有形式的官方融资或保险支持达成一套共同的融资标准、统一的定价体系。换言之,不论如何改革,维持官方支持出口信贷融资的公平竞争是"君子协定"不变的宗旨;而消除腐败、遵守融资可持续增长规则、转向低碳经济、不对私营部门融资产生挤出效应都是其秉持的核心原则。

2. 增强与其他官方融资规则的联结,始终锚定WTO规则。为避免替代性金融产品的发展对"君子协定"约束力的干扰,应坚持官方支持出口信贷与多双边开发性融资之间的联动。OECD国家、国际金融机构和开发性金融机构之间应加强政策沟通,并应致力于为多双边约束性援助、官方支持出口信贷、官方发展援助、非约束性投资及其贷款保险或担保等产品的设计、分类标准和刺激政策发展一套共同的适用标准,以进一步增强"君子协定"与这些规则的协同。此外,"君子协定"要始终锚定世界贸易组织WTO《补贴与反补贴措施协议》,保持其作为官方支持"安全港"的紧密联系。

（二）远景目标

1. 与时俱进，执行联合国可持续发展议程。在联合国《2030年可持续发展议程》及17条可持续发展目标的号召下，世界各国近年来越来越强调出口融资（不论官方或商业性质）对发展和实现可持续发展目标的重要性，并积极为这些目标做出贡献①。因此，“君子协定”必须想办法满足OECD工商业和银行业日益增长的对可持续发展融资的需求，在需要提供支持的、受可持续发展目标影响的新产业、新领域或新技术上，不断扩展官方出口信贷的支持条件。此外，“君子协定”还应对中小企业（SME）提供更多倾斜支持。

2. 松绑融资条件，强化透明度等约束条件。为更好地适应过去四十年资本市场和风险缓释工具的发展变化，应简化“君子协定”，增加融资条件规定的灵活性，同时强化信息透明度。例如，“君子协定”应加强对所有形式的官方支持开展充分且透明的审查，同时引入对参加国规避其约束行为的申诉和制裁机制，以强化其执行力，确保官方出口信贷不对商业融资产生显性或隐性的挤出效应，营造良好的出口信贷市场生态圈。

（三）短期改革举措

根据市场需求，“君子协定”应立即对其当地费用、还款方式、最长还款期、预付款、匹配程序、商业参考利率以及适用于高收入国家私营借款人的风险费率等七项现行具体规定进行修订：

1. 加大当地费用保障。将对当地费用的官方支持上限从“君子协定”现行规定，即出口合同金额的30%提高至50%，并取消对该部分进行事前通知的程序，更好地支持对新兴市场的业务发展。

2. 采取合理的还款期以及更灵活的还款方式。合理的还款期长度应根据交易规模衡量，而ECA则通过风险费定价体现其对还款期长度的规范和管理；还款方式应反映市场需要，建议将贷款期限与资产使用寿命、还款与预期收益（或预算分配）更紧密地挂钩。同时，对于使用寿命超长或存在被二次使用可能的资产，尤其是针对基建设施的开发，允许在贷款期内接受气球式还款方式。

3. 延长最长还款期。最长还款期总体延长至18年，特别是针对风险较高且较难获得融资的基础设施、水资源项目和工程承包项目；同时，取消根据债务人性质，以及

① 为推动建设可持续发展目标，国际商会全球出口融资委员会已成立了一个“可持续性工作组”。设立该工作组的初衷是提高ECA对可持续发展机会的认识，发掘扩展其公共政策范围的潜力。

一般项目和项目融资项目给予区分的贷款期限和保险或担保期限。

4. 考虑更加灵活的预付款条件。对于部分东道国急需建设的基础设施项目，在坚持15%预付款要求的情况下，可以允许提供更加灵活的预付款融资支持。

5. 修订商业参考利率体系。除例行校正商业参考利率基准之外，“君子协定”亦应对其使用给予规范。商业参考利率的定义应简单、通俗易懂，而且公开、透明、可预测且具有竞争力，以确保其不破坏市场标准、不对商业银行产生挤出效应。

6. 修改对高收入国家私营借款人的风险费率厘定标准。在风险费率方面，寻求优化现行“跨市场周期基准模型”（TCMB）模型的方法，规避“贷款期限较短但定价更高的情况”，并对1类国家的风险费做出限制；同时，在国家风险分类方面，应在模型评估结果的定性分析和对定量模型评估的调整之间取得适度平衡。

7. 强化通知程序。加强官方支持提供的各方沟通协调，按照“君子协定”规则为更多非参加国提供官方支持，并为其未来加入“君子协定”创造条件，避免因遵守不同规则而导致的不公平竞争。

三、“君子协定”改革之路再出发

不可否认，“君子协定”在过去四十年的发展中一直随着全球贸易环境的变迁进行调整完善，对稳定官方支持出口信贷行业秩序、促进国际政治经济合作作出了积极贡献。

但是，在世界风云变幻的21世纪，作为“君子协定”制定者的OECD国家、作为执行者的各国ECA，及作为ECA服务对象的出口商和融资银行等，均不同程度地认识到“君子协定”存在的局限性：其现行规定已无法为出口商或融资机构提供充分有力的公平竞争保障，甚至还可能自缚手脚；同时，“君子协定”作为规范OECD国家出口信贷行业的一套规则，在全球经贸版图已经发生结构性调整的今天，对于新兴市场官方支持出口信贷提供者包容性不足的弊端亦显露无疑。因此，“君子协定”亟须将自身改革成为一套更加通俗易懂、流程透明、反映市场动态且与其他国际规则协调一致的规则框架，逐步走出“危机中年”，更好地服务于其参加国的国家利益；与此同时，其更要成为一套“智慧规则”，间接吸引更多非参加国的参与和加入，进而为维护世界贸易的良性竞争秩序贡献力量。

事实上，“君子协定”的改革步伐已经启动。据了解，OECD内部在一些融资条件方面已吸收了来自其工商业和银行业的意见和建议，并将于近期给予不断完善。

3

“君子协定”风险定价体系：最低费率

自1978年"君子协定"出台以来，各参加国逐渐发现，虽然"君子协定"对官方支持的出口信贷融资条件设置了约束，但在提供信用风险保障的价格方面并没有限制，许多国家通过采取低价竞争和补贴行为、不公平的费率竞争获得市场优势地位。这种在费率上的恶性竞争，一方面不符合"君子协定"所强调的"应通过出口货物和/或服务的质量和价格赢得竞争，而不是通过所获得的最优惠的官方支持融资条件获取竞争优势"原则，另一方面造成很多ECA的信用风险费收入不足以弥补其风险损失和运营成本，形成大幅亏损，严重损害了ECA的形象与功能。为了挽救"君子协定"，避免在费率方面的恶性竞争，各参加国在1997年同意将"信用风险的最低费率"纳入框架进行规范，并逐步完善，使其成为影响国际出口信贷发展的最重要规则之一。

中国一直到20世纪90年代才设立ECA，官方支持出口信贷起步较晚，尽管这些年发展很快，业务规模大幅增长，国际影响力与日俱增，但在信用风险定价方面，尽管选用的风险因子与OECD国家ECA大致相同，但精细化程度还有待进一步提升。以开放心态、用世界眼光，学习研究国际ECA，特别是他们在风险管理与风险定价方面好的做法，对推动我国出口信用保险与出口信贷事业的高质量发展，具有重要意义。

一、OECD最低费率体系及其演变

OECD于1963年成立了出口信贷与信用担保工作组（ECG），作为常设机构负责评估、指导、协调成员国的官方支持出口信贷政策，维护国家间公平竞争。1978年4月，第一版"君子协定"出台，但其却未涉及定价的相关规定。

20世纪70—80年代，OECD国家相继陷入"滞胀"，各国政府为了拉动经济，要求本国ECA大力支持本国出口，竞相在费率和利率方面降低报价。在粗放的风险管理和竞相逐底的定价背景下，受80—90年代拉美债务危机、苏联解体、海湾战争等国际经济政治不利局势影响，西方ECA相继陷入巨额连续亏损，不但给国家财政造成负担，还受到国内和国际社会的激烈批评。国际上为应对这种情况，WTO在1994年乌拉圭回合达成了《补贴与反补贴措施协议》，明确将"以不能弥补风险损失和长期运营成本的费率水平开展的出口信用保险或担保"列入禁止性出口补贴清单。随后，OECD国家在"君子协定"框架内达成了一系列关于官方支持出口信贷的利率和风险费率的规则。

OECD最低费率体系的建立，可分为三个阶段：（一）1999年实施的以国家分类为基础的最低费率体系（Knaepen Package）；（二）2011年实施的以"国家分类+买家评级"为基础的最低费率体系（Malzkuhn - Drysdale Package）；（三）2017年实施的针对高收入国家的基于市场的定价体系（TCMB - BAP）。

（一）1999年以国家分类为基础的最低费率体系

为了响应和落实1994年WTO《补贴与反补贴措施协议》，“君子协定”参加国在1994年9月达成关于在所有参加国自1995年9月起全面实施商业参考利率（CIRR）的决定（The Schaerer Package），并在1997年12月正式纳入“君子协定”中。

在费率方面，1997年6月达成了官方支持出口信贷的最低费率协议（Knaepen Package），随后写入“君子协定”中，并于1999年4月1日正式实施。该协议根据OECD国家分类规定了1~7类国家的最低费率（MPR），无论项目是主权项目还是商业项目，都要满足其所在国的最低费率要求。OECD秘书处定期评估和调整国家分类，确保纳入评估范围的每个国家（约140个国家）每年都得到评估。对于0类国家和OECD高收入国家（36个国家），没有明确限制，只要求“不得对私营市场产生挤出效应”。

Knaepen Package最低费率公式为：

$$MPR = ((a \times HOR) + b) \times (PC/0.95) \times QPF \times PCF \times (1 - MEF) \times BRF$$

其中，a和b是与适用的国家风险类别相关的系数，HOR是风险期，PC是国家风险的保障比例，QPF是产品质量因子，PCF是保障比例因子，MEF是国家风险缓释因子，BRF是买方风险承保因子（承保或部分承保买方风险则BRF=1，完全不承保买方风险则BRF=0.9）。

值得注意的是，韩国于1997年加入“君子协定”，在最低费率方面，不同于其他国家的两年过渡期（1997—1999年），韩国在此次谈判中为自己争取了5年的过渡期①，即韩国到2002年4月1日才100%实施该最低费率规则。

（二）2011年实施的以“国家分类+买家评级”为基础的最低费率体系

1999年的费率体系没有考虑买家资信状况，对于位于同一国家的不同买家，1999年的最低费率体系未能差异化体现买家风险。经过两年的密集谈判，2010年2月，OECD在保留1999年最低费率体系主体的基础上，达成了基于买家风险评级的补充协议（Malzkuhn－Drysdale Package），于2011年9月正式实施，即根据买家评级和国家分类的不同，确定不同的最低费率。

Malzkuhn－Drysdale Package最低费率公式为：

$$MPR = \{[a_i \times (\max(PCC,PCP)/0.95 \times HOR + b_i) \times (1 - LCF)] +$$

① 具体过渡方案为：截至1999年4月1日，韩国应实施40%的最低费率规则；截至2000年4月1日，韩国应实施60%的最低费率规则；截至2001年4月1日，韩国应实施80%的最低费率规则；截至2002年4月1日，韩国应实施100%的最低费率规则。

$$[c_{in} \times PCC/0.95 \times HOR \times (1 - CEF)]\} \times QPF_i \times PCF_i \times BTSF$$

a_i 是 $i(i = 1 - 7)$ 类国家适用的国家风险系数，b_i 是 i 类适用的国家风险常数，c_{in} 是 n 类买方（$n = SOV+, SOV/CCO, CC1 \sim CC5$）在 i 类国家适用的买方风险系数，HOR 为风险期，PCC 为商业（买方）风险保障比例，PCP 为政治（国家）风险保障比例，CEF 为增信因子，QPF_i 为 $i(i = 1 \sim 7)$ 类国家适用的产品质量因子，PCF_i 为 $i(i = 1 \sim 7)$ 类国家适用的保障比例因子，$BTSF$ 为优于主权因子，LCF 为当地币因子。

在 2010 年之前，大多数 OECD 国家 ECA 已经建立了内部评级体系，借助于外部评级机构（如标准普尔、穆迪等）的数据和技术支持，开始了对买家风险的内部评级。在 2010 年达成新的协议后，少数没有建立内部评级的 ECA 纷纷加快建立了其内评系统。

（三）2017 年实施的高收入国家的基于市场的定价体系

经过五年的谈判，2016 年 11 月，OECD 就之前没有设定最低费率具体规则的高收入国家（0 类国家、高收入 OECD 国家和高收入欧元区国家，共 36 个国家），达成了基于市场定价的最低费率体系（TCMB－BAP），并将其正式纳入“君子协定”。

TCMB－BAP 的英文含义为“基于市场基准和精算保费相结合的定价模型”。对于位于高收入国家的项目，ECA 将通过 OECD 提供的该模型计算出来的参考报价（TCMB－BAP），与市场上同类风险保障产品（如信用违约互换 CDS、公开发行债券 Bond、银团贷款中未投保部分 Syn. loan 等）的报价相比较取最小值，再将上述最小值与最低精算费率（MAP）比较取两者较大值，作为该规则的最低费率，即 ECA 收取的最低费率无论如何不得低于最低精算费率（MAP）。

MAP 的计算过程如下：

$$精算费率(AP) = ADR \times LGD \times (1 + 调整因子)$$

ADR 为年平均违约率（Annualized Average Default Rate），LGD 为违约损失率，取值 50%，调整因子为 20%。

$$ADR = \frac{DR_{S\&P} + DR_{Moody's} + DR_{Fitch}}{3} \times \frac{1}{期限}$$

最低精算费率（MAP）＝Max（AP，15 基点）。

举例来说，某位于高收入国家的买方，其买方评级为 BB＋，ECA 承保了其一笔提款期 12 个月、还款期 5 年的借款，承保比例 95%（赔偿比例）。如该买家在资本市场公开发行债券的风险溢价为 135 基点，折算为前端一次性收费为 3.86%，而根据TCMB－BAP 模型计算出的参考报价为 3.51%，而最低精算费率 MAP 为 1.72%，则 3.51% 为该买家的最低费率，即 ECA 最终实际费率不得低于 3.51%。下表为计算过程。

TCMB	
提款期（月）	12
还款期（年）	5.0
保障比例	95%
买方评级	BB +
CIRR	1.48%

市场参考报价							
Bond	135 基点						
CDS							
Syn. loan							
							最低费率
计算结果	TCMB – BAP	Bond	CDS	Syn. loan	MAP		TCMB – BAP
风险溢价（100%）	122 基点	135 基点			59 基点		122 基点
风险溢价（95%保障比例）	116 基点	128 基点			56 基点		116 基点
保险费率	3.5113%	3.8616%			1.7230%		3.5113%
保险费率（保费融资）	3.6390%	4.0167%			1.7532%		3.6390%

如该买家公开发行债券风险溢价为 100 基点，折算为前端一次性收费为 2.89%，而根据 TCMB – BAP 模型计算出的参考报价为 3.51%，最低精算费率 MAP 为 1.72%，则 2.89% 为该买家的最低费率，即 ECA 最终实际费率不得低于 2.89%。下表为计算过程。

市场参考报价							
Bond	100 基点						
CDS							
Syn. loan							
							最低费率
计算结果	TCMB – BAP	Bond	CDS	Syn. loan	MAP		Bond
风险溢价	122 基点	100 基点			59 基点		100 基点
风险溢价（考虑保障比例）	116 基点	95 基点			56 基点		95 基点
保险费率	3.5113%	2.8920%			1.7230%		2.8920%
保险费率（保费融资）	3.6390%	2.9781%			1.7532%		2.9781%

下图展示了 OECD“君子协定”在中长期出口信用保险定价方面的三个重要里程

碑。从 1997 年至 2017 年的 20 年间，OECD 已经形成了较为完善的中长期出口信用保险费率约束机制，从国家风险、买家风险、高收入国家市场定价等三大角度对 ECA 中长期出口信用保险的定价形成规则。

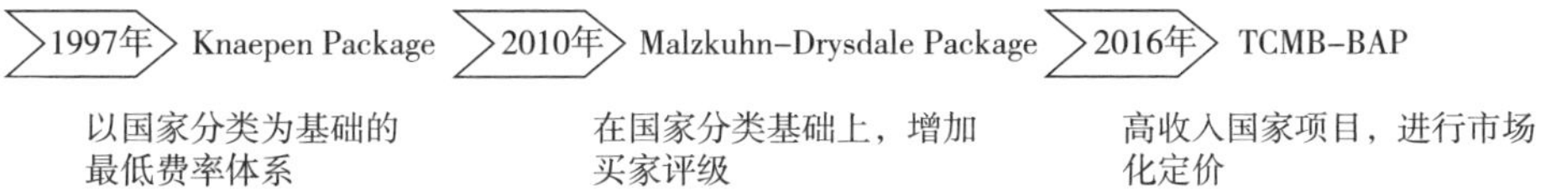

1997年 Knaepen Package → 2010年 Malzkuhn-Drysdale Package → 2016年 TCMB-BAP

以国家分类为基础的最低费率体系

在国家分类基础上，增加买家评级

高收入国家项目，进行市场化定价

二、国际 ECA 风险定价体系概况

在严格遵守 OECD 费率规则的基础上，OECD 国家 ECA 逐步发展建立了各具特色的内部评级体系、风险管理体系和与之相配合的风险定价体系。从各 ECA 经营情况看，自 1999 年最低费率体系建立以来，“君子协定”参加国 ECA 的实际费率都确保不低于 OECD “君子协定”规定的最低费率。

从目前掌握信息看，各 ECA 均将定价作为其风险管理的重要方面，并开发了定量化和模型化的定价系统。定价系统主要包括三个要点：（1）基于标准普尔与穆迪等国际评级机构长期建立的以评级模型为核心的违约概率（PD）模型方法论；（2）基于不同国家/地区、行业、交易模式和相关的违约损失信息，对追偿率（Recovery Rate）与相关因素进行综合评估，建立相应的违约损失（LGD）模型；（3）根据本国政府和本机构的发展战略与经营指标、风险偏好与容忍度，设立集中度指标（分为地区、国家、行业和信用主体等多个维度，通过模型来设置限额）、赔付比例、共保再保策略等，通过资产组合管理系统（Portfolio Management System），实现定量与定性分析决策的有机结合，建立违约风险暴露（EAD）管理体系。

通过上述模型的定量分析，实现对期望损失的计算：期望损失（EL）＝违约概率（PD）×违约损失率（LGD）×违约风险暴露（EAD，也称敞口）。在此基础上，基于资产组合的集中度、关联度（Risk concentration and correlation）等情况，进一步计算非期望损失（Unexpected Loss），以反映未来损失的内在不确定性，并对应设置准备金或资本缓冲。

针对极端或最坏情况，ECA 通过定期的压力测试、情景模拟，计算极端损失（Extreme Loss）。与此对应，设立应对极端损失的资本缓冲（Extreme Loss Capital Buffer）和相应的风险控制措施。

下图形象地展示了国际先进 ECA 在中长期出口信用保险定价的流程（每家 ECA 并不完全相同，本图仅供参考）。

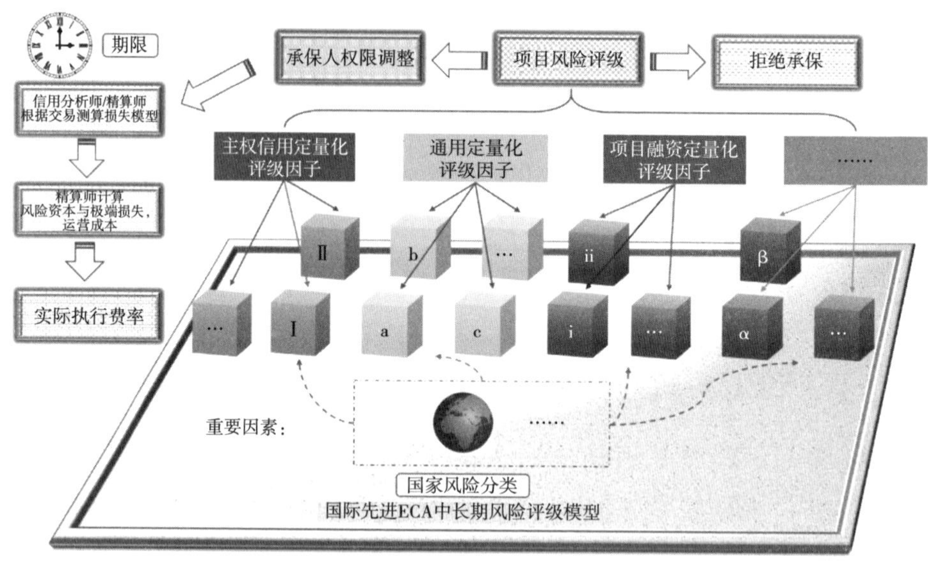

三、英国 UKEF 信用风险管理与定价方法论

英国 UKEF（前身是英国 ECGD）是国际首家 ECA，也是国际先进 ECA 的代表，因此，以其为例，具体说明 ECA 风险定价体系。

（一）UKEF 的信用风险管理

该机构同时提供出口信贷融资和出口信用担保。UKEF 在业务中面临的风险主要有信用风险、市场风险和流动性风险，其中信用风险是最重要的风险来源。UKEF 与其他国家 ECA 一样，其资产组合（portfolios）与私营机构明显不同，体现为：（1）更高的风险水平；（2）主要为新兴市场风险；（3）更长的风险期限；（4）风险较为集中，包括在国别、行业和交易对手方面的集中。

为控制总体风险，英国财政部为 UKEF 设置了业务总限额（Overall limit，为677 亿特别提款权 SDR①）。

英国财政部为 UKEF 设置的财务目标是确保信用风险及其定价满足：（1）对其承担的风险收取足够的对价；（2）不让纳税人承担额外的损失。UKEF 应在此基础上履行其支持英国出口的政策性使命。为实现该目标，UKEF 制定了五项具体措施：

1. 最大承诺（Maximum commitment）：UKEF 的名义风险敞口总额上限为 500 亿

① Special Drawing Right（SDR）是国际货币基金组织根据会员国认缴的份额分配的，可用于偿还国际货币基金组织债务、弥补会员国政府之间国际收支逆差的一种账面资产。

英镑；

2. 风险偏好限额（Risk appetite limit）：经济资本限额为50亿英镑（这要求UKEF的风险管理模型计算出的UKEF的总损失在99.1%置信区间内不得超过50亿英镑）；

3. 风险敞口管理系统（Exposure Management Framework，EMF）：单一市场的最大风险敞口为50亿英镑；

4. 储备指数（Reserve Index）①：该指数要求UKEF有足够的储备和准备金覆盖其可能的信用损失；

5. 保费风险比（Premium to Risk Ratio）和定价充足性指数（Pricing Adequacy Index）：这是两个关于定价的指标，确保定价和偿付能力充足。

（二）UKEF信用风险定价方法论

定价方法论的核心是期望损失（Expected loss）的计算：

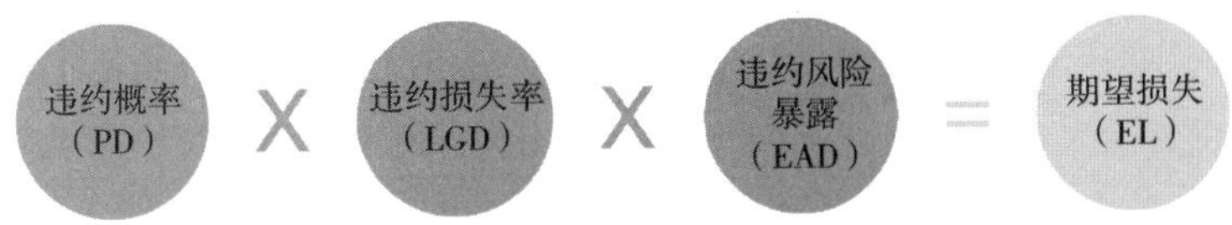

UKEF对所有的信用风险都进行了评级（从AAA到D）。每一个评级都对应一个违约概率，这些概率与最新的标普数据保持一致并且至少每年更新一次。违约损失率是用百分比表示如果债务人违约，UKEF将承受多少损失。UKEF对违约损失进行逐案评估，具体考虑因素包括担保、优先级、重组可能性、破产或出售可能性等。违约风险暴露是在违约时点上UKEF的实际敞口。

UKEF的定价严格遵守OECD“君子协定”和WTO相关规则，以保持公平竞争为原则，要求收取以风险为基础的能够覆盖长期经营成本和信用损失的保险费。基于上述原则，在定价方面，UKEF制定了两项指标，即前述提及的保费风险比（Premium to Risk Ratio）和定价充足性指数（Pricing Adequacy Index）。

1. 保费风险比（Premium to Risk Ratio）

UKEF每月必须通过模型证明，对已发生的业务收取的保费，或对即将在本财政年度发生的业务收取的保费，至少是定价时模型对这些业务预测的期望和非期望损失的1.35倍。2019年3月31日，该比值是1.98（示意图如下）。

① 储备指数是指累计储备加上相关准备金的和除以UKEF近10年损失分布的77.5%分位数。在每个月的月底，这个指数必须大于1。

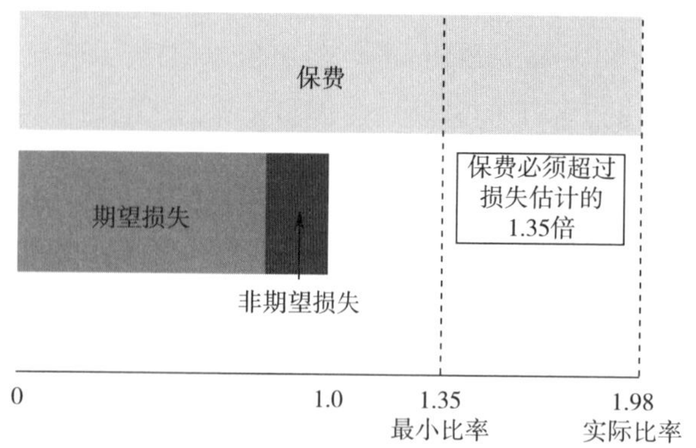

2. 定价充足性指数（Pricing Adequacy Index）

该指标每年评估一次，评估期间涵盖连续三个财政年度：前两个财政年度和本财政年度。UKEF 必须通过模型验证其保费可以覆盖或超过业务成本（估计损失和经营管理费用）。该比值最小为 1. 0。2017—2019 年三个财政年度的实际比值为 1. 61。

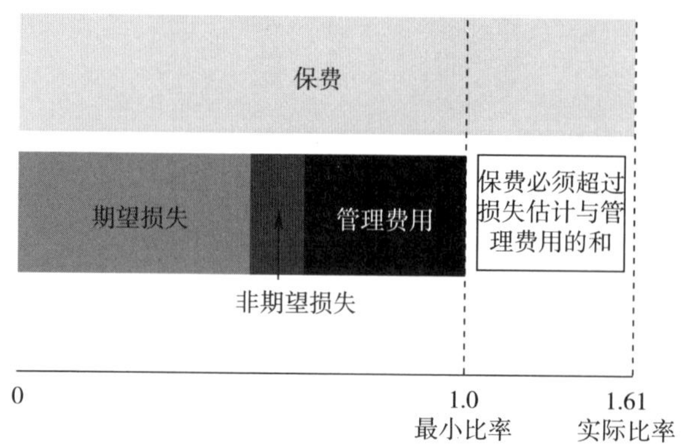

总体来看，除中国、印度、南非等新兴市场国家 ECA 外，国际社会主流的 ECA 均来自 OECD 国家，这些国家均是"君子协定"参加国，在风险定价方面都遵守"君子协定"对风险定价和最低费率的统一规定。在定价方法论上，与英国 UKEF 的做法相似，其他 OECD 国家 ECA 都强调根据"信用评级"测算"期望损失"，并在此基础上不断发展。

当然，尽管 OECD 国家 ECA 关于风险定价体系的理论和实践总体上逐渐趋于一致，但亦存在改进空间。对此，我们将保持密切跟踪，及时分享给大家。

4

“君子协定”融资条件：最长还款期

还款期作为贷款协议的重要组成部分，是贷款人允许借款人偿还贷款金额的期限，直观体现了融资支持力度，并与利率共同形成核心融资条件。在官方支持出口信贷安排下，ECA 准许的还款期体现了该国政府对项目融资竞争力的支持力度。故而，“君子协定”一方面要求与还款期直接挂钩的风险对价，即项目的还款期决定风险期①，直接影响最低风险费率；另一方面，通过对“最长还款期”设定限制，避免由于过长的还款期而形成出口中的不公平竞争。

一、基本定义

根据“君子协定”，还款期指自信贷起始日起，至约定的最后一笔本金偿还日止的期间。其中，信贷起始日（Starting Point of Credit，SPOC）指出口货物（零部件及相关服务、准资本性货物及相关服务、资本性货物和项目服务、成套设备或工厂）交付日或工程项目完工日。

二、具体规定

“君子协定”在一般约定中对最长还款期作出规定，同时，考虑到一些行业项目的特殊性，在一般约定的基础上对各特定行业制定了不同的规则，即“行业谅解”。如果一个项目属于行业谅解中的任一行业，则相关条件以该行业谅解的内容为准。

（一）一般约定

OECD 国家支持的中长期项目广泛分布于发达国家和发展中国家。因此，“君子协定”根据债务国的国家分类对最长还款期作出规定，这主要是考虑到债务人所在国经济水平对其偿债能力有直接影响，希望通过对相对欠发达的国家给予更长的还款期以减轻其每期偿债压力。

一般约定对于最长还款期的规定以债务人所在国家分类为基准，具体分为两类，第Ⅰ类国家是高收入的 OECD 国家，其他所有国家都属于第Ⅱ类国家。其中，债务国的收入水平依据世界银行每年发布的人均国民收入来判定。具体规定如下：

1. 对于第Ⅰ类国家，最长还款期为 8.5 年；
2. 对于第Ⅱ类国家，最长还款期为 10 年；

① 在标准还款安排（即每半年等额偿还本金）情况下，风险期 =（提款期长度 ×0.5）+ 还款期长度；在非标准还款安排下，风险期 =（提款期长度 ×0.5）+［（加权平均还款期长度 -0.25）×0.5］。

3. 对于涉及一个以上进口国的合同，参加国应按照“君子协定”有关程序建立“共同谅解①”，就适当的还款期达成一致意见。

（二）行业规则

“君子协定”对船舶、核电站、非核电站、民用航空器、可再生能源、减缓和适应气候变化型和水资源项目、铁路、燃煤发电以及项目融资类项目等领域设置了行业谅解，整体而言这些行业谅解的规定比一般约定宽松，最长还款期至少为10年（见附表1），对于核电站以及可再生能源领域的项目，最长还款期可长达18年。

1. 船舶

无论进口国的国家分类，最长还款期一律为交付后12年。

2. 核电站

（1）核电站整体或部分出口，包括建设和调试核电站直接必需的全部配件、设备、原料和服务（包括相关人员培训）以及已建核电站的更新的最长还款期均为18年；

（2）首批燃料装载的最长还款期为自交付日起4年；其后，每次核燃料换料的最长还款期为自交付日起2年；

（3）乏燃料处置的最长还款期为2年；

（4）核燃料浓缩与乏燃料管理的最长还款期为5年。

3. 非核电站

最长还款期为12年。若需要更长的还款期，参加国应按程序给予事前通知②。

4. 民用航空器

所有新造航空器的最长还款期均为12年。在特殊情况下，若有事前通知，最长还款期可延长至15年，且在最低风险费率基础上加收35%的附加费。

此外，不得通过与商业贷款机构以共债同权（Pari Passu）的方式为官方支持出口信贷延长最长还款期。

5. 可再生能源、减缓和适应气候变化型和水资源项目

（1）可再生能源项目：风能③、地热能、潮汐和潮汐流能、波浪能、渗透能、太阳光电能、太阳光热能、海洋热能、生物能、水能、可再生能源项目中的能源效率以及水资源项目，最长还款期为18年。

---

① 参加国之间达成的谅解，同意对特定交易或在特定情况下，遵循特殊的官方支持融资条款。对于共同谅解中所指的特定交易或特定的情况，共同谅解规则的效力高于“君子协定”中的规则。

② 根据“君子协定”，如果参加国在实践中存在一些特殊情况，可以通过“事先通知”的程序告知其他所有参加国。此外，根据特殊情况的具体内容（详见第四章节），事先通知后，其他参加国可开展磋商讨论以影响发起国的决策；针对每一种特殊情况需要在通知中提供的具体信息要求详见附件8。

③ 对于风力涡轮机组装中使用的自升式钻井平台，最长还款期为12年。

（2）减缓气候变化型项目：合同金额不低于1000万特别提款权的碳捕获与封存项目，最长还款期为18年；合同金额不低于1000万特别提款权的化石燃料的替代和能源效率项目，最长还款期为15年；合同金额小于1000万特别提款权的项目，第Ⅰ类国家最长还款期为5年，事前通知的情况下可延长至8.5年；第Ⅱ类国家最长还款期为10年；非核电站项目最长还款期为12年。

（3）适应气候变化型项目：符合一定标准的、合同金额不小于1000万特别提款权的项目，最长还款期为15年。

6. 铁路

对于第Ⅰ类国家的项目，最长还款期为12年；对于第Ⅱ类国家的项目，最长还款期为14年；且适用上述规定的最长还款期应符合以下要求：

（1）交易合同金额超过1000万特别提款权；

（2）还款期不超过融资铁路基础设施资产的可使用年限；

（3）对于第Ⅰ类国家的项目，还应满足：

有未受官方出口信贷支持的私人金融机构参与银团贷款，且在整个贷款期间，参加国属于贷款份额较小的一方，且享有共债同权（Pari Passu）地位；参加国提供的官方出口信贷支持成分不超过银团贷款的50%；任何官方支持的风险费率不得压低私人市场融资价格，并且与参加银团贷款的其他私人金融机构的报价相当。

（4）参加国如要求豁免第（3）点的规定，则应在共同谅解或事前通知后的每笔单独交易中，提供对该笔支持的详细解释，包括定价的具体数据以及要求豁免的合理原因。

7. 燃煤发电项目

燃煤发电项目的最长还款期与电站的总装机容量以及二氧化碳排放量相关，具体为10～12年，具体规则见附表2。

8. 项目融资

最长还款期为14年；除非，参加国对高收入OECD国家的项目提供的官方出口信贷支持占银团贷款份额的35%以上，则最长还款期为10年。

三、改革方向与思考

无论是在一般约定还是行业谅解中，“最长还款期”都是最核心的条款之一，也是业内关注的焦点。

（一）出口信贷行业新特点不断挑战现有规则

全球产业分工和贸易价值链在过去的几十年中发生了深刻的变化：生产力提高使

分工日渐复杂、私人资本参与程度加深，以及发展中国家基础设施领域出现巨大缺口等现实，让工商业界和出口信贷业界重新审视现有规则。

一是最长还款期的上限。从2005至2017年的十余年间，“君子协定”在一般约定中对Ⅰ、Ⅱ类国家最长还款期的规定一直分别为5年和10年，Ⅰ类国家通过事先通知可延长至8.5年；而在2017年，则直接将Ⅰ类国家的最长还款期延长至8.5年；在2019年，由OECD工商咨询委员会（Business at OECD）、欧洲银行业联盟（EBF）、国际商会（ICC）三家机构联合撰写的《联合建议报告》提出，建议将风险较高且较难获得融资的基础设施、水资源和工程承包等项目最长还款期扩展至18年，并且取消项目融资类项目的行业谅解。

由此可见，现行“君子协定”参加国的ECA、商业银行以及企业各界都在通过各种途径以求为项目争取较长的还款期，对内是为了更好地服务于项目实际，对外则是保护其出口企业和融资机构在国际市场上的竞争力。

二是最长还款期的分类依据。当前的“君子协定”对最长还款期的规定主要以人均国民收入和行业为维度。近几年的讨论中出现了不同声音，例如，采用可接受IDA的国家和非IDA国家的分类，或者以合同类型区分最长还款期，将项目分为资本货物、成套设备、工程承包等类型。

无论是采用世界银行对高收入国家的定义，还是采用是否为可接受IDA国家的维度，都体现了出口国对借款人还款实力的不同评价对其分类的影响，辩论的尽头有可能是各国多双边关系的博弈；而以合同类型区分最长还款期的做法似乎难度更大，全球贸易链日益复杂，分工不断发展和融合，实践中难以清晰界定项目类型或分割项目合同。

三是事先通知程序的可操作性。“君子协定”在一般约定和个别行业谅解中均规定，若某项目希望突破最长还款期的上限，可以通过事先通知的程序，将该项目信息告知其他全部参加国。事先通知的可操作性存在难度，一是各机构评审程序差异较大，实践中难以确定统一的通知节点；二是事先通知后，需要等待其他参加国的反馈，这将影响申请国的业务进程；三是当被通知的其他参加国提出不同意见时，缺乏相应的争端解决机制，而这种解决机制正是保障多边机制发挥作用的核心措施。

同时，除了在操作层面的复杂性，事先通知也对透明度带来了挑战。根据现行“君子协定”，参加国在事先通知程序中需要提供的信息非常具体①。而在实践中，出于对商业信息的保护，参加国共享信息的意愿或可行性难以保证。

① 包括买方信息、借款人信息、担保人信息、项目基础信息（对出口货物、服务或项目的描述、投标截止日、信贷额度到期日、合同金额、合同币种）、融资条款（信贷金额、信贷币种、预付款比例、当地费用、信贷起始日、还款期、基础利率）等。

（二）不断完善中国官方支持出口信贷在保险融资期限方面的实践

世界各国官方支持出口信贷行业的起步基础和对外贸易结构不尽相同，无论在业务规模、产品设计或是市场布局上，各国 ECA 的实践都存在一定差异。在中方目前的实践中，大多数中长期项目（除船舶等特定行业）分布于发展中国家，且主权项目居多，因此出口信用保险领域暂未根据债务国情况细分最长还款期；暂未对不同行业区分设置还款期上限。

此外，不同于 OECD 国家，我国 ECA 并没有单独对“还款期”上限作出规定。对于提供直接贷款的机构，有关信贷管理办法仅规定了最长的“贷款期限”，即宽限期加上还款期的长度；对于保险机构，则是对“最长保险期限”作出规定，对于部分无宽限期或不承保宽限期风险的项目，保险期限即为还款期。

学习国际 ECA 先进经验是回归官方支持出口信贷本源和实质的有效途径之一。尽管“君子协定”主要体现了西方国家的立场和视角，但其中不乏值得中方借鉴之处。后续，中国信保将不断完善在保险融资期限方面的管理机制，提升业务管理精细化，例如在相关实操中引入“还款期”概念，并兼顾借款国收入水平和行业特殊性分层设置还款期等。

附表 1　　一般约定与行业谅解的最长还款期对比

	最长还款期	
	Ⅰ类国家	Ⅱ类国家
一般约定	5 年（事前通知后 8.5 年）	10 年
船舶	12 年	
核电站	18 年；相关配套项目 2—5 年	
非核电站	12 年，事前通知后可延长	
民用航空器	12 年，事前通知后 15 年并在最低保费费率上加收 35% 附加费	
可再生能源、减缓和适应气候变化型和水资源项目	根据项目类型，15—18 年； 合同金额小于 1000 万特别提款权的项目，视国家分类，5—10 年	
铁路	12 年	14 年
燃煤发电	根据对环境影响，10—12 年	
项目融资 （不适用于民用航空器和船舶行业）	14 年；对高收入 OECD 国家且官方支持占比超过 35%，10 年	

附表 2　　燃煤发电项目的最长还款期

电站规模 （总装机容量）	>500 兆瓦	≥300 且 <500 兆瓦	<300 兆瓦
超 - 超临界（汽压 >240 巴且≥593 摄氏度，或每千瓦时二氧化碳排放量 <750 克）	12 年	12 年	12 年
超临界（汽压 >221 巴且 >550 摄氏度，或每千瓦时二氧化碳排放量 >750 且 <850 克）	不适用	10 年，且仅适用于符合国际开发协会（IDA）信贷条件的国家	10 年，且仅适用于符合 IDA 信贷条件的国家
亚临界（汽压 <221 巴，或每千瓦时二氧化碳排放量 >850 克）	不适用	不适用	10 年，且仅适用于符合 IDA 信贷条件的国家

5

“君子协定”融资条件：当地费用

在资本性货物出口中，合同构成通常划分为本国成分[①]（National Content）、外国成分（Foreign Content）及当地费用（Local Costs），其中本国成分指源自出口国的货物或服务成分，而外国成分则是源自出口国和买方所在国以外的货物或服务成分。那么什么是当地费用？

顾名思义，当地费用即为发生在（买方所在国或进口国）当地的货物或服务支出，其概念最早就是在OECD“君子协定”中被提出的。

官方支持出口信贷最早的产生主要是为了支持本国资本性货物出口。因此为着重体现对“本国货物和服务出口”的支持，“君子协定”各参加国在对出口合同提供官方支持时，通常会要求被支持的本国成分对出口合同的占比达到一定标准；而对于其他成分，比如第三国出口的货物或服务则是加以最高比例限制。基于同样的原因，不少ECA对承保当地费用是非常抗拒的。当然，除了支持标的应为本国出口的考虑之外，支持当地费用的法律不健全而容易引发各类纠纷、进口国公共借款人利用当地费用套换硬通货币（如美元）以及汇兑风险增加等问题亦成为“君子协定”参加国在支持当地费用时的主要担忧。

长期以来，OECD内部对当地费用概念及其规则的产生和演变进行了深入的探讨和研究。随着时间推移，在倡导全球价值链的当今世界，出口商在项目进口国建厂、生产、采购、雇用劳工等需求大幅增加。因此，不少“君子协定”参加国对本国利益的关注已经远远超过对本国成分的关注，对关于支持对象仅限于本国出口的顾虑在持续弱化。

本文通过介绍当地费用概念及其规则的演变，从其初步提出到各要素讨论、再到我们如今看到的规则体系，说明了其发展历程，为读者提供了有关官方支持出口信贷融资条件的参考。

一、历史沿革

1964年，OECD出口信贷和信用担保工作组（ECG）会议首次将当地费用的规则纳入讨论，并提出了“出口合同总额中必须包含当地费用要素，此部分费用最迟应在项目完工后三个月内支付”的相关内容。但是由于部分国家对提案内容仍持保留意见，这条规则在OECD的“首秀”最终以未能达成一致而告终。在随后1964—1974年的十年间，关于当地费用的一系列更为细节、但非决定性讨论——包括信息报告程序、军

① ECA主要支持本国货物和服务的出口，在提供出口信贷或出口信用保险时通常会要求出口合同中具有一定的本国成分，以促进本国货物和服务的出口，拉动就业、推动本国经济发展。在中国的中长期业务领域，通常对本国成分有最低比例要求。

用设备、预付款实践和计算方法等议题，持续在 OECD 内部展开却一直未能形成统一意见。直到 1975 年，OECD 国家发表正式声明，针对当地费用的概念及其规则达成共识。

具体概念是："从进口国购买货物和服务的支出，且所涉货物和服务必须是执行出口合同或完成出口工程项目所需部分"。

具体规则是：各国同意（1）不对当地费用提供超过出口货物和服务（包括第三国采购货物和服务）价值 100% 以上的融资或保险支持。这意味着出口商履行完合同义务后，受出口信贷支持的当地费用不会超过出口货物和服务总金额；（2）在第（1）条的前提下，不对当地费用提供更为优惠的融资条件（比如利率或到期条件）的信贷或信用保险/担保。同时，不对军品和援助项目提供相关支持，规定了豁免通知程序等内容。此时，当地费用的定义及其相关规则已初具雏形。

1978 年，当地费用规则被纳入第一版"君子协定"，内容基本沿用了 1975 年 OECD 声明，并补充规定如下：支持的当地费用金额不超过现金支付（Cash Payment）的金额；对支持货物和服务出口提供同等的融资条件；出口货物和服务包括从第三国采购的货物和服务；以及对"较富裕国家"（Richer Developing Countries）当地费用的支持仅限于使用保险或担保方式等。"君子协定"在之后的修订意见中提出：当地费用的定义中不包括支付给在进口国的出口商代理人的佣金，此意见后被纳入"君子协定"1982 版，沿用至今。

2008 年，当地费用规则有部分变化：支持金额不再与现金支付挂钩；设定对当地费用的支持上限，为出口合同金额的 30%，其中超过 15% 的情况，应履行事前通知的程序；三年试行期结束后，正式执行。

2009 年，在"君子协定"新的行业谅解（2020 年版附件 4《可再生能源、减缓和适应气候变化型和水资源项目的出口信贷行业谅解》中针对可再生能源项目，若支持金额小于 1000 万特别提款权，允许对当地费用的支持不超过 45%。

至此，"君子协定"中关于当地费用的表述已基本成型。

二、现行规则——"君子协定"2020 年 1 月版

结合出口信贷领域的发展变化和业务实践，OECD 每年都会对"君子协定"进行修订，但有关当地费用的概念和规定经过四十余年发展变化始终不大，均为在原有基础上做出的微调。

（一）“君子协定”最新规定

1. 一般约定

根据2020年1月版“君子协定”，在一般约定中当地费用的定义为：“在买方所在国、为执行出口合同或完成由出口商合同构成的项目必须发生的购买货物或服务的支出，但不包括支付给买方国家出口商代理的佣金。”具体规定如下：

参加国所提供的官方支持不得超过出口合同金额（export contract value，ECV）的85%，出口合同金额包含第三国成分，但不包含当地费用。同时，明确表述国家可对当地费用提供官方支持，条件是：（1）对当地费用的支持不得超过出口合同金额的30%；（2）不得提供比相关出口协议更优惠/更宽松的条件；（3）如对当地费用的支持超过出口合同金额的15%，支持方应履行事先通知程序，说明所支持当地费用的性质。

需要特别说明的是，上述规定中提到的出口合同金额（ECV）概念与实际业务操作中使用的“出口合同金额”表述很可能并不一致。以国际工程项目EPC总承包合同为例，一般拆分为离岸合同（offshore），即项目所在国境外设计采购供货合同，对应的是“君子协定”定义的出口合同金额；而在岸合同（onshore），即项目所在国境内土建及安装合同，则主要涉及本文所述的当地费用。实务中，人们常将包含离岸合同和在岸合同的合同总金额也称之为“出口合同金额”，而在“君子协定”规则体系中，与该合同总金额对应的术语是出口合同价格（Export Contract Price，ECP），其等于“ECV + 当地费用”。

2. 关于特定国别或行业的当地费用规定

在2020年1月修订版“君子协定”附件4《可再生能源、减缓和适应气候变化型和水资源项目出口信贷的行业谅解》中，第二章“出口信贷条款”第7节对当地费用作出了具体规定，在2009年条款的基础上有了进一步细化：

第一，对于官方支持出口信贷金额在1000万特别提款权及以上的合同，对当地费用的支持不得超过出口合同金额的30%。

第二，对于官方支持出口信贷金额小于1000万特别提款权的合同：（1）对于本行业谅解附录1中所列行业（可再生能源类，如太阳能、风能、潮汐能等），对当地费用的支持不得超过出口合同金额的45%；（2）对于本行业谅解附录2中所列行业（减缓气候变化型，如碳捕获与封存、化石燃料替代等）及第4条中定义的水资源项目，对当地费用的支持不得超过出口合同金额的30%。

第三，如对当地费用的支持超过出口合同金额的15%，根据本行业谅解第8条规定，支持方应履行事先通知程序，说明所支持当地费用的性质。

（二）中国实践及与“君子协定”规则对比

中国出口信贷和信用保险未对当地费用做出特别要求，而是对当地费用进行“逆向管理”，即要求项目的中国成分占比达到一定比例，控制当地费用与外国成分之和的最高值。在业务实践中，满足中国成分要求的项目才有可能获得中国的官方支持。

以中国信保的中长期出口信用保险业务为例，对于出口信贷支持的境外承包工程项目，需考虑中国成分，比例一般不低于出口合同价格（ECP）的35%，而大型单机和成套设备出口、高技术高附加值船舶和海洋工程出口项目等要求比例更高。

除上述区别之外，中方与“君子协定”相比，提供最大官方支持金额的计算基础也存在不同：“君子协定”参加国以ECV为基础，而中方以ECP作为计算最大官方支持的基础。相比较而言，如以ECP作为计算基础，出口企业可以得到更多支持。举例来说，假设某项目出口合同金额为100，当地费用为10，按照“君子协定”规定，出口企业可以获得的最大支持为100×85%=85；而中方提供的融资支持为进出口双方签署的商务合同，包括当地费用及第三国成分，即计算基础为ECP，最大官方支持为（100+10）×85%=93.5。

三、未来发展

在“君子协定”四十年发展中，当地费用规则被OECD视为重要的里程碑内容之一，其重要性不言而喻。从1964年当地费用首次作为议题被纳入OECD会议议程起，关于当地费用规则的谈判随市场竞争情况持续演变；更进一步说，是对支持非本国成分的抵制、对进口国增加本地购买的压力对抗等公共政策在背后影响着规则变化。

近年来，OECD工商业和银行业亦有呼声。由于基建项目的施工服务通常都在项目当地开展，因此施工方必须在当地采购建筑材料、设备和雇用劳工等，ECA完全有机会在这些项目中发挥积极作用，因此应“加大对当地费用的支持保障”，甚至在未来可以考虑不再区分外国成分和当地费用。

事实上，这些关于当地费用支持的改革诉求，反映了全球生产布局和价值链的客观情况以及新兴市场国家（项目所在国）希望拉动就业的愿望。对当地费用的支持，不同国家亦有着不同考量：比如，对于本国制造能力不足、无法支撑商务合同履行（必须通过第三国采购）的国家，其更愿意最大程度支持本国出口金额，因此要对当地费用提供的支持设置上限；而对于支持发展中国家大型项目建设业务量较高的国家，则希望对当地费用的支持保留灵活性和自主权。当然，不论是哪一类国家，其终极目标都是为了更好地满足本国出口商的需求，服务本国利益。

结合近期 OECD 的 ECG 工作小组的会议讨论情况，“君子协定”各参加国已口头同意，未来将在一般约定中对当地费用进行统一规范，并且参照世界银行根据年均国民总收入而确定的国家分类，对该规则实施差异化管理；同时，取消行业谅解中对当地费用支持比例的特殊规定。总而言之，对当地费用的最高支持比例将从现行 30% 调整为 50% 。这些共识及生效日还须以 OECD 正式发布为准。

6

OECD官方支持出口信贷环境和社会风险管理遵循的国际规则和技术标准

ESG 即环境 Environment、社会 Society 和治理 Governance 的缩写，是一种关注企业环境、社会、治理绩效而非仅考虑传统财务指标的投资经营理念和企业评价标准。ESG 理念起源于二十世纪六七十年代的欧美环保运动，其内涵伴随时代的变迁不断丰富和发展，已经成为国际市场一种较为成熟的投资策略。虽然国际社会尚未形成对 ESG 的统一权威定义，但作为一个开放式的理论框架，其环境、社会和治理因素已经成为衡量可持续发展的重要指标，推动企业从单一追求自身利益最大化到追求社会价值最大化。

ESG 理念与我国以“开放、绿色、廉洁”理念、“高标准、惠民生、可持续”为目标高质量共建“一带一路”的要求是天然契合的。因此，研究 ESG 理念相关国际规则及其技术标准，对于我国金融机构和企业，以实际行动践行绿色发展和社会责任，落实联合国 2030 可持续发展目标，推动“一带一路”高质量发展都具有重要价值和意义。

一、现行国际规则

OECD 国家对 ESG 等可持续发展理念的关注和实践早于我国，其 ECA 亦非常重视 ESG 理念在各类官方支持业务中的具体运用，注重向本国政府对国际社会做出的相关承诺“看齐”，履行其作为官方机构的政策性职能，承担相应的社会责任。在环境和社会风险管理方面，OECD 国家的 ECA 均执行 OECD《官方支持出口信贷环境和社会尽职调查共同方法》，以下简称 OECD《共同方法》，其中部分机构还选择同时遵守赤道原则。

（一）OECD《共同方法》

1. 主要背景情况

20 世纪 90 年代中期，OECD 国家开始关注官方支持出口信贷相关的环境问题，以及后来加入关注范围的社会问题，并逐步开展政策和实践方面的信息共享和探讨，形成了一系列 OECD 框架下协议，建议成员国在处理官方支持出口信贷申请时，应加强对项目潜在的环境和社会影响的管理。

协议现行版本即 2016 年 4 月修订的 OECD《共同方法》（*Recommendation of the Council on Common Approaches for Officially Supported Export Credits and Environmental and Social Due Diligence*），规定了成员国 ECA 在开展环境和社会尽职调查过程中识别、评估和应对潜在影响和风险的通用路径，并将其纳入官方支持出口信贷的决策和风险管理体系。虽然 OECD《共同方法》不具备法律约束力，和 OECD《官方支持出口信贷的安排》同属“君子协定”，但二者均表达了全体成员国的共同立场和集体意愿，都需要成员国政府做出政治性承诺，是成员国 ECA 在事实上遵循的国际规则。

由成员国[①]代表组成的出口信贷和信用担保工作组（ECG）负责组织关于OECD《共同方法》的技术探讨和规则修订，并通过OECD秘书处监督成员国对OECD《共同方法》的具体执行情况。

2. OECD《共同方法》的主要内容

整套规则明确了OECD《共同方法》的主旨目标、适用范围、尽职调查的操作流程、参照的技术标准，以及相关信息交换和披露等要求。

（1）主旨目标

推动成员国的官方支持出口信贷政策，海外业务涉及的环境、气候变化、社会和人权问题政策，与成员国在相关国际协议或公约框架下做出的对外承诺保持协调一致，为可持续发展做出贡献；推动成员国在官方支持出口信贷环境和社会尽职调查的程序和标准方面达成共识，从而减少贸易扭曲；推广按照国际标准开展环境和社会尽职调查的良好实践，包括向非成员国普及和推广OECD《共同方法》，促进全球官方支持出口信贷的公平竞争环境。

（2）适用范围

作为OECD官方支持出口信贷规则体系的组成部分，OECD《共同方法》在约束的产品方面与OECD《官方支持出口信贷的安排》相似，即为资本货物和/或服务出口（军品和农产品出口除外）提供的还款期为2年及2年以上的官方支持出口信贷，其具体形式包括纯风险保障（出口信用保险或担保）、融资支持（直接信贷/融资、再融资、利率支持），以及两者的任意组合；不同之处在于OECD《共同方法》适用的货物类出口进一步聚焦于资本货物。

在适用范围内，OECD《共同方法》还根据出口目的地和涉及开展的工程情况，将申请支持的出口进一步细分为“新项目（Projects）”和“既有项目（Existing Operations）”：

“新项目”特指目的地为某一明确固定地点的资本货物和/或服务出口，出口交易涉及开展新的工程（Any New Commercial, Industrial or Infrastructure Undertaking），或者产能或功能因出口发生实质性变化的既有工程（Any Existing Undertaking）。

“既有项目”特指目的地为某一明确固定地点的资本货物和/或服务出口，出口交易涉及既有工程（Any Existing Undertaking）且该工程没有因出口在产能或功能上发生实质性变化。

（3）尽职调查的操作流程

主要包括初步筛选、项目分类、环境和社会风险审查、评审/决策和监督等步骤；

---

① 截至2020年6月，OECD共有37个成员国。除智利和冰岛以外的其他35家成员国参加了ECG。

要求成员国 ECA 应参照适用的最高技术标准，充分评估“新项目”或“既有项目”对环境和社会潜在的不利影响，要求其客户制定相应的预防、缓释和监督措施并对其可行性进行评审，直至做出是否提供官方支持的业务决策，并对支持的“新项目”或“既有项目”履行后续监督职责。整套操作流程是 ECA 管理自身业务环境和社会风险、促进客户开展负责任商业行为的一套体系方法，而不是针对高环境和社会风险业务的简单过滤和摒弃。

第一步　初步筛选

根据申请方（出口商、贷款人）和项目发起人提供的信息，对适用范围内的所有官方支持出口信贷申请（涉及“新项目”或涉及“既有项目”）进行筛选；根据不同的门槛条件，相应的筛选结果分别为：

地理位置位于或接近敏感区域①，或申请 ECA 支持金额大于等于 1000 万 SDR② 的“新项目”，进入第二步，即“项目分类”。

申请 ECA 支持金额大于等于 1000 万 SDR 的“既有项目”，直接进入第三步“环境和社会风险审查”；ECA 无须对此类申请进行再次分类，将延续其原有的分类情况开展审查。

可能引发严重人权影响的“新项目”和“既有项目”，即使在地理位置或申请支持的金额方面没有达到上述门槛条件，也将直接进入第三步；ECA 将专门针对人权问题开展尽职调查。

对于门槛条件以下的其他申请，ECA 在筛选之后无须采取进一步行动。

第二步　项目分类

仅涉及新项目类申请，根据筛选识别出的、潜在的环境和社会影响③，将项目分为三类：

A 类项目，可能对环境和/或社会造成重大不利影响，这些影响是多样的、不可逆和/或没有先例的，影响范围可能广于项目的物理地点。OECD《共同方法》列举了炼油厂、发电站、化工厂、大型基础设施等 31 种属于 A 类的项目情况，包括所有属于敏感行业以及位于或接近敏感区域的项目；

B 类项目，潜在的不利影响弱于 A 类项目，这些影响种类少、范围集中、极少为

---

① 敏感区域（sensitive areas），指任何东道国法律或国际法规定的受保护区域，包括国家公园、湿地、生物多样性价值较高的森林、具有考古或文化意义的区域，以及对原住民或其他弱势群体具有重要意义的区域等。

② 特别提款权（SDR），按照 2020 年 7 月底汇率，约合 1385 万美元。

③ 环境影响涉及但不限于：产生大量气体排放（包括温室气体）、废水、废物、有害垃圾、噪声和振动，大量使用自然资源，以及影响濒危物种。社会影响涉及但不限于：劳工政策和工作条件、社区健康和安全保障，土地征用和非自愿安置、原住民利益、文化遗产保护以及相关人权问题（项目是否涉及劳役、童工、危及生命的职业健康和安全状况）。

不可逆、更易采取缓解措施；

C 类项目，潜在的不利影响为最低或没有。

第三步　环境和社会风险审查

此环节主要涉及信息材料的收集和参照的技术标准。

审查的信息材料，主要由项目相关各方根据 ECA 的具体要求提供，核心内容为《环境和社会影响评估报告》（ESIA）。

A 类项目，要求必须提供 ESIA，且内容必须包括项目的地理、生态、社会和时间背景介绍，潜在的环境和社会影响及相应的缓释和监督措施，项目相关各方打算执行的技术标准和操作流程，与受直接影响的当地社区或社会组织等利益相关方进行公开意见征询和磋商的结果；

B 类项目，根据需要提供 ESIA，报告内容因项目而异；

C 类项目，止步于筛选和分类，无其他进一步操作要求。

此外，对于 A 类项目，要求 ECA 在保护商业秘密的前提下，尽早进行公示（不晚于做出官方支持承诺前 30 个自然日），公示期间获取的意见和建议也将作为审查的重要参考。

审查参照的技术标准。在任何情况下，项目都应首先符合东道国相关标准，遵守当地的法律规定；如果适用项目的国际标准高于东道国标准，那么执行更严格的国际标准，即"二者相较取其严"。

对于非项目融资类项目，参照《世界银行保障政策》（the World Bank Safeguard Policies）；在合理或切实可行的情况下①执行《国际金融公司环境和社会可持续性绩效标准》（简称"《IFC 绩效标准》"，the IFC Performance Standards on Environmental and Social Sustainability）、《世界银行集团环境、卫生与安全指南》（简称"《世界银行集团 EHS 指南》"，the World Bank Group Environmental，Health and Safety Guidelines）。

对于有限或无追索项目融资类项目，参照《IFC 绩效标准》和《世界银行集团 EHS 指南》。

对于项目涉及《世界银行集团 EHS 指南》不包含的行业，参照现行国际认可的特定行业或特定问题的标准②；视情况可参考其他相关国际指导原则③。

或者，可直接参照其他更为严格的、国际认可的标准，比如欧盟标准。

---

① 包括但不限于交易的结构性融资模式具备项目融资的特征，和/或参与项目比重较大的其他金融机构采用了 IFC 标准。

② 比如核能安全公约、乏燃料管理安全联合公约、放射性废物安全管理公约、IAEA 关于核电站和其他核设施的标准。

③ 比如水电站可持续发展议定书、世界水坝委员会关于水力发电项目的核心价值和战略重点报告、世界动物卫生组织关于动物保护的标准、IFC 相关出版物。

如 ECA 在项目中的支持比重较小，或在再保险的情况下，可参考其他成员国 ECA 或多边金融机构根据 OECD《共同方法》对项目开展的环境和社会审查结果。

第四步　评审并做出业务决策

在对前述各步骤获取的信息进行综合评审后，ECA 可做出三种决定：要求申请方补充相关材料、拒绝申请，或同意提供官方支持。如同意提供支持，应同时确定是否设置前提条件，包括要求申请方进一步完善预防、缓释和补救措施等相关行动方案，做好项目的环境和社会风险管理。

第五步　事后监督

OECD《共同方法》强调成员国 ECA 对已支持项目的事后监督，推动申请人落实行动方案，确保项目在 ECA 责任期间始终遵守双方合同中约定的合规要求，包括要求申请方定期提交落实情况报告；鼓励项目相关方定期对外，尤其是面向受直接影响的社区和其他利益相关方发布环境和社会风险管理监督报告；一旦发现不合规情况，ECA 有责任采取必要措施，推动项目及时整改、恢复合规。

（4）信息交流和披露

成员国 ECA 根据 OECD《共同方法》要求，制定并公开发布环境和社会风险管理政策和具体的操作流程；与国际同业和相关金融机构分享环境和社会尽职调查的实践经验，推动形成更广泛的共识；在遵守成员国信息披露法律规定的前提下，应至少每年对外更新发布已支持的 A 类和 B 类项目在环境和社会风险管理方面的信息。

（5）ECG 对 OECD《共同方法》落实情况的管理

要求成员国 ECA 按照 OECD《共同方法》列明的信息清单，至少每半年向 ESG 提交已支持的 A 类和 B 类项目信息报告。OECD 秘书处负责对报告进行汇总分析，协助 ECG 监督成员国对 OECD《共同方法》的落实情况。

针对例外情况，即 ECA 决定支持不达标项目，应向 ECG 主动报告，包括选择参照了哪些国际标准及选择原因、项目未达标的原因、决定继续支持的理由以及相关监督措施。

此外，在 OECD《共同方法》近几次修订中，ECG 专门强调了成员国 ECA 在气候变化和人权问题的责任和义务，比如在气候变化方面，要求 ECA 每年报告所有支持的化石燃料电站项目在当年的温室气体排放量估值，以及年度排放量预计超过 25000 吨二氧化碳当量的其他项目在当年的温室气体排放量估值；在人权问题方面，要求 ECA 在尽职调查过程中充分考虑与《OECD 跨国公司准则》和《联合国工商业和人权指导原则》保持政策的一致性。

（二）赤道原则

1. 主要背景情况

赤道原则（Equator Principles）的产生源于金融机构履行企业社会责任的压力。包括政府、非政府组织、多边金融机构和社区民众等越来越多的利益相关方认为，银行等金融机构有责任对项目潜在的环境和社会问题进行审慎性调查，以及督促项目发起人或借款人采取有效措施来消除或减缓项目的负面影响。

2002 年 10 月，9 家跨国银行与 IFC 齐聚伦敦讨论项目融资中的环境和社会问题，会后由荷兰银行、巴克莱银行、西德意志银行和花旗银行在《IFC 绩效标准》基础上共同起草了赤道原则，旨在为银行在项目融资交易中识别、评估和管理环境和社会风险提供一套共同的行业基准。截至 2020 年 11 月，来自 36 个国家的 113 家金融机构已明确采纳赤道原则，成为赤道原则金融机构（EPFI），其中包括加拿大 EDC（2007）、澳大利亚 EFIC（2009）、美国 US EXIMBANK（2011）、挪威 ECN（2014）、英国 UKEF（2016）、瑞典 SEK（2017）等 6 家 ECA，以及兴业银行（2008）、江苏银行（2017）、湖州银行（2019）、重庆农村商业银行（2020）、贵州银行（2020）、绵阳市商业银行（2020）等 6 家总部位于大陆的中国金融机构。

赤道原则不具备法律效力，但伴随在国际项目融资市场中的广泛应用，已逐渐在实务上成为国际项目融资的行业标准和国际惯例。赤道原则要求其成员机构在提供融资支持的决策过程中，对项目可能造成的环境和社会影响进行综合评估，利用金融杠杆促进项目在环境保护以及周围社会和谐发展方面发挥积极作用，并每年发布赤道原则的执行情况。

2010 年 7 月，赤道原则协会及其指导委员会①成立，代表其成员机构和准成员协调赤道原则的管理和发展政策。指导委员会下设 8 个工作组②，分别负责开展技术研究、执行管理、能力建设和经验推广等具体工作，其中“适用范围”工作组由英国 UKEF 牵头负责，“一致性”和“气候变化”两个工作组由加拿大 EDC 参与牵头负责。

2. 赤道原则第四版

赤道原则第四版原定于 2020 年 7 月生效，鉴于新冠肺炎疫情的冲击，赤道原则协会决定增加三个月的缓冲过渡期，要求所有赤道原则金融机构（EPFI）于 2020 年 10 月 1 日起正式执行。

第四版修订的一大亮点即强调 EPFI 的环境和社会责任应与联合国可持续发展目标

---

① 2019 年 11 月新一届指导委员会包括 10 家成员单位，其中主席单位为渣打银行。

② 赤道原则金融机构没有必须加入技术小组的硬性要求，但指导委员会鼓励有能力有意愿的成员加入小组贡献力量。

以及《巴黎协定》相挂钩，要求 EPFI 根据《联合国工商业和人权指导原则》，履行尊重人权的责任，开展人权问题尽职调查；支持《巴黎协定》目标，要求 EPFI 加强对气候相关信息的披露，在评估项目潜在的物理风险和过渡风险过程①中，执行气候相关财务信息披露工作组（TCFD）② 的建议；支持保护生物多样性，加强对相关研究和决策实践的经验积累。

3. 与 OECD《共同方法》的异同比较

赤道原则第四版在目标理念、操作流程和参照的技术标准等方面与 OECD《共同方法》2016 年版有很多相同或相似之处，主要在于：两者都要求各自约束的金融机构尽可能推动相关方避免或减少项目对生态系统、社区和气候造成的负面影响，助力联合国可持续发展目标的实现；都认为各机构必须制定明确的环境和社会政策，履行清晰的尽职调查流程，参照以联合国框架下相关标准为主的国际技术标准，以及设置监督和信息披露机制，以确保国际规则在具体实践中的有效落地；此外，两套规则都不定期接受审议和更新，以反映金融机构环境和社会风险管理的最佳实践和面临的新的责任要求。

两者最大的不同在于适用范围，主要涉及三个维度：一是约束的机构，OECD《共同方法》约束官方机构，目前为除智利和冰岛以外的 OECD 国家 ECA，赤道原则约束自愿加入的各类金融机构，不区分官方或私营；二是约束的产品，OECD《共同方法》约束向资本货物和/或服务出口提供的还款期为 2 年及以上的官方支持出口信贷，赤道原则主要适用于支持项目融资的 5 类产品或服务，包括项目融资③、项目融资咨询服务④、项目相关的公司贷款⑤、过桥贷款⑥、项目相关的再融资和收购融资⑦；三是适用的行业，OECD《共同方法》不涉及军品和农产品出口，赤道原则适用于各行各业。

---

① 根据 TCFD，气候变化风险包括物理风险和转型风险两种。前者意为：气候变化可以通过更为频繁和严重的灾害直接影响金融稳定；后者意为：金融市场可能受到向低碳经济转型进程中时机和速度不确定性的不利影响。

② 2015 年 12 月，G20 金融稳定委员会主席 Mark Carney 牵头成立了气候相关财务信息披露工作组（Task Force on Climate – Related Financial Disclosures，TCFD），通过制定统一的气候变化相关信息披露框架，帮助投资者、贷款人和保险公司合理评估气候变化相关风险及机遇，以做出更明智的财务决策。

③ 项目资金总成本不低于 1000 万美元。

④ 项目资金总成本不低于 1000 万美元。

⑤ 贷款的主要金额与项目有关，且客户对项目拥有直接或间接的实际经营控制权；贷款总额和 EPFI 的单独贷款承诺（银团贷款或转售前）均不低于 5000 万美元；贷款期限不少于 2 年。

⑥ 贷款期限少于 2 年，且计划采用达到上述门槛要求的项目融资或项目相关的公司贷款进行再融资。

⑦ 项目在赤道原则框架下进行融资；再融资或收购融资时，该项目的规模或范围没有发生重大变化；在签署融资协议或贷款协议时，项目尚未完成。

二、现行国际规则主要参考的技术标准

世界银行、IFC 等联合国框架下的多边金融机构与国际社会建立了长期良好关系，是开发性金融、商业性金融、机构投资者等各类社会资本信赖的合作伙伴，同时也是项目技术和服务标准的制定者，在环境和社会风险管理方面积累了丰富经验，形成了OECD《共同方法》、赤道原则等现行国际规则共同参照的一系列技术标准。

（一）《IFC 绩效标准》

作为世界银行集团成员，IFC 是专注于发展中国家私营部门的全球最大发展机构，于2006 年首次推出《IFC 可持续发展框架》，明确了对可持续发展的战略性承诺，同时将此框架纳入 IFC 的整体风险管理体系。

《IFC 绩效标准》① 为框架的主要组成部分，旨在指导客户（项目参与方）以促进环境和社会可持续发展的方式，对项目进行设计、建设和运营管理，同时明确避免或缓释项目负面影响的具体措施，已经成为全球公认的私营部门环境和社会风险管理基准。现行的 2012 年 1 月修订版融入了供应链管理、资源效率和气候变化，以及商业和人权等对可持续发展日趋重要的挑战性议题。

（二）《世界银行集团 EHS 指南》

《世界银行集团 EHS 指南》是《IFC 绩效标准》在项目评估中使用的专业技术参考，其规定的绩效指标和管理措施被通常视为采用成本合理的现有技术就可以实现的指标和措施，主要包括适用于所有部门的通用 EHS 指南②和针对具体行业的行业部门 EHS 指南③，两者在具体操作中结合使用。

---

① 包括 8 条绩效标准（Performance Standards），分别为 PS1 环境和社会风险及影响的评估和管理，PS2 劳工和工作条件，PS3 资源使用效率与污染预防，PS4 社区健康、安全和治安，PS5 土地征用和非自愿安置，PS6 生物多样性保护和生物资源的可持续管理，PS7 原住民，PS8 文化遗产。

② 通用 EHS 指南包含适用于所有工业部门的，关于环境、职业健康与安全、社区健康与安全，以及项目施工和项目拆除等通用性问题的指南。

③ 行业部门 EHS 指南涉及农业/食品加工、化学品、林业、一般制造业、基础设施、采矿、油气、电力等 8 大类部门及各部门项下的若干细分行业。

（三）《世界银行环境和社会保障政策》

相对于《IFC 绩效标准》专注于私营部门，《世界银行环境和社会保障政策》① 主要运用于公共部门的主权风险项目。2016 年，世界银行在《世界银行环境和社会保障政策》的基础上推出了新的《环境和社会政策框架》②，在透明度、非歧视、公众参与、问责和申诉机制等方面做出了较大改进。

《环境和社会政策框架》于 2018 年 10 月正式生效，《世界银行环境和社会保障政策》仍适用于世界银行投资的现行项目，两套标准并行 7 年。

---

① 包括 10 条业务政策（Operational Policies）建议，分别为 OP1 环境评估、OP2 自然栖息地、OP3 虫害管理、OP4 原住民、OP5 物质文化资源、OP6 非自愿迁徙、OP7 林地、OP8 水坝安全、OP9 争议地区的项目、OP10 国际水道项目。

② 包括 10 条新的环境和社会标准（Environmental and Social Standards），分别为 ESS1 环境和社会风险及影响的评估和管理，ESS2 劳工和工作条件，ESS3 资源使用效率和污染预防和管理，ESS4 社区健康和安全，ESS5 土地征用、土地使用限制和非自愿安置，ESS6 生物多样性保护和自然资源的可持续管理，ESS7 原住民/撒哈拉以南非洲长期服务不足的传统地方社区，ESS8 文化遗产，ESS9 金融中介机构，ESS10 利益相关方参与和信息公开。

演进中的“君子协定”
——官方支持出口信贷国际规则的研究

7

OECD国家ECA对环境和社会风险管理国际规则的相关实践

在出口信贷领域，OECD 国家 ECA 对 ESG 理念的实践主要体现在对 OECD《共同方法》、赤道原则等环境和社会风险管理相关国际规则的内化、补充和具体执行上，值得我们借鉴参考。

本文选取来自 12 个 OECD 国家的 16 家 ECA 作为调研对象[①]，并通过官方网站、机构年报、已支持项目的《环境和社会影响评估报告》等公开渠道，获取了调研对象在环境和社会风险管理方面的相关信息。通过对调研资料的深入分析和总结，本文认为 OECD 国家 ECA 在践行 ESG 理念、完善环境和社会风险管理方面至少呈现出五方面的共同特点；此外，通过对近期几个案例的解读，进一步呈现 OECD 国家 ECA 在环境和社会风险管理中的具体考量和做法。

一、OECD 国家 ECA 践行 ESG 理念的共同特点

（一）强调理念与业务决策相融合

OECD 国家 ECA 认为“环境和社会的可持续”与“经济的可行性”是同等重要的，强调在业务实践中推动理念的落地，将环境和社会风险管理纳入官方支持出口信贷的决策和风险管理体系之中。

比如，美国 US EXIMBANK 认为“强化环境和社会责任”与“履行支持出口拉动就业的使命”并不矛盾，关键在于和客户及利益相关方通力协作，把握好二者之间的平衡。环境和社会尽职调查与评审结果的好坏是美国口行决定能否提供融资支持的重要参考；此外，US EXIMBANK 要求项目从源头设计、施工建设到操作运营，应始终符合其遵循的环境和社会风险管理要求，相关方的合规记录将成为 US EXIMBANK 决定与其开展未来合作的主要依据。芬兰 FINNVERA 认为在评估项目风险时，环境和社会影响是项目总体风险评估的重要组成部分，即使只对项目进行部分承保，同样应对项目整体开展环境和社会影响评估。加拿大 EDC 在业务决策过程中，亦将环境和社会风险放在与信用、政治、经济、技术等风险同等地位考虑，对其实施三道防线的全流程管理，将其一并纳入公司整体业务决策体系。

（二）重视管理制度的建设与发展

理念的落地生根离不开制度的有力支撑。OECD 国家 ECA 重视环境和社会风险内

① 主要涉及美国、英国、德国、法国、日本、意大利和加拿大等 G7 国家，丹麦、瑞典、芬兰、挪威等在生态环境和社会治理领域走在前面的北欧 4 国，以及亚洲近邻韩国。

部管理制度与国际规则的有机融合，在遵循的国际规则的框架基础上，结合本国法规要求和业务实践，建立了既符合国际惯例又兼顾国内实际的制度体系；同时，根据国际规则的演变和完善机构管理的需要，及时开展制度的修订更新，在保持与国际规则相协调的同时，也有利于吸收最佳实践、促进机构自身的可持续发展。

比如，英国 UKEF 在 OECD《共同方法》、赤道原则基础上，结合英国国内法律及地方性规定，形成了一套以《环境、社会和人权政策与实践方针》为核心的环境与社会风险管理框架；另外，UKEF 与 OECD、IFC、赤道原则协会、国际劳工组织等国际组织长期保持密切的合作关系，在国际规则的制定与发展方面拥有一定的话语权，内部制度建设和国际规则制定的双向互动，有利于 UKEF 长期保持在行业内的竞争优势。加拿大 EDC 对环境和社会风险管理的制度建设则趋向精细化方向发展。作为最早加入赤道原则的官方出口信贷机构，EDC 积累了丰富的技术经验，并在此基础上不断完善制度建设，形成了一整套包括纲领性规定、实施细则、专项办法和信息披露等子科目的《环境和社会风险管理政策框架》，在执行 OECD《共同方法》的基础上，明确了 EDC 对国际规则约束范围以外的业务应如何开展环境和社会风险的有效管理。日本 JBIC 在制度建设方面注重保持过程的公开与透明，以赢得最大范围利益相关方对其环境和社会风险管理政策的理解和支持。在最近一次对内部制度《日本国际协力银行关于确认环境和社会考虑因素的指南》进行修订期间，JBIC 在一年内举行了 11 场意见咨询会，邀请意见领袖、非政府组织代表、各行业机构和政府部门代表参与讨论交流，并对修订后草案进行了两个月的公示，邀请公众提出意见建议。

（三）突出特色领域体现国情需要

OECD 国家 ECA 在履行 OECD《共同方法》、《联合国工商业与人权指导原则》、赤道原则等覆盖行业领域较广的国际规则的同时，注重在一些"特色"领域充分发挥政策性机构的独特职能，以服务各自国家的重点战略需要。

比如，由于独特的地理位置，挪威经济高度依赖海洋产业，其中油气、航运、渔业和水产业都是国家发展的重要支柱，对海洋生态的保护在挪威整体国家战略中亦占有举足轻重的地位。挪威 ECN 作为政府全资拥有的官方出口信贷机构，十分重视对海洋生态风险的管理，虽然船舶、钻机等可移动设备项目（mobile units）不在 OECD《共同方法》或赤道原则的约束范围内，但是 ECN 仍比照 OECD《共同方法》，并参考国际海事组织和国际标准组织等通用技术标准，对所有非移动设备交易进行风险分类和尽职调查：对于在同一地理区域作业 2 年或 2 年以上的可移动设备，ECN 视其为不可移动设备开展调查，评估其对作业区域的环境和社会风险；对于可能对作业环境产生较高环境影响的可移动设备，不论设备合同期限长短，ECN 都将开展严格的评估和调查，这种情况包括在北极地区、《国际湿地公约》规定的湿地、濒危物种重要的繁殖和饲养地区作业，或以具有较高风险的方式从事海洋捕捞、渔业生产，或脆弱海洋资源勘探的可移动设备。

作为《巴黎协定》的诞生地，法国是最早推动温室气体减排的国家之一，是全球应对气候变化问题的积极推动者。法国 BPI 作为法国目前唯一的官方出口信贷机构，积极响应国家的绿色低碳战略，制定出台了 BPI 气候战略，将气候变化相关风险正式纳入整体信用风险评估体系。此外，作为落实气候战略的重要一环，BPI 于 2020 年 1 月正式加入波塞冬原则，首次把碳浓度和温室气体排放量等环保因素作为航运贷款或融资支持的决策条件之一，推动全球航运业的脱碳进程，助力法国履行 2050 年实现碳中和的承诺。

核安全是日本政府的战略性重点工作，日本 JBIC 和 NEXI 充分吸取东京电力公司福岛核电站事故的教训，特别强调对核电领域出口的环境和社会风险管理，在 OECD《共同方法》的框架基础上，参照国际原子能机构 IAEA 的安全技术标准，分别制定了《核电行业项目信息披露问题确认指南》《贸易保险关于核电行业项目信息披露问题指南》两个专项管理办法，强调了充分的信息披露和公众参与在核电项目环境和社会风险管理过程中的重要作用。

（四）注重积极引导和培育市场

OECD 国家 ECA 在加强环境和社会风险管理的过程中，注重对利益相关方的积极引导，充分利用金融“四两拨千斤”的杠杆作用，培育市场关于环境和社会风险管理的共识，推动各方共同参与到可持续的发展与建设中。

比如，日本 JBIC 与多家私营金融机构分别签署环境评估协议，以支持私营部门进一步将环境影响因素纳入融资业务考虑。根据协议，JBIC 为双方共同支持的项目提供环境审查的知识、技术和相关方法。截至 2020 年 4 月，包括瑞穗银行、三井住友银行、法国兴业银行（东京分行）、渣打银行（东京分行）在内的 20 余家私营金融机构已经与 JBIC 签署了环境评估协议。

德国政府认为尊重人权在促进对外贸易过程中发挥着重要作用，并于 2016 年推出了《国家商业和人权行动计划》（简称“计划”），首次将德国企业在尊重人权方面的责任写入国家商业计划框架，要求企业应遵守人权尽职调查义务并重视供应链和价值链中的人权问题。德国 EH 官方账户作为职能单位，负责对计划的更新修订，并通过在项目评审过程中更加强调“人权问题”，推动计划的具体落实。其要求出口商在开展业务活动时尊重人权问题，并按照《OECD 跨国企业准则》和《联合国工商业与人权指导原则》开展社会风险的尽职调查，必要时，还会针对项目涉及的劳工安全、征地和移民安置合法性、社区健康、文化遗产保护、劳工权利（集会自由、参加工会的权利等）、少数/弱势群体保护以及申诉机制的建立等具体问题开展补充性调查。

德国 EH 官方账户引领企业积极参与到计划中，协助企业执行计划的核心要求，包括出台表达尊重人权的政策声明，建立人权风险识别机制，制定风险应对措施，以及建立申诉机制等，同时鼓励企业基于自愿原则提交对计划的执行情况，为全球供应链和价值链的可持续发展做出贡献。

（五）建立专门团队负责执行和落实

鉴于环境和社会风险涉及生态环境、生物多样性、劳工权益、社区安全健康、文化遗产保护等诸多专业领域，OECD 国家 ECA 普遍认为，仅依靠传统的以经济、金融背景为主的风险评估和管理团队已经无法实现对环境和社会风险管理制度的有效制定和执行落实。在本文调研的 16 家 OECD 国家 ECA 中，8 家机构设置了专职责任部门，其余 8 家在承保评审或风险管理部门成立了专门团队，专人专岗负责环境和社会风险管理工作；此外，对于 A 类及部分 B 类项目的尽职调查工作，各机构均会聘请外部专业顾问配合协同开展。

比如，美国 US EXIMBANK 设立了工程环境部（Engineering and Environment Division），专职负责根据国际规则、国内法律，并结合美国出口商、政府机构和非政府组织等利益相关方意见，制定和不定期更新内部管理制度，推动制度的执行和落实，并为出口商和借款人提供相关建议和咨询服务。

该部门由环境分析师和工程师组成，环境分析师专门研究项目的环境和社会风险与影响，以及相关国际标准对具体交易的适用性问题，并对已获美国口行支持的交易在责任期间进行合规监督；工程师则专攻具体行业部门，熟知各行业项目在环境和社会方面的具体技术标准和要求。环境分析师和工程师共同负责项目的环境和社会技术评估，并指导融资申请方向美国 US EXIMBANK提供环境和社会尽职调查所需材料。

对于申请有限追索融资支持的 A 类项目（包括部分 B 类），美国 US EXIMBANK要求聘请外部环境和社会问题顾问配合评审工作，相关费用由项目发起方承担。

英国 UKEF 内部的专职团队负责项目环境和社会风险的筛选、分类和评审，并对已支持的项目进行监督；同时，UKEF 聘请的一组外部环境和社会咨询顾问，在必要时为内部团队提供补充性意见，并协助开展现场尽职调查和事后监督。

加拿大 EDC 建立了明确的环境和社会风险管理条线，工作层的专职团队由来自环境科学、生物、商业、工程和国际开发合作等不同相关背景的员工组成，分别向环境和社会风险管理总监以及公司社会责任副总裁汇报工作。

二、OECD 国家 ECA 对环境和社会风险管理规则的运用及案例分析

根据 OECD《共同方法》等国际规则关于信息披露的要求，OECD 国家 ECA 定期对已支持的 A 类和 B 类项目进行在线发布相关信息。本文针对国际规则中“项目分类”“环境和社会风险审查”“评审并做出业务决策”“事后监督”等主要环节要求，分别选取了丹麦 EKF、加拿大 EDC、英国 UKEF 于近期发布的三个较为典型的 A 类项目，通过对其环境和社会风险评审信息的解读，进一步展示 OECD 国家 ECA 在业务实践中如何具体运用国际规则，推动 A 类项目符合相应的政策要求，并最终获取官方融资支持。

（一）丹麦 EKF 于 2020 年 1 月发布的英国 Seagreen 风电场项目

该项目位于英国福斯湾离岸约 50 公里处，总发电量预计 1140MW，由 114 台 10MW 的涡轮机组成，建设期为 2020—2023 年。EKF 根据 OECD《共同方法》和《IFC 绩效标准》对项目开展尽职调查，由于可能对鸟类和海洋哺乳动物造成潜在不利影响，风电场被归为 A 类项目。

为降低鸟类等生物潜在的碰撞风险，初期调查结果建议涡轮机数量从最初计划的 150 台减少至 120 台（当前项目已优化，目标建设 114 台）；同时增加涡轮的间隔距离，从 610m 增加到 1000m。经最后的综合评估，EFK 认为优化后的项目对鸟类等生物的潜在不利影响已经减少至可接受范围。

解读：此项目是 ECA 在“分类”环节充分考虑各类潜在的环境风险，并推动开展相应管理的典型 A 类项目。环境风险除涉及项目产生废气、废水、废物等有害物质对大气、水土、植被等自然环境造成负面影响外，还包括对生物多样性的潜在威胁。该风电场项目虽然属于“绿色”新能源项目，但由于可能对生物多样性造成较大的负面影响，因此同样被划为 A 类项目进行风险审查和管理。EKF 要求项目方采取减少涡轮机数量和增加涡轮间距等风险缓释措施，以推动项目符合适用的国际技术标准，最终实现对项目的官方融资支持。

（二）加拿大 EDC 于 2019 年 12 月发布的毛里塔尼亚 Tasiast 金矿项目

加拿大金罗斯黄金公司（Kinross Gold Corporation）的露天金矿项目位于毛里塔尼亚西北部，距首都努瓦克肖特北部约 300 公里，于 2018 年完成了扩建工程。EDC 已批准为项目提供有限追索的项目融资，以支持项目扩建后的运作。

EDC 根据内部的《环境和社会评审指令》和赤道原则，对项目开展尽职调查，包

括对项目环境和社会风险管理相关文件的审查评估、现场调查、参考外部尽职调查意见，以及要求项目公司聘请生物多样性咨询公司评估金矿对水资源的开采对世界遗产阿尔金岩石礁国家公园的潜在影响。公园于1989年被列为世界遗产，内有世界著名的鸟类保护区，在700万只通过大西洋迁徙路线的鸟类中，约30%在公园越冬，组成了世界最大的涉水禽鸟越冬群以及世界上种类最繁多的筑巢类食鱼鸟群落。金矿本身距离公园60公里，但是满足其供水需要的地下水井距离公园不足5公里。

项目公司针对潜在风险制定缓释方案，主要包括：

1. 对于水资源开采对国家公园的影响。项目公司按要求聘请了第三方生物多样性顾问公司对项目开展独立的生态水文评估，并邀请国家公园管理人员参与评估过程；将评估结果（项目不会对公园造成负面影响）与联合国教科文组织世界遗产委员会分享，并于联合国教科文组织官网上发布。

2. 对于有害物质的管理。项目公司制定了废物处理管理计划，明确了安全收集、处理和处置项目产生的受污染和危险废物的具体流程和技术标准。

3. 对于劳工问题、工人/社区健康和安全风险。项目公司承诺其人力资源政策遵循《国际劳工组织公约》和毛里塔尼亚《集体劳工协定》，执行的劳工标准符合甚至高于《IFC绩效标准》；加强对项目整个供应链劳工和健康风险的管理，按照统一的规则和技术标准，对供应商和承包商进行筛选、评估和定期审核，确保项目各环节都符合项目公司遵循的规则要求。

EDC对上述缓释措施进行评估，认为项目发起人展现了强大的环境和社会风险管理能力，通过制定明确的缓释措施避免或尽量减少了项目的潜在影响。

解读：此项目是ECA在“环境和社会风险审查”环节，通过要求项目方采取完善的缓释措施，以避免或尽量减少潜在负面影响的典型A类项目。EDC通过对潜在风险的识别和审查，认为该项目的环境和社会风险主要包括对世界遗产和生物多样性潜在的负面影响、项目生产过程中产生的有害物质对周边环境潜在的负面影响，以及项目相关的劳工权益和劳动安全风险。如果对此类环境和社会风险管理不当，将可能引发当地社区民众的不满、环境和人权保护组织的抗议、国际社会的谴责，以及饱受各方压力下当地政府和监管部门的强制干预，进而影响项目的执行进度，触发信用风险。

因此，EDC要求项目方采取有针对性的风险缓释措施，包括邀请第三方机构开展专项评估，与利益相关方及时沟通评估结果并通过权威国际组织平台予以公开发布，明确处理有害物质的具体流程和技术标准，以及按照统一的国际劳工标准加强对项目上下游整个供应链劳工权益和劳动安全风险的管理。

（三）英国UKEF于2019年5月发布的科威特清洁燃料项目

UKEF已批准为项目发起方科威特国家石油公司（KNPC）提供2.5亿美元的买方

信贷担保，用以支持英国阿美科福斯特惠勒（Amec Foster Wheeler Energy）向科威特清洁燃料项目提供项目管理和咨询服务。该项目总金额 62 亿美元，为 6 家 ECA[①] 共同提供融资支持的多边合作项目，包括对 KNPC 全部 3 家炼油厂中的 2 家进行翻新和扩建。

UKEF 内部专职团队在外部环境咨询顾问的支持下，根据 OECD《共同方法》和《IFC 绩效标准》对项目开展尽职调查：（1）对项目 2016 年 4 月至 2019 年 2 月期间的相关文件进行审查，包括环境和社会影响基础研究报告、工人福利评估、风险管理和缓释计划、利益相关方参与程序、公司政策和流程、项目管理顾问和 EPC 承包商情况、代表 KNPC 的环境和社会顾问情况等；（2）现场尽职调查，包括项目现场勘查，与 KNPC、项目管理顾问公司和 EPC 承包商人员进行访谈等；（3）与科威特政府代表举行后续会议。根据调查结果，UKEF 认为项目相关方已经开发出一整套风险管理措施，有利于减轻和管理项目环境和社会影响及长期风险。

在最后的决策过程中，UKEF 认为 KNPC 与银团贷款人已经达成了一系列协议，能够在项目周期内保持项目符合国际标准，但必须为融资支持设立前提条件，即项目必须接受独立环境和社会顾问的监督，以确保项目在 UKEF 支持的责任期内始终符合有关国际标准。

解读：此项目是 ECA 在“评审并做出业务决策”和“事后监督”环节，通过设置融资支持前提条件，以确保项目在 ECA 责任期限内始终履行合规承诺，落实 ECA 事后监督责任的典型 A 类项目。UKEF 通过文本审查和现场调查，认为项目方有能力对环境和社会风险进行有效管理，但针对项目的具体执行过程，仍需建立更加专业的长效监督机制。

因此，UKEF 要求在融资支持合同中设立项目方必须接受专业第三方监督的前提条件，明确具体要求和违约责任，以有效推动项目方对环境和社会风险管理措施的切实执行，同时也进一步加强了 ECA 自身对项目的保后风险管理。

综合上述三个案例及分析解读，可以得出以下结论：

一是 OECD 国家 ECA 对项目从 ESG 角度进行评估审核、管理的行为贯穿于项目尽调、评审、保后管理全过程。

二是 OECD 国家 ECA 践行 ESG 理念，并非拒绝支持环境和社会风险较大的项目，而是通过多项手段推动企业配合，促使项目最终符合相关要求。比如，对缓释措施的有效制定和执行，可以避免或可控 A 类项目的环境和社会风险，确保项目的顺利执行，在体现项目方和 ECA 等融资支持机构社会责任的同时，也是对项目信用风险全面管理的重要补充。

---

① 其他 5 家 ECA 为日本 JBIC、NEXI，韩国 KSURE、KEXIM，以及荷兰 Atradius 官方账户。

三是 OECD 国家 ECA 对项目进行引导、改善以及风险缓释的常用手段包括：邀请第三方机构开展专项评估，与直接受项目影响的利益相关方及时沟通评估结果，通过权威国际组织平台公开发布相关信息，设立项目方必须接受第三方监督等前提条件；要求项目公司就特定问题的解决作出正式承诺；推动项目调整相关方案以符合适用的国际技术标准等。

8

OECD关于可持续信贷的政策建议及ECA相关实践

“可持续发展”概念的提出可上溯到 19 世纪 80 年代，最初由国际环保组织提出，经过几十年的发展，此概念逐渐扩展到社会、经济、技术等多个领域，“可持续信贷”即是“可持续发展”在经济领域中的具体体现之一。

OECD 国家多为世界主要债权国。90 年代末以来，OECD 出口信贷和信用担保工作组（ECG）开始对“可持续信贷”（sustainable lending）发布声明类文件，他们表示，尽管低收入国家不是出口信贷的主要市场，但低收入国家经常陷入过度的外债泥淖，不利于其真正摆脱贫困以及政府有效履职，因此，从外债提供者角度来说，应充分考虑向这些国家提供贷款所带来的风险，以确保债务的可持续性。

经过十多年的发展，2008 年，ECG 开始在上述声明类文件中引入国际货币基金组织（IMF）和世界银行（WB）联合发布的低收入国家债务可持续分析框架，并推出了《向低收入国家提供官方出口信贷以促进可持续信贷实践的指导原则》（2008 *Principles and Guidelines to Promote Sustainable Lending Practices in the Provision of Official Export Credits to Low Income Countries*），其内容随 IMF－WB 的债务可持续分析框架内容的更新而修订，最新的版本于 2018 年 5 月在 OECD 理事会部长级会议上通过，命名为《关于可持续信贷实践和官方出口信贷的政策建议》（以下简称 OECD《可持续信贷政策建议》）并沿用至今。

一、主要内容

OECD《可持续信贷政策建议》的参加国包括所有 ECG 成员，其内容主要适用于向低收入国家[①]（LICs）公共债务人或被公共债务人担保的主体提供还款期在一年或以上的官方出口信贷支持。其具体要求如下：

（一）做信贷决策时参考 IMF 和 WB 对于该国家最新的“债务可持续分析结果”（DSA）；

（二）确保提供的官方出口信贷遵守 IMF“债务上限政策”（Debt Limit Policy，DLP）以及 WB“非优惠借款政策”（Non-Concessional Borrowing Policy，NCBP）；不得向“非优惠贷款额度为零”（zero limit on non-concessional borrowing）的债务人提供官方出口信贷支持；

（三）对于允许使用非优惠贷款的债务国，当向其提供超过 500 万特别提款权的支持时，需得到该国政府的声明，确认该项目或该笔贷款符合该国适用的 DLP 或 NCBP

① 使用 WB 软贷款（International Development Association）及 IMF 的减贫扶持增长基金（Poverty Reduction Growth Trust）的两类成员国，下同。

政策；

（四）当对低收入国家提供的官方出口信贷超过500万特别提款权（对于年收入小于10亿美元的国家，则适用100万特别提款权的上限）时，需通过“LendingtoLICs”邮箱向IMF和WB通报相关信息；

（五）建议参加国每年向OECD秘书处提供向低收入国家提供支持项目的全部信息，确保参加国没有向低收入国家提供“无价值的投入”①（unproductive expenditure）。

二、核心内涵

OECD《可持续信贷政策建议》本身是一份仅有四页纸长的文件，其参考的核心技术工具是IMF-WB“低收入国家债务可持续性框架”（LIC-DSF），以及基于LIC-DSF分析结果的IMF“债务上限政策”（DLP）和WB“非优惠借款政策”（NCBP）两项债务限制政策。

（一）IMF-WB低收入国家债务可持续性框架（LIC-DSF）

2005年起，IMF与WB开始联合研发并使用“低收入国家债务可持续性框架”（LIC-DSF，目前最新版本于2018年7月生效），对低收入国家进行债务可持续性分析。该框架的关键技术部分为“债务可持续性分析”（DSA），即对低收入国家的承债能力做出的定量分析，采纳了WB国别政策和机构评估（CPIA）中的不同因子变量而计算出具体得分数值（综合性指标，CI），再根据不同国家CI指标确定各债务指标的临界值，并通过基本分析和压力测试两种假设将实际测算值与临界值对比得出一个国家的主权信用等级评估结果，即一旦债务国的债务负担指标（实际债务负担）超过其对应的警示性阈值（承担债务能力），那么该国很可能发生债务危机。根据LIC-DSF，一国债务风险类型分为低风险、中等风险、高风险和处于债务困境四类。截至2020年9月底，该框架下共涉及69个国家/地区，其中低风险国家11个，中等风险国家23个，高风险国家27个，“处于债务困境”国家8个。表1②显示了不同类型低收入国家的债务阈值。

① 根据OECD《可持续信贷政策建议》，“无价值的投入”指与该国减贫或债务可持续战略不符、不利于社会和经济发展的投入。

② 摘自IMF官网，https：//www. imf. org/external/pubs/ft/dsa/lic. htm。

表 1　　不同类型低收入国家债务阈值

<table>
<tr><th rowspan="2">CI</th><th colspan="2">PPG 外债现值占比（%）</th><th colspan="2">PPG 外债偿付支出现值占比（%）</th><th rowspan="2">总债务现值占 GDP 比重（%）</th></tr>
<tr><th>GDP</th><th>出口</th><th>出口</th><th>财政收入</th></tr>
<tr><td>低</td><td>30</td><td>140</td><td>10</td><td>14</td><td>35</td></tr>
<tr><td>中</td><td>40</td><td>180</td><td>15</td><td>18</td><td>55</td></tr>
<tr><td>高</td><td>55</td><td>240</td><td>21</td><td>23</td><td>70</td></tr>
</table>

根据该框架分析得出的一国债务风险结论，IMF 和 WB 分别依据其不同的债务政策确定一国应遵循的债务上限，即 IMF 的“债务上限政策”（DLP）和 WB 的“非优惠借款政策”（NCBP）。

（二）IMF 债务上限政策（DLP）

参加 IMF 不同贷款项目的成员国将按照 IMF 的要求对其宏观经济政策进行调整，其中，制定合理的债务管理政策，特别是对债务积累情况的跟踪和监控是非常重要的评估目标，为此，IMF 专门制定了“债务上限政策”（DLP）。

DLP 对低收入国家所有公共债务（包括国内公共债务和对外公共债务）做出相应的债务管理建议或约束要求，并按照债务风险程度（依据前述 LIC - DSF 分析结果）、国际资金可获得性和自身债务监管能力三个因素对不同国家进行分类，归纳出不同类型国家使用的债务上限形式（具体见表 2）。

表 2　　DLP 政策一览①

<table>
<tr><th rowspan="2">债务风险程度（LIC - DSF 结果）</th><th rowspan="2">债务管理能力较弱</th><th colspan="2">债务管理能力较强</th></tr>
<tr><th>融资渠道较有限</th><th>与国际资本市场密切</th></tr>
<tr><td>高风险</td><td>1. 公共非优惠贷款外债名义值，采用 PC② 指标；
2. 公共优惠贷款外债名义值；
3. 如有需要，国内公共借款</td><td>1. 公共非优惠贷款外债名义值，采用 PC 指标；
2. 公共优惠贷款外债名义值，采用 PC 或 IT③ 指标；
3. 如有需要，国内公共借款</td><td>1. 以外币计价的非优惠债务名义值，采用 PC 指标；
2. 以外币计价的优惠债务名义值，采用 PC 或 IT 指标；
3. 如有需要，国内公共借款</td></tr>
<tr><td>中风险</td><td>1. 公共非优惠贷款外债名义值，采用 PC 指标；
2. 如有需要，国内公共借款</td><td>1. 新签署外部贷款现值，采用 PC 指标；
2. 如有需要，国内公共借款</td><td>公共债务存量的名义值，采用 PC 指标</td></tr>
<tr><td>低风险</td><td colspan="3">不需要设置债务上限；特殊情况个案审批（如财政数据不易获得时）</td></tr>
</table>

① 摘自 IMF 官网，https：//www. imf. org/external/np/spr/2015/conc/index. htm。

② PC 指标，即运行指标，如果债务上限对于实现项目目标或者监控实施情况非常重要，即发现目标未达到将会停止放款的情况下，将使用运行指标。

③ IT 指标，即参考性指标，指虽重要但是未达到停止放款的指标。

（三）WB 非优惠借款政策（NCBP）

WB 规定，对于接受国际开发协会（IDA）赠款的国家[①]（即债务水平为高风险或中等风险的国家）以及当前虽未接受 IDA 赠款但曾经接受过多边减债计划的国家将受到“非优惠借款政策”（NCBP）约束。

NCBP 承认非优惠贷款对低收入国家的重要性，根据该政策，WB 会根据对一国非优惠借款是否满足了政策要求进行评估，并根据评估结果对该国的软贷款融资条件和赠款的分配额度进行调整。比如，若一国未满足条件，则 WB 将下调其 IDA 无偿赠款比例，或者下调享受的优惠贷款条件，如从普通贷款转变为混合型贷款，具体见表 3[②]。

表 3　　不同类型国家的贷款优惠度要求

		债务风险程度	
		低风险	高风险
债务管理能力	较低	为每笔贷款设置最低优惠度要求，但在公共非优惠外债方面给予更多自由（例如在能保证维持债务低风险水平的前提下允许更高的、非约束性的举债上限）。	为每笔贷款设置最低优惠度要求，一般要求高于 35%，不允许接受公共非优惠贷款，或对公共非优惠借款外债设置较严格的额度限制。
	较高	仅要求为所有贷款（外部公债或总的公共债务）的平均优惠度设置最低要求。 对于某些经济水平相对较高的 IDA 国家，不设置优惠度要求，或在有需要的情况下设置以名义值计算的外部和公共债务上限。	以外债或总公共债务的现值形式设置上限，对于某些经济水平相对较高的 IDA 国家，设置以名义值计算的外部和公共债务上限。

NCBP 另一个核心要求则是为受约束国家设置非优惠借款上限，主要针对公共（包括主权借款和主权担保的债务）非优惠借款美元外债进行监控，表 4 总结了不同类型国家一般遵循的非优惠贷款上限形式。

① WB 主要通过其下属的国际开发协会（IDA）和国际复兴开发银行（IBRD）两家机构为发展中国家提供主权性质贷款。前者主要向最不发达的低收入国家提供无偿援助或无息低息贷款（又称软贷款），后者向其他中等收入的发展中国家提供较低于市场价格利息的贷款。

② 《IDA 非优惠借款政策：回顾与更新》，2015 年 10 月。

表 4　　WB 对允许非优惠贷款国家的上限要求[①]

债务风险程度	债务管理水平	债务上限政策 （在该国无 IMF 贷款项目的前提下[②]）
低风险	低	1. 个案审批，或 2. 第二年新签公共非优惠贷款外债的名义值
低风险	高	1. 个案审批，或 2. 公共外债的净现值，或 3. 公共非优惠贷款外债的名义值
中等风险	低	1. 个案审批，或 2. 公共非优惠贷款外债的名义值
中等风险	高	1. 个案审批，或 2. 公共外债的净现值，或 3. 公共非优惠贷款外债的名义值
高风险/ 债务困境	低/高	个案审批，主要考虑国家情况和贷款的具体情况

上述两项债务限制政策由 IMF 和 WB 分别制定，如一国既参与了 IMF 贷款项目受 DLP 约束，又同时受 WB 的 NCBP 管辖，即在同时受到两家机构的政策影响的情况下，一般来讲，IMF 将在与 WB 商讨的前提下主导对该国债务上限的设定。

（四）LIC－DSF 分析框架及 DLP 和 NCBP 两项债务限制政策的约束力

1. 从债务方角度。LIC－DSF 分析框架及 DLP 和 NCBP 两项债务限制政策对那些参与了 IMF 的贷款项目或接受了 WB 的 IDA 贷款以及曾参与过多边减债计划的国家做出约束，并配有相应的监督和通报机制。

2. 从债权方角度。LIC－DSF 分析框架仅提供了贷款或赠款的决策参考，但在技术层面却无法回答“特定债权方是否会损害债务可持续性”“特定债权方的不同贷款策略会给债务国带来什么影响”以及“哪些债权方最应该率先调整对债务国的贷款策略”等具体问题[③]；DLP 和 NCBP 两项债务限制政策本身也并没有对债权人提出强制性的要求，尽管如此，NCBP 在其解释文件中强调了 NCBP 同时适用于债务方和债权方的两面性，对于债权方，主要通过 OECD《可持续信贷政策建议》的约定向 WB 通报相关借贷信息。

---

① 《IDA 非优惠借款政策：回顾与更新》，2015 年 10 月。

② 如该国正在参加 IMF 贷款项目，世界银行将综合考虑相关政策。

③ 熊婉婷，常殊昱，肖立晟：《IMF 债务可持续性框架：主要内容、问题及启示》［J］．《国际经济评论》，2019（4）。

在出口信贷领域，尽管 OECD《可持续信贷政策建议》不具有法律约束力，但其内容和措辞较为明确，例如，文件规定“不得向非优惠贷款额度为零的低收入国家提供支持”“对于允许使用非优惠贷款的低收入国家，如果提供的支持大于 500 万特别提款权，则需要得到债务所在国政府的保证”等；此外，该文件更提出了明确的通报机制，例如，如果提供的支持大于 500 万特别提款权，需要事先通知 IMF 和 WB，且每年通过 OECD 秘书处向 IMF 和 WB 提供向低收入国家提供支持的全部数据等。

三、国际同业实践

由于 OECD《可持续信贷政策建议》反映了 OECD 国家整体的立场，因此得到了各成员国政府的政治背书。本文选取了 17 个 OECD 国家①的 ECA 作为调研对象，通过其官方网站以及年报等渠道，对这些机构在落实 OECD《可持续信贷政策建议》方面的实践进行初探。

（一）将“可持续信贷”概念与机构发展战略和参与国际规则治理相融合

同反贿反腐、环境影响与人权问题等事项一样，可持续信贷作为广义可持续发展的一部分，被部分 OECD 国家 ECA 融入其机构的整体发展战略中。荷兰 ATRADIUS DSB 将可持续发展融入其企业社会责任（Corporate Social Responsibility）板块，每年发布《可持续发展报告》，并在报告中明确指出该机构将在业务运营中遵循 OECD《可持续信贷政策建议》；瑞典 EKN 在其官网首页中将可持续发展（sustainability）作为重要宣传栏目，并在其项下详细分列该机构在环境、反腐、税务以及可持续信贷实践中遵循的规则；“可持续信贷”是挪威 GIEK 可持续发展理念的重要组成部分，GIEK 明确表示其仅对那些符合进口国经济和社会发展战略的项目提供支持，并遵从 OECD《可持续信贷政策建议》。

此外，部分 ECA 认为遵循 OECD《可持续信贷政策建议》是其开展国际合作和参与国际规则治理的重要环节。德国 EH 官方账户将可持续发展视为打造公平竞争环境的抓手之一，明确在承保过程中将首先遵循 OECD 的 ECG 项下规则文件，其中包括 OECD《可持续信贷政策建议》；此外，匈牙利 HUNGARY EXIM、日本 NEXI、意大利 SACE 以及波兰 KUKE 等多家机构表示，OECD 是其参与国际合作和交流的重要平台，

---

① 美国、英国、德国、法国、荷兰、意大利、韩国、日本、丹麦、瑞典、挪威、芬兰、澳大利亚、波兰、匈牙利、西班牙、葡萄牙。

并定期参加 OECD 关于规则讨论的工作会议。

（二）将 OECD《可持续信贷政策建议》嵌入国别承保政策和项目评审环节中

美国 US EXIMBANK 在其“国别限制一览表”（Country Limitation Schedule）中列明了该机构对世界 209 个国家当前的承保政策，除宏观政策（如对某一险种是否开放承保）外，还设有 14 条具体承保限制（Applicable Notes），其中第 10 条即“公共借款人的中长期项目需遵循 IMF - WB 非优惠贷款限制”，这条限制为 46 个国家所适用。

除与国别承保政策相结合之外，个别 ECA 还较为详细地公开了在项目评审环节中对 OECD《可持续信贷政策建议》的具体应用，主要形式为将借款国的债务状况列入项目评审的综合考量，要求申请人在项目申请之初就提供相关书面信息，随其他申请文件一并提交。

瑞典 EKN 明确规定不向已达到非优惠贷款上限或与借款国国家发展战略不相符的项目提供支持，在项目的评审阶段，主要经过以下几个步骤：

1. 项目的申请书提交后，EKN 会审核 IMF 对借款国非优惠贷款上限的具体要求；

2. 如果借款人为非财政部的公共机构，EKN 会向该国财政部确认该项目是否符合有关非优惠贷款的上限规定；

3. 经过前面两步后，EKN 会按惯例对借款人作信用分析，并参考 IMF - WB 对于该国最新的债务可持续性分析结果；

4. EKN 会将其为该借款国公共买方提供支持的意向告知 IMF。

英国 UKEF 对项目的评审主要考虑财务（financial）、道德（ethical）、反贿赂和反腐败（anti-bribery and corruption procedures）三大方面，而债务可持续则属于“道德”方面的重要环节。向 UKEF 申请对“可持续借款国家”的支持的同时，申请人需要填写《可持续信贷表格》，回答关于项目总成本、项目买方性质（公共或私营）、项目经济可行性、项目的经济和社会影响 4 个方面的问题，其中，与 IMF - WB 债务政策相关的问题主要包括以下内容：“项目买方属于公共机构还是私营机构？如买方是公共机构，（1）请告知该项目是否已纳入借款国政府现行预算？如是，请提供详情；（2）项目是否已经借款国财政部、债务管理办公室或中央银行的批准？如是，请提供详情；如买方是私营机构，（1）借款国的政府或其他公共机构是否为该项目提供了担保？（2）该项目的成本是否符合该国在 IMF 或 IDA 项下的要求？”

（三）各 ECA 对规则的具体实践有待挖掘

OECD《可持续信贷政策建议》与 OECD《官方支持出口信贷环境和社会尽职调查

共同方法》和OECD《关于贿赂和官方支持出口信贷的建议》等两个政策建议文件相互平行，与“君子协定”共同组成了OECD国家在出口信贷领域的规则框架，对参加国具有相同的约束力。尽管如此，除个别ECA公开了其在可持续信贷方面的具体操作方案，大多数ECA在其公开渠道对履行OECD《可持续信贷政策建议》的信息披露并不充分，相比将前述另外两个OECD规则明确列入申请材料清单的做法，更多的是将《可持续信贷政策建议》作为一项原则性要求，在其发展战略或国际合作框架中提出。

2018年底，二十国集团（G20）向其成员国债权人机构发送了一份调查问卷，希望了解各机构对G20《可持续融资指导原则》的落实情况①。调查对象包括15个G20国家的37个机构以及5个非G20国家的12家机构，这些机构均为向发展中国家提供信用支持的官方机构，其中大多数为ECA。比照G20《可持续融资指导原则》的五个核心衡量维度②，调查结果显示，各机构在整体上的表现为“强”（strong）和“较好”（sound），但在“与IMF－WB债务上限政策保持一致性”这一维度上“有进一步改进的空间”。这一维度的目标值为“尽最大可能，与借款国政府确认新的支持符合该国的IMF－WB债务上限政策”，调查结果显示，全部被调查机构均表示其在业务运营中严格遵守IMF－WB的债务上限政策，但仍有43%的机构并未做到在决策过程中与借款国确认新的项目符合IMF－WB的债务上限政策。

对上述现象的解释有以下两个方面，一方面，OECD《可持续信贷政策建议》仅适用于还款期在1年以上的项目，而部分OECD国家ECA的主营业务为短期业务；另一方面，不同于环境和社会责任以及反贿赂和反腐败等规则，OECD《可持续信贷政策建议》要求债务上限政策主要由ECA来核实，并非由项目申请方以声明或提供证明的方式来落实，因此公开渠道可查信息有限。

四、思考与启示

近年来，各国际合作的多边平台为OECD《可持续信贷政策建议》的实施带来了有利的国际环境和政策依据。2015年，联合国大会发布了《2030年可持续发展议程》及17个可持续发展目标，其中第17个目标的具体目标之一为“通过政策协调，酌情推动债务融资、债务减免和债务重组，以帮助发展中国家实现长期债务可持续性，处

① G20 Operational Guidelines for Sustainable Financing－Survey Results and Policy Recommendation。

② 五个维度为：融资充分性（adequacy of financing）、信息共享与透明度（information sharing & transparency）、与IMF－WB债务上限政策以及包括技术援助在内的债务重组政策的一致性（Consistency of financing with the IMF and the World Bank's debt limit policies, and support of debt restructuring when needed, including with technical assistance）、利益相关者之间的协调（Coordination of stakeholders）以及加强弹性（strenthening resilience）。

理重债穷国的外债问题以减轻其债务压力”。同年，在联合国第三届发展融资峰会上各国通过了《亚的斯亚贝巴宣言》，重申“债权国和债务国应共同对债务危机负责，并应就此达成一套指导原则”。2017 年 3 月，G20 通过了《可持续融资指导原则》，鼓励主权债权人和债务国共同协作，确保债务国的债务可持续。

中国是联合国、G20、IMF 等国际组织和合作平台的重要成员。近年来，中方在对外场合多次声明并澄清立场，回击西方指责中方为低收入国家带来债务负担的不实言论。对此，无论从国家利益的高度还是社会责任的角度出发，在涉外场合对“债务可持续”的理念给予正面和积极的回应，都是规避声誉风险的有效选择。2019 年第二届“一带一路”国际合作高峰论坛期间，中国财政部正式发布了“‘一带一路’债务可持续性分析框架”，旨在掌握“一带一路”有关国家的总体风险敞口，为债务国提供较为客观的债务风险水平评估结果。该框架立足于 IMF－WB 的有关标准，同时强调要用发展的眼光看待债务可持续性问题，正式投入使用后，或可有效回应国际社会对“一带一路”建设融资中的误读。

同时，也应清晰和客观地认识到，OECD 国家在可持续信贷的实践中也存在一定局限，而这种局限较大程度上源于债务信息的可获得性和透明度。一方面，规则的落实涉及债权方公开大量项目的具体数据，对此各机构有不同考量；另一方面，各国公共债务相关指标时常处于变化之中，实践中 ECA 和 IMF、WB 以及借款人政府各方之间存在信息不对称问题且沟通成本较高。

2020 年新冠疫情爆发以来，IDA 国家的债务脆弱性更加突出。在此背景下，IDA 推出了一项全新的债务政策，即《可持续发展融资政策》（SDFP），该政策于 2020 年 7 月开始执行，将逐步替代原有的 NCBP，以“激励各国逐步走向透明和可持续的融资”为宗旨。与 NCBP 相比，该政策一个突出的特点就是尤其注重为提高债务透明度创造条件，希望通过其“债权人外联计划”（Program of Creditor Outreach）与债权人就透明和可持续贷款实践（包括债务透明度在内）加强沟通与协调，该政策的后续实施效果值得进一步跟踪和研究。

9

OECD关于官方出口信贷领域中反贿赂建议及ECA相关实践

二十世纪五六十年代以来，刚刚经历了两次世界大战的西方发达国家重新回到恢复经济的轨道上，发展中国家民族独立，也亟须发展经济实现国家自强，各国纷纷扩大对外贸易和投资，加强国际合作，世界经济快速发展，国际市场不断扩大，而经济全球化的加速发展更加推动了国际市场的进一步融合。但是在世界经济繁荣的背后，腐败现象也在蔓延。自二十世纪七十年代以来，国际商业交易中的腐败犯罪现象，特别是商业贿赂问题，越来越引起各国政府的关注和重视，各国政府认为这一现象不仅冲击了道德和民主体制，而且扭曲了国际竞争条件，破坏了国际市场的公平秩序，影响良政和经济发展。

1977 年美国“水门事件”促使美国国会出台《海外反腐败法》（Foreign Corruption Practice Act，FCPA），禁止美国公司、在美国境内的外国企业或自然人向外国政府公职人员行贿，加拿大、德国、英国、法国、新加坡、日本、韩国以及中国等国家也制定了反腐败反贿赂的法律法规。国际上，联合国、经济合作与发展组织（OECD）、美洲国家组织、国际商会、世界银行和国际货币基金组织等国际组织和金融机构也相继出台了打击国际腐败的公约。1997 年 11 月 21 日，OECD 通过了《关于打击国际商业交易中行贿外国公职人员行为公约》（*Convention on Combating Bribery of Foreign Public Officials in International Business Transactions*，*the Anti-Bribery Convention*，以下简称 OECD《反贿赂公约》）。2005 年 12 月 14 日，联合国通过了《联合国反腐败公约》（the United Nations Convention against Corruption，UNCAC）。这两大公约是目前国际社会反腐败反贿赂两大主要成文法规，是对各国政府、跨国企业甚至个人开展国际商贸和投资活动的行为规范，在国际社会预防、制止和打击国际商业交易中腐败贿赂犯罪方面发挥了标杆和引领作用。本文侧重介绍 OECD 的反腐败反贿赂规则，特别是官方出口信贷领域的反贿赂规则。

一、关于 OECD《反贿赂公约》

自二十世纪九十年代起，OECD 在国际反腐败反贿赂方面连续出台相关文件，先于 1996 年 5 月通过《关于双边援助采购反腐败计划的建议》，又于 1997 年 5 月通过《关于打击在国际商业交易中贿赂行为的修改建议》，呼吁成员国采取有效措施，制止、防止和打击与国际商业交易有关的行贿外国公职人员的行为，并于当年 11 月 21 日正式通过 OECD《反贿赂公约》，成为第一个国际性的反腐败公约。该公约对非 OECD 国家开放，目前包括 34 个 OECD 国家以及阿根廷、巴西、保加利亚、南非和俄罗斯等非 OECD 国家，中国尚未加入该公约。

OECD《反贿赂公约》包括 1 个序言和 17 条规则，规定禁止在国际商业交易中贿赂外国公职人员的行为，该公约阐明了打击国际商业交易中贿赂行为的目的、范围和措施，督促国际组织、各国政府，以及公司、商业组织等非政府组织开展合作和监督。该公约主要内容和特点如下[①]：

一是界定两个重要名词，即“行贿外国公职人员罪”和“外国公职人员”。对“行贿外国公职人员罪”定义为：任何人，无论直接还是通过中间方，故意向某一外国公职人员，为该官员或为第三方提供、承诺或给予金钱或其他利益，使该官员在履行公务中作为或不作为，从而在国际商业过程中获得或保留商业或其他不当利益。包括鼓动、协助和教唆，或授意行贿外国公职人员的行为，企图和共谋行贿外国公职人员与行贿本国公职人员同属犯罪行为。“外国公职人员”定义为：在外国担任立法、行政或司法职务的任何人，为外国行使公共职能的任何人（包括公共机构或公共企业），以及公共组织的任何官员或代理人。

二是明确惩罚措施和管辖权。惩罚措施：可以是有效的、相称的且具有劝戒作用的刑事处罚，可以剥夺自然人的自由权以实施法律互助和引渡措施，或给予包括货币处罚在内的经济处罚，查封和没收收贿钱财等，或给予民事或行政处罚。管辖权：规定各缔约方对在其领土内发生的行贿外国公职人员的犯罪行为有管辖权，有权对其国民在境外的犯罪行为进行起诉。法律依据：调查和起诉应符合各缔约方的适用的法律和规则，以及缔结的相关条约和安排。

三是对与洗钱相关联的行贿犯罪，无论何地发生，均采取相同处理方式。在会计方面，要求缔约方在其涉及会计的法律法则内，禁止公司设立账外账、进行性质不明的交易、记录未发生的支出或不明债务，以及使用虚假单据等行为。

四是缔约方之间提供法律互助和引渡。可应另一缔约方要求提供任何信息或文件，确定双重犯罪行为，以及不得以银行秘密作为理由拒绝提供互助。可以依据本公约第10条引渡条款或缔约方之间签署的引渡条约，对行贿外国公职人员犯罪行为罪进行引渡。

近年来，OECD不断完善相关规则，有针对性地提出了一系列打击腐败贿赂行为的建议措施，如2000年《OECD跨国公司准则》、2006年《关于贿赂和官方支持出口信贷的建议》、2009年《关于进一步打击在国际商业交易中贿赂外国公职人员的税收措施建议》、2009年《关于进一步打击在国际商业交易中贿赂外国公职人员的建议》及其附件《关于内部控制、道德和合规的良好做法指南》、2015年公共采购委员会建议以及2016年发展合作行为体理事会关于管理腐败风险的建议等。这些文件与OECD《反贿赂公约》共同组成了OECD针对国际商业交易中贿赂问题所制定的国际规则，对

① 相关内容摘自OECD《反贿赂公约》。

打击国际商业市场腐败犯罪、维护良好的国际营商环境起到了重要作用。

二、OECD 2006 年和 2019 年《关于贿赂和官方支持出口信贷的建议》

为在官方出口信贷领域进一步体现和落实 OECD《反贿赂公约》精神，OECD 于 2006 年 12 月 14 日制定并通过了《关于贿赂和官方支持的出口信贷的建议》（*Recommendation of The Council on Bribery and Officially Supported Export Credits*，以下简称 2006 年《建议》），建议各参加国采取适当措施制止官方出口信贷支持的国际商业交易中出现行贿行为。

2006 年《建议》有 11 条，要求成员在不损害任何非责任方的权利的情况下，采取适当措施，制止官方出口信贷支持的国际商业交易中出现贿赂行为。《建议》对出口商和保险人提出了制止商业活动中腐败及贿赂行为的具体要求。

对出口商的要求主要为遵守反贿赂的法律法则、提供反贿赂声明以及披露相关信息等：

（1）要求出口商遵守其国家法律下国际商业交易中关于贿赂的法律规定，并制定合适的打击贿赂的管理控制机制。

（2）要求出口商提供承诺或声明，保证其自身或其代表（如代理人）在交易中没有行贿，也不会参与贿赂。

（3）要求出口商披露：a. 其自身或代表其行事的任何人是否在国内法院受审，或在申请官方支持之前的五年内，已被国内法院定罪或因违反任何国家的反贿赂法而受到同等国家行政措施；b. 代表其进行交易的人员的身份；c. 支付或同意支付给该类人员的佣金或其他费用的金额和目的。

对保险人的要求是履行告知义务、核实情况、开展强化尽职调查以及制定对贿赂行为惩处措施等：

（1）告知出口商违反反贿赂法的后果，并核实出口商是否在世界银行集团、非洲开发银行、亚洲开发银行、欧洲复兴开发银行以及美洲开发银行的公开禁止名单上。

（2）如果出现以下情况，则应进行强化尽职调查：a. 出口商出现在上述任一国际金融机构的公开禁止名单上；b. 保险人发现出口商自身或代表其行事的任何人目前在国内法院受审，或在申请之前的五年内，在国内法院被定罪或因违反任何国家的反贿赂法而受到同等国家行政制裁；c. 保险人有理由相信该交易中可能涉及贿赂。

（3）在官方支持的出口信贷获批之前，如有证据显示存在贿赂或腐败行为，应暂停批准该申请事项，待强化尽职调查得出确实结论，成员应拒绝批准信贷、保险或其他支持。

如在官方被批准后证实有贿赂行为，成员应当采取措施，如拒绝支付赔款或要求被保险人退还已提供的款项。同时，《建议》还要求成员任何时候在商业交易中发现贿赂行为，应立即通知相关执法机关。

2006年《建议》是出口信贷行业中最早的涉及反贿赂的国际性规则文件，缘于当时制定者的经验和行业情况，2006年《建议》较为简单和笼统，建议措施欠具体。经过12年的国际实践，OECD项下的出口信贷和信用担保工作组（ECG）对该规则建议进行修订，于2019年3月13日通过修订版，从法律依据、名词定义、制止贿赂的一般措施、筛选有贿赂风险的官方出口信贷申请、强化尽职调查、评价与决策、最终承诺后的措施以及报告和监测等八个方面细化了反贿赂措施建议，内容较2006年更完整和全面，规定更清晰和成体系，操作性也更强。

比较2006年《建议》，2019年版中关于反贿赂的措施建议有如下新的发展：

（1）明确本建议的法律法规依据，即为OECD《反贿赂公约》《联合国反腐败公约》以及成员国各自的法律制度和出口信贷的特点。

（2）专门制定“一般措施”，细化对出口商的要求。①在2006年《建议》要求出口商遵守本国法律法规的基础上，还明确要求出口商遵守业务所在国或管辖区的所有的相关法律法规；②敦促出口商开展负责任的商业行为。此外，“一般措施”要求成员国在出口信贷体系内建立和应用反贿赂的管控制度，为工作人员提供培训，并建立报告和内部审计机制。

（3）新增并明确“筛选”措施，要求保险人对获得官方出口信贷支持的申请进行甄别，确定对有贿赂风险的项目进行强化尽职调查。筛选有七个方面要求：1. 与风险评估同步；2. 要求各申请方提供所有信息；3. 要求出口商声明未涉及贿赂；4. 要求出口商声明未在法院受审或之前五年内无罪；5. 要求出口商声明不在某一多边金融机构的公开禁止名单上；6. 要求出口商声明所支付的佣金和费用仅用于合法服务；7. 要求出口商披露自身和代理人的身份，以及所支付佣金费用的金额、用途和支付地点等信息。

（4）新增并明确“强化尽职调查”措施，要求保险人评估所有信息，决定采取何种强化尽职调查措施。例如，1. 如被判违法，可采用适当的反贿赂管控制度，提交审计，提供定期审计的结果等；2. 核实交易的其他当事人是否在多边金融机构的公开禁止名单上；3. 再次强调，要求出口商提供身份、佣金费用的金额、用途和支付地点等信息；4. 核实佣金费用水平、用途、支付地点及是否仅用于合法服务；5. 将尽职调查范围扩大到交易涉及的合资企业和财团合伙人的其他各方。

（5）明确“评价与决策”环节，保险人在评估从筛选、尽职调查和/强化尽职调查中得到的信息后，做出提供或拒绝提供官方支持的决策。除 2006 年《建议》中已规定的发现违法即通知执法机关并拒绝提供支持外，此环节还规定可在最终承诺前后提出履行条件，例如，要求出口商及时报告对声明的实质性变更，出口商在文件中保证遵守业务所在国或管辖区的法律法规，以及在审计方面的权利。

（6）增加“最终承诺后”的措施。在提供官方支持后，如发现违法行为，则应立即通知执法机关，在不损害任何非贿赂责任方权利的情况下，采取符合其国内法律的适当行动，如进一步开展尽职调查、拒绝付款、赔偿或退还交易款项。

（7）新增“报告和监测”环节。着重对成员国提出事后的相关措施，例如，公布出口信贷机构关于反贿赂的政策或原则，鼓励其加大反贿赂力度；监测 2019 年《建议》的落实；加强和改进国家反贿赂机制；定期报告其反贿赂行动的信息，交流经验，改进做法，促进本建议的统一执行。

三、OECD 国家 ECA 实施反贿赂建议的相关做法

联合国、OECD、主要国际金融机构以及各国制订实施的反贿赂反腐败条约或法律法规，对营造国际国内良好的营商环境起到了很好的规范和管理作用，已经成为社会道德责任范畴内的国际通行规则。2006 年 OECD 出台官方信贷领域的反贿赂建议，对成员国 ECA 的运作和业务操作产生较大影响，2019 年版《建议》的细化措施则进一步规范了 ECA 的相关行为。

经了解，OECD 国家 ECA 遵循《建议》要求，在开展业务中采取了反贿赂措施，落实《建议》要求的反腐败社会责任，如制订专门的反贿赂政策，要求投保人提交交易的详细信息，对前期筛查出可能有问题的投保还要进行强化尽职调查；要求投保人提交反贿赂声明，作为保险或担保协议一部分，承诺未参与贿赂腐败行为或让渡不正当利益等；公开世界银行等金融机构的企业和个人黑名单；将反贿赂规定纳入其保险/担保产品中，提出处罚办法，还将贿赂行为规定为“除外责任”，如有此类行为，将不予担责等。这些都是 ECA 的具体措施。以下以三家 OECD 的 ECA 为例，具体介绍其反贿赂做法：

芬兰 FINNVERA 按照 OECD 的反贿赂建议制定了专门的《芬兰反贿赂政策（出口融资）》。政策规定：（1）在正常风险评估中开展尽职调查，要求申请人在申请表中必须提交代表人、名称、国家、费用报酬佣金等信息，以及获得外国总承包商或外国本地供应商的详细信息；FINNVERA 在收到申请后进行申请方筛查，检查是否在世界银行等贿赂黑名单上，审查交易方或其员工在过去五年中是否犯有贿赂罪或被指控、调查、处罚及裁决等；要求出口商在签署担保协议之前提供反贿赂声明，

并作为协议的一部分。(2）发现贿赂问题应要进行强化尽职调查。在申请阶段进行筛查，对被列入黑名单或在过去五年内被判行贿罪、受到相关调查、官方处罚或仲裁裁决的一方，要求其提供反贿赂工作原则、具体措施和详细信息，确保其业务不涉及贿赂，如果没有得到满意的澄清，或有理由怀疑存在贿赂，或没有提供声明，FINNVERA 不提供支持；在决定提供担保后发现贿赂，也将启动强化尽职调查，如涉嫌贿赂与已提供的出口信贷担保有关，则在不同的业务阶段分别采取措施暂停交易处理，如被定罪则不承担赔偿责任或追回赔款。(3）公开世界银行、亚洲开发银行等金融机构列出的企业和个人黑名单。（4）FINNVERA 处理贿赂事项的报告程序：员工可通知主管，后者启动调查程序，如得到证实则由执行副总裁通知 CEO。在 FINNVERA 有可信证据证明存在贿赂的情况下，CEO 作出通知警方的决定，由其合规职能部门向当局提交通知。

西班牙 CESCE 要求出口商在投保阶段就必须单独提交反贿赂声明，明确承诺：(1）投保人或其代表均未参与与项目有关的公职人员或机关的腐败行为；（2）投保人已被告知并充分认识到向公职人员或机关许诺或让渡任何不正当利益，将被视为刑事犯罪；(3）投保人未被列入世界银行、亚洲开发银行等国际金融机构的禁止名单；(4）投保人目前均未受到司法程序的指控，或在之前五年内未因国际商业活动中公职人员或机关腐败罪而被定罪；(5）投保人承诺披露代表身份、佣金等信息。再有，CESCE 在发现有如下情况时要对交易或当事人开展强化尽职调查：有可靠信誉来源的负面媒体报道；交易一方提供的不利信息；交易方或涉及的自然人或法人（如代理人）违反相关法律受到指控或调查，或在申请的前五年内因违法而被定罪等，或被列在多边金融机构的公开禁止名单上；交易涉及政治敏感人物；以及有举报信息等。CESCE 开展强化尽职调查的措施有：核实有关指控或调查的情况，核实以往受贿经历、之前的定罪和违规行为是否已得到纠正，核实交易相关方是否在多边金融机构禁止名单上，验证相关方已采取、保持和记录适当的内部纠正和预防措施，如更换参与贿赂的个人、采用适当的反贿赂管理控制系统，以及提交审核并提供此类定期审核的结果等。

法国 BPI 在买贷保险保单中约定了反贿赂的相关承诺及罚则：如果被保险人或其代表被定罪，则保险中止，该保单所赋予的权利将被收回，已支付的保险费不予退还。作为处罚，保险人有权要求被保险人退还已从保险人收到的保险金。

一直以来，中国通过各类法律法规打击腐败贿赂犯罪行为，在国际上参加《联合国反腐败公约》，支持国际社会营造良好政治经济生态。中国信保遵循国内法律和联合国公约，参考 OECD 国家 ECA 的做法，在主要的保险产品中加入了相应的反贿赂规定，体现了公司重视遵守公共社会道德和责任的企业精神。中国信贷在中长期险产品中明确要求投保人承诺项目中不存在违反中国和进口国及其他国家反贿赂法律法规行为，如违反承诺，保险人有权要求投保人赔偿已付赔款及相关费用；海外投资保险产品将贿赂列为除外责任，被保险人或项目企业违反中国和东道国法律，以及损害公共利益的行为，包括违反环境保护和反贿赂法律的行为所造成的损失，不予以承担保险责任。

演进中的“君子协定”
——官方支持出口信贷国际规则的研究

10

打造新的国际多边规则：中国与IWG

当前，世界政治经济格局正发生着深刻的变化，全球价值链及其重构正影响和改变着当前世界经济秩序，全球经济治理体系正发生着深刻变化。联合国对“全球经济治理”的界定为“多边机构和进程在影响全球经济政策、法规与规章方面发挥的作用”①。从官方支持出口信贷领域的治理实践来看，现行国际规则仍是由 OECD 国家主导的“君子协定”，中国和广大发展中国家在其中长期缺席；但随着新兴经济体占世界经济的份额不断上升以及在国际事务中的地位和参与能力不断提高，以金砖五国（BRICS）为代表的新兴市场国家积极参与全球经济治理改革和国际多边规则重构，决心借助出口信贷和出口信用保险领域的多边磋商平台——出口信贷国际工作组（International Working Group on Export Credits，IWG）积极发声，共同打造适合发展中国家的国际新规则。

一、中国参与全球经济治理体系改革的宗旨和实践

国际规则既是全球经济活动的规范工具和行为准则，同时也体现了世界各国在参与全球经济治理过程中的权利与义务。第二次世界大战后形成的全球经济治理体系是在多边渠道的基础上建立起的相互交织的规则网络，其中以世界银行（WB）、国际货币基金组织（IMF）等多边组织为代表，这一体制旨在维护西方发达国家的既得利益，而忽视了广大发展中国家的利益，呈现出严重的“制度非中性”特征。21 世纪以来，广大发展中国家群体性崛起，希望对全球治理体制进行深层次改革，期待为全球经济治理贡献智慧和力量，同时获得相匹配的话语权。在此背景下，全球经济治理体系由“西方治理”转型为“西方和非西方共同治理”的国际多边主义模式将是大势所趋。

自 2008 年国际金融危机爆发以来，以中国为代表的新兴市场国家逐渐成为全球公共产品的重要提供者，在推动全球经济增长、规则公平合理等方面都做出了积极的贡献，在全球经济治理中占有不可或缺的地位。

党的十八大以来，中国比历史以往任何时候都更加重视参与全球治理，积极在国际多边平台上发挥作用。习近平总书记在党的十九大报告中特别指出，中国秉持共商共建共享的全球治理观，倡导国际关系民主化，坚持国家不分大小、强弱、贫富一律平等，支持扩大发展中国家在国际事务中的代表性和发言权。不管全球经济治理体系如何变革，中国都要积极参与，发挥建设性作用，推动国际经济和金融秩序朝着更加公正合理的方向发展，为世界和平稳定提供制度保障。“世界命运应该由各国共同掌

① 2010 年底，联合国大会要求联合国秘书长与会员国及相关组织协商，向第六十六届会议提交一份以全球经济治理与发展为重点的分析报告。经过一年的准备，2011 年 10 月，联合国正式提交报告（A/66/506），着重讨论世界金融和经济危机后全球经济治理与发展之间的联系，就如何加强全球经济合作国际框架以支持发展提出了初步建议。

握，国际规则应该由各国共同书写，全球事务应该由各国共同治理，发展成果应该由各国共同分享。”在国际多边合作和经济治理平台上，习近平总书记数次表示，中国将积极参与到全球经济治理当中，努力为全球经济治理体系改革贡献中国智慧和力量，在国际规则制定中发出更多中国声音、注入更多中国元素，维护和拓展中国的发展利益。这为中国未来参与全球经济治理确定了政策方向和奋斗目标。

构建人类命运共同体、为推动全球治理贡献中国智慧，是中国积极参与全球经济治理改革的宗旨。置身于正在演变之中的世界经济格局，中国积极践行多边主义，充分发挥负责任的发展中大国的作用，多领域、全方位地参与全球经济治理体系改革，为打造公平合理的新的国际多边规则不断贡献中国智慧和力量。

二、中国在官方支持出口信贷领域的治理实践

中国始终是全球治理中的重要角色，并深深融入全球治理体系之中。早在20世纪40年代联合国成立之初，中国作为创始成员，为搭建全球治理机制做出了重要贡献。21世纪初，中国加入WTO，融入全球经济治理体系，对中国自身、世界全球化进程和经济治理体制的发展都带来了深刻影响；2008年国际金融危机后，特别是近年来，中国与其他新兴经济体一道，共同呼吁多边主义，更加积极参与危机应对和全球经济治理改革。具体到官方支持出口信贷领域，当前正在开展的IWG磋商是中国参与全球经济治理改革的重要实践。

（一）中国参加IWG工作的背景

2008年国际金融危机后，一方面，欧美更为关注中国支持出口信贷规模快速扩大的举措，希望中国加入现有国际规则；另一方面，随着经济全球化的深入发展，中国也更加有意愿、有责任、有能力，与其他发展中国家一道与西方发达国家开展对话，扩大发展中国家声音和话语权，共同打造具有包容性的国际经济秩序。

值此背景，2012年2月时任中国国家副主席习近平在访美期间，与时任美国总统奥巴马共同发表了《关于加强中美经济关系的联合情况说明》，表示将建立一个由主要出口融资提供方组成的国际工作组，以在制定一套照顾不同的国家利益和国情、与国际最佳实践一致的出口信贷国际指导原则方面取得具体进展。作为中美高层联合声明的重要成果之一，IWG应运而生，并于同年11月召开了第一次全体会议，正式开启了谈判工作，截至目前已召开了二十次会议。

（二）IWG参加方

除中美之外，IWG参加方还包括以欧盟、加拿大、日本等发达经济体为代表的

OECD“君子协定”参加国以及包括巴西、印度、俄罗斯等金砖国家在内的发展中国家群体（新兴经济体）共十八方，代表45个国家的利益（其中欧盟国家28个）。

参与IWG谈判的国家代表团多由其政府机构（财政部、商务部或外交部）牵头主导、本国ECA作为技术支持参与。中方代表团由财政部、中国进出口银行以及中国信保三方组成，一直持续参与了截至到目前的全部二十次会议。

IWG十八方

10 OECD“君子协定”参加国	8 非OECD“君子协定”参加国
澳大利亚、加拿大、欧盟（28国）、日本、韩国、新西兰、挪威、瑞士、土耳其*、美国 *土耳其2018年加入OECD“君子协定”	中国、巴西*、俄罗斯、印度、南非、印度尼西亚、以色列**、马来西亚 *巴西是“君子协定”项下《民用航空器行业谅解》参加国，且其正在申请加入OECD **以色列是OECD国家，但非“君子协定”参加国

（三）IWG谈判目标

“君子协定”生效四十周年后，新世纪的全球经济版图发生重大改变：OECD经济体占国际出口贸易比重大幅下降，新兴市场的兴起改变了国际贸易市场的结构布局，仅对部分OECD国家适用的“君子协定”对官方支持的出口信贷项目的约束力大幅下降。

因此，在多边主义原则的指导下、各国的呼吁声中，IWG主要目标是重新制定一套适用官方支持出口信贷（包括直接贷款，出口信用保险或担保等纯风险保障等形式）的国际规则，取代OECD“君子协定”，与WTO《补贴与反补贴措施协议》结合成为新的“安全港”，构建出口信贷领域的新规则体系；同时，推动与当前全球经济和金融形势相适应，避免对私营市场的挤出效应，进一步加强OECD成员和非OECD成员之间的协调，寻求“最大公约数”，为构建公平合理的新型国际秩序和全球治理机制贡献出口信贷领域的力量。

（四）IWG工作机制和主要议题

IWG谈判架构主要由全体会议、指导组会议、秘书处以及技术工作小组四部分组成。十八方代表团全体成员参加全体会议，同时另设指导组，由中国、美国、欧盟、巴西四方组成并轮流担任轮值主席，负责共同研究议定IWG工作议程、工作方向，并引导谈判工作开展。

2017 年，IWG 全会选举并设立了轮值秘书长/秘书处，首任任期 3 年，由欧盟方派员（本届期满后由中国接任）。在指导组的共同决议下，秘书处负责组织召开 IWG 全体会议，在确保公平、延续的基础上，统筹推进谈判工作。

此外，IWG 还建立了 8 个技术工作小组，重点针对谈判涉及的出口信贷重要事项以及融资条件开展讨论，具体包括适用范围、信息共享（透明度）、风险定价、利率、最大官方支持、预付款和当地费用、最长还款期和还款方式以及船舶行业相关融资条件等，旨在通过技术层面沟通交流，加深理解、增强互信。

三、中国参与 IWG 的思考

积极参与全球经济治理体系改革、推动国际多边规则重构，意味着既要实现对旧机制的深度融合与改造，又要主动构建新机制。在官方支持出口信贷领域，即推动“君子协定”与时俱进，通过 IWG 谈判形成真正意义上的多边讨论，这也是中国和其他新兴经济体参与全球经济治理改革的重要实践。

IWG 目前是该领域发达国家和发展中国家共同参与的唯一对话机制。在该框架下，近年来各参加方就如何构建一套照顾不同国家利益和国情的出口信贷新规则进行了深入探讨，并在一些技术议题上取得了一定进展。然而，由于各参加方发展阶段和国情不同，在涉及新规则的某些核心问题上仍存在较大分歧，如果没有更加包容和妥协的精神，各方势必很难在核心问题上达成一致。在此基础上，关于中国参与官方支持出口信贷领域的全球治理工作，本文有如下思考：

（一）维护多边主义，推动 IWG 发挥作用

作为官方支持出口信贷领域一直沿用的国际规则，面对世界经济贸易格局的深刻变化，“君子协定”原先所追求的目标和设定的规则也遭受到冲击，呈现出对当前市场的不适应。

IWG 相关工作以推动建立新的更包容的多边国际规则为目的，打破了西方主导国际规则的格局，加强了新兴市场国家和发展中国家的代表性和发言权，未来还将更多地兼顾出口信贷接受国的意见和建议。某种程度而言，IWG 的启动为构建出口信贷领域的多边讨论提供了新路径，对各方增进交流、加强协调形成了有力支撑，是中国积极参与全球经济体系治理的重要阵地。中方应继续支持 IWG 作为出口信贷磋商的主平台作用。

（二）强调规则包容性，尊重各国实践差异

习近平总书记在联合国成立 75 周年纪念峰会上的讲话中提到，当今世界正经历百

年未有之大变局，各国要以对话代替冲突，以协商代替胁迫，以共赢代替零和，把本国利益同各国共同利益结合起来，努力扩大各国共同利益汇合点，妥善处理分歧。

在开展全球经济治理改革的过程中，应尊重世界文明的多样性和发展道路的多样化，弘扬平等互信、包容互鉴、合作共赢的精神。IWG 汇聚了主要发达经济体和新兴市场主体，参与各方的国情不同、发展阶段各异，存在利益和观点的分歧是合情合理的。IWG 作为全球多边经济治理平台之一，应坚持大格局，兼顾不同发展阶段国家的现状和利益诉求，体现更多包容性和灵活性，各参加方应求同存异方能相向而行。

（三）坚持可持续发展理念，推动共同发展

当今世界面临的难题，追本溯源与发展鸿沟、发展赤字有关，发达国家与发展中国家之间的观点分歧也是由于全球范围内的发展不平衡、不充分造成的，特别是在新兴市场，发展领域仍面临巨大融资缺口。

因此，从 IWG 新规则的谈判进程来看，在着眼于规范各国官方支持出口信贷行为的同时，更应当秉承促进发展的宗旨，积极落实联合国 2030 年可持续发展议程，坚持可持续发展理念，缩小发展鸿沟、减少南北差距。在世界面临百年未有之大变局的历史新时代，要继续全面深入研究借鉴美欧国家政策，着力提高议题设置能力，增强规则制定能力，积极参与国际规则制定和全球经济治理，这既是对广大发展中国家期待的回应，也将为世界经济增长增添持久动力；各国都能在世界经济增长的进程中分享红利、合作共赢，共同打造适合新发展现状的国际多边规则。

迄今，距金融危机爆发已十余年，国际形势发生了很大的变化。面对严峻复杂的外部环境，加强全球经济治理、推进全球经济治理体系变革是大势所趋。当前，中国正处于两个一百年奋斗目标的历史交汇点。未来三十年，中国将开启积极参与和引领全球治理体系改革和建设的伟大征程，这是中国立足国情和未来发展目标的必然选择。在官方支持出口信贷领域，历经四十余年发展历程的“君子协定”已经走到了十字路口，酝酿于后金融危机时代的 IWG 指导原则或许能更好地反映国际官方支持出口信贷行业的新形势，打造出符合各国利益和诉求的新的国际规则。

现行官方支持出口信贷规则起源于欧洲，代表的是传统西方发达国家的利益；而 IWG 指导原则，则是兼顾不同发展阶段经济体的新的国际规则。作为新规则谈判的重要参加方以及新兴市场的重要代表，中方应始终秉持参与全球经济治理的基本主张，坚定不移遵循多边主义的原则，继续参与 IWG 工作，通过争取对规则的话语权来维护我国和新兴经济体的共同利益，为最终建立公正合理的全球治理体系和公平竞争环境贡献力量。

常见机构英文缩写

BU	伯尔尼协会，即“国际信用及投资保险人协会”
EBF	欧洲银行业联盟
ECA	出口信用机构
ECG	出口信贷与信用担保工作组
ICC	国际商会
IMF	国际货币基金组织
IWG	出口信贷国际工作组
OECD	经济合作与发展组织
UN	联合国
WB	世界银行
WTO	世界贸易组织

附

OECD 国家 ECA & 部分非 OECD 国家 ECA 列表
（截至 2020 年 12 月 31 日）

OECD 国家 ECA		
1	ASHRA	以色列对外贸易风险保险公司
2	ATRADIUS DSB	安卓荷兰国家账户
3	BANCOMEXT	墨西哥国家对外贸易银行
4	BPIFRANCE	法国对外贸易银行
5	CEB	捷克出口银行
6	CESCE	西班牙出口信用保险公司
7	CREDENDO	比利时出口信用官方账户
8	COSEC	葡萄牙信用保险公司
9	ECIO	希腊出口信用保险组织

续表

OECD 国家 ECA		
10	EDC	加拿大出口发展局
11	EFIC	澳大利亚出口融资保险
12	EGAP	捷克出口担保及保险公司
13	EKF	丹麦出口信贷基金
14	EKN	瑞典出口信用担保局
15	EH GERMANY	裕利安怡德国官方账户
16	EksportKreditt *	挪威出口信贷公司
17	EXIM HUNGARY	匈牙利进出口机构
18	EXIMBANKA SR	斯洛伐克进出口银行
19	FINNVERA	芬兰出口信用保险局
20	GIEK *	挪威出口信用保证机构
21	JBIC	日本国际协力银行
22	KREDEX	爱沙尼亚 KredEx 信用保险公司
23	KSURE	韩国贸易保险公社
24	KUKE	波兰出口信用保险股份有限公司
25	KEXIM	韩国进出口银行
26	NEXI	日本贸易保险公司
27	NZECO	新西兰出口信用办公室
28	ODL	卢森堡出口信用机构
29	OeKB	奥地利进出口银行
30	SACE	意大利出口信用保险公司
31	SEK	瑞典出口信贷公司
32	SERV	瑞士出口风险保险
33	SID	斯洛文尼亚出口机构
34	TURK EXIMBANK	土耳其进出口银行
35	UKEF	英国出口融资局
36	US EXIMBANK	美国进出口银行
部分非 OECD 国家 ECA		
1	CHINA EXIMBANK	中国进出口银行
2	ECGC	印度出口信用保证公司
3	ECIC SA	南非出口信用保险公司
4	EXIAR	俄罗斯出口及投资保险署
5	EXIMBANK OF RUSSIA	俄罗斯进出口银行
6	INDONESIA EXIMBANK	印度尼西亚进出口银行

续表

部分非 OECD 国家 ECA		
7	EXIMBANK OF INDIA	印度进出口银行
8	MEXIM	马来西亚进出口银行
9	SINOSURE	中国出口信用保险公司

注：*2021 年 3 月 4 日，EksportKreditt 与 GIEK 合并为“挪威出口融资公司”，简称 Eksfin。

参考文献

一、中文文献

经济合作与发展组织（2013）互联经济体——受益于全球价值链（Interconnected Economies Benefiting from Global Value Chains），北京：中国商务出版社。

孙伊然（2013）后危机时代全球经济治理的观念融合与竞争，《欧洲研究》2013.05，第1-21页。

王术君（2006）出口信用论，北京：中国金融出版社。

熊婉婷 等（2019）IMF债务可持续性框架：主要内容、问题及启示，《国际经济评论》2019.04，第44-62页。

张帆、徐超（2020）官方出口信贷机构国际比较及启示，《中国物价》2020.06，第45-47页。

张宏德（2017）出口延付合同再融资保险在EPC项目中的应用，《国际经济合作》2017.04，第73-75页。

张明之（2020）积极推进全球经济治理体系变革，光明网理论频道。

张宇燕（2019）习近平新时代中国特色社会主义外交思想研究，北京：中国社会科学出版社，第180-213页。

赵龙跃（2019）统筹国际国内规则：中国参与全球经济治理70年，《太平洋学报》2019.10，第47-62页。

中共中央党史和文献研究院（2020）习近平关于中国特色大国外交论述摘编，北京：中央文献出版社。

二、英文文献

AGA Portal (2020) Assessment of Environmental, Social and Human Rights Issues (ESHR), available at AGA Portal website.

Bpifrance (2020) Our Environmental and Social Commitment, available at Bpifrance website.

Business at OECD et al. (2019) Joint Business Position on the Modernization of the OECD Arrangement: Ensuring A Global Level Playing Field, available at EBF website.

EDC (2020) Environment and People, available at EDC website.

EKF Denmark' s Export Credit Agency (2020) CSR Creates Value for Danish Exports, available at EKF website

EKN (2020) Environmental Matters, available at EKN website.

Eksportkreditt Norge AS (2020) Corporate Social Responsibility, available at ECN website.

European International Contractors (2016) EIC Position Paper on the Review of the OECD Local Costs rule in relation to Construction Services, available at EIC website.

Export-Import Bank of the United States (2020) EXIM and the Environment, available at USEXIM website.

Finnvera (2020) Environmental Guarantee, available at Finnvera website.

GIEK (2020) Sustainability, available at GIEK website.

Government of the United Kingdom (2020) UKEF: Environmental, Social and Human Rights Risk Management, available at GOV. UK website.

IDA Resource Mobilization Department (2015) IDA' s Non-concessional Borrowing Policy: Review and Update, available at IDA website.

IMF (2015) Public Debt Limits in IMF-Supported Programs, available at IMF website.

IMF (2018) The Debt Sustainability Framework for Low-Income Countries: Introduction, available at IMF website.

IMF (2019) G20 Operational Guidelines for Sustainable Financing-Survey Results and Policy Recommendation, available at IMF website.

Japan Bank for International Cooperation (2020) Environment, available at JBIC website.

Korea Eximbank (2020) Export Credit and Environmental Review, available at KEXIM website.

Korea Trade Insurance Corporation (2016) Environmental Information, available at KSURE website.

Monika Sie Dhian Ho & Klaas Werkhorst (1995) Regional and Global Disciplining of Officially Supported Export Credit Insurance, Journal of European Public Policy, 2: 3, 447 –464.

Nippon Export and Investment Insurance (2017) Environmental and Social Considerations, available at NEXI website.

OECD (2020a) Environmental and Social Due Diligence, available at OECD website.

OECD (2020b) Recommendation of the Council on Bribery and Officially Supported Export Credits, OECD/LEGAL/0348, available at OECD website.

OECD (2020c) Recommendation of the Council on Sustainable Lending Practices and Officially Supported Export Credits, OECD/LEGAL/0442, available at OECD website.

OECD (2020d) Convention on Combating Bribery of Foreign Public Officials in International Business Transactions, available at OECD website.

OECD Export Credits Division (2008) The Export Credits Arrangement 1978 –2008: Achievements and Challenges Continued, available at OECD website.

OECD Export Credits Division (2017) History and Evolution of the Local Cost Rules, TAD/PG (2019) 3, available at OECD website.

OECD Export Credits Division (2020) Evolution of the Arrangement on Officially Supported Export Credits, TAD/PG (2020) 2, available at OECD website.

Pamela Blackmon (2016) OECD Export Credit Agencies: Supplementing Short-Term Export Credit Insurance during the 2008 Financial Crisis, The International Trade Journal, 30: 4, 295 –318.

SACE & SIMEST (2020) SACE Environmental and Social Due Diligence Guideline, available at SACE website.

SEK (2020) Sustainability, available at SEK website.

The Equator Principles Association (2020) The Equator Principles, available at EPA website.

The World Bank Group (2020a) Environmental and Social Policies, available at the World Bank website.

The World Bank Group (2020b) Sustainability: Overview, available at the World Bank website.

UKEF (2019) UK Export Finance Annual Report and Accounts 2018 –19, available at UKEF website.

下篇

OECD 关于翻译出版《官方支持出口信贷的安排》2020 年 1 月版的授权

2020 年 10 月 8 日，中国出口信用保险公司获得 OECD 授权翻译出版 OECD 资料：T-P-2020 _ Arrangement on Officially Supported Export Credits _Chinese。根据授权要求，中国出口信用保险公司作出以下声明：

该资料原版内容由 OECD 以英文出版，标题为：

OECD（2020），Arrangement on Officially Supported Export Credits，TAD/PG（2020）1，© OECD（2020），http：//www. oecd. org/officialdocuments/publicdisplaydocumentpdf/？doclanguage = en&cote = ta d/pg（2020）1

此中文版译文并非由 OECD 组织翻译，不应被视为 OECD 官方译文。译文质量及其与原文的一致性由译者全权负责。原文和译文如有分歧，以原文为准。

关于官方支持出口信贷的安排
2020年1月版

第一章　一般约定

1. 目的

（i）《官方支持出口信贷的安排》（简称“《安排》”）的主要目的是为有序使用官方支持的出口信贷提供基本框架。

（ii）《安排》旨在培育在官方支持（参见第 5 条（a）款）下的公平竞争环境，以鼓励出口商之间基于出口货物和服务的质量和价格开展竞争，而不是基于获得的最优惠的官方支持融资条款和条件。

2. 地位

《安排》在经济合作与发展组织（简称“经合组织”）框架下形成并发展，1978 年 4 月生效，且未设有效期。《安排》只是各参加国之间的“君子协定”，尽管得到经合组织秘书处（以下简称“秘书处”）的行政支持，但并非经合组织的法案①。

3. 参加

目前，《安排》的参加国有：澳大利亚、加拿大、欧盟、日本、韩国、新西兰、挪威、瑞士、土耳其和美国。其他经合组织成员国和非成员国可由现有参加国邀请加入。

4. 非参加国可获得的信息

（a）参加国应以通知的方式，与非参加国分享第 5 条（a）款所指的与官方支持相关的信息。

（b）参加国应在对等的基础上，如同答复其他参加国的询问一样，就其所提供的官方支持的融资条款和条件，答复与其有竞争关系的非参加国的询问。

5. 适用范围

《安排》适用于由政府或代表政府为货物和/或服务出口（包括融资租赁）提供的、还款期在 2 年或 2 年以上的所有官方支持。

（a）官方支持可采取以下不同的方式：

（1）出口信用担保或保险（纯风险保障）。

（2）官方融资支持：

——直接信贷/融资和再融资，或

——利率支持。

（3）上述形式的任意组合。

① 经合组织公约第 5 条规定了相关定义。

（b）《安排》适用于约束性援助；第四章规定的程序同样适用于与贸易有关的非约束性援助。

（c）《安排》不适用于军用设备和农产品的出口贸易。

（d）若有明确证据显示，合同买方所在国并非是货物的最终进口国，合同设计的主要目的是为获取更优惠的还款条件，则不应提供官方支持。

6. 行业谅解

（a）以下《行业谅解》是《安排》的组成部分：

——船舶（附件1）

——核电站（附件2）

——民用航空器（附件3）

——可再生能源、减缓和适应气候变化型和水资源项目（附件4）

——铁路设施（附件5）

——燃煤发电项目（附件6）

（b）对于适用附件1、2、4或5的货物和/或服务出口，相关《行业谅解》的参加国可根据《行业谅解》的规定提供官方支持。若《行业谅解》未作相应规定，则应适用《安排》的规定。

（c）对于适用附件3的货物和/或服务出口，《安排》参加国且同为该《行业谅解》的参加国应根据《行业谅解》的规定提供官方支持。

（d）对于适用附件6的货物和/或服务出口，相关《行业谅解》的参加国应根据《行业谅解》的规定提供官方支持。若附件6未作相应规定，则应适用《安排》的规定。

7. 项目融资

（a）对于满足附件7附录1的货物和/或服务出口，参加国可适用附件7规定的条件。

（b）上述（a）款适用于《核电站出口信贷的行业谅解》《可再生能源、减缓和适应气候变化型和水资源项目出口信贷的行业谅解》《铁路出口信贷的行业谅解》以及《燃煤发电项目出口信贷的行业谅解》中规定的货物和服务出口。

（c）上述（a）款不适用于《民用航空器出口信贷的行业谅解》和《船舶出口信贷的行业谅解》中规定的货物和服务出口。

8. 退出

参加国可通过即时通信方式，如秘书处维护与参加国沟通所使用的电子邮件，书面通知秘书处而退出《安排》。退出将在秘书处收到通知的180个日历日后生效。

9. 监测

秘书处负责监测《安排》的执行情况。

第二章　出口信贷的融资条款和条件

本章列出了关于出口信贷的融资条款和条件的全部规定，而且各项规定应贯通理解。

《安排》对官方支持的融资条款和条件设定了限制。参加国认识到，在实践中，特定贸易或行业适用的融资条款和条件比《安排》中相应的规定更为严格。参加国应继续尊重这些已形成惯例的融资条款和条件，特别是还款期不应超过货物使用寿命这一项原则。

10. 预付款、最大官方支持和当地费用

（a）参加国应要求接受官方支持的货物和服务的买方在附件 15 规定的信贷起始日当天或之前，支付不低于出口合同金额 15% 的预付款。在计算预付款时，若交易中包含官方支持未覆盖的第三国货物和服务时，出口合同金额可按比例降低。风险费（译者注：该费用由出口信用保险机构收取时，称保险费）允许进行 100% 的融资/保险，风险费可计入也可不计入出口合同金额。在信贷起始日之后支付的留置金在本文中不被视为预付款。

（b）对此类预付款的官方支持仅限于针对出运前风险提供的保险或担保。

（c）除（b）款和（d）款规定外，参加国提供的官方支持不应超过出口合同金额的 85%。出口合同金额包括第三国的货物和服务，不包括当地费用。

（d）参加国可对当地费用提供官方支持，条件是：

（1）对当地费用的官方支持不应超过出口合同金额的 30%。

（2）对当地费用的官方支持，与其他相关出口获得的支持相比，不应更优惠或更宽松。

（3）若对当地费用的官方支持超过出口合同金额的 15%，应按照第 46 条设定的程序进行事前通知，详细说明该当地费用的性质等情况。

11. 最长还款期的国家分类

（a）第 I 类国家是高收入[①]的经合组织国家。其他所有国家都属于第 II 类国家。

（b）进行国家分类时，应采用下列操作标准和程序：

（1）《安排》的国家分类根据世界银行为借款国进行国家分类而测算的人均国民收入来确定。

① 由世界银行根据年度人均国民总收入判定。

（2）若世界银行未获得足够的信息以公布一国人均国民收入，世界银行应根据其现行门槛标准，估算该国的人均国民收入情况。除非参加国另有决定，否则应根据世界银行估算结果进行国家分类。

（3）若需要按照第 11 条（a）款对一国进行重新分类，该国的最新分类情况应在秘书处向所有参加国通报世界银行相关数据和结论两周后生效。

（4）若世界银行修改有关数据，该修改应被视为与《安排》无关。尽管如此，参加国还可通过达成共同谅解的方式调整一国的国家分类。如在秘书处首次发布数据的同一公历年内，参加国发现相关数据错误或遗漏，可积极考虑调整一国的国家分类。

（c）仅当世界银行对一国的国民收入分类连续两年保持不变的情况下，方可调整该国最长还款期的国家分类。

12. 最长还款期

最长还款期根据按照第 11 条确定的目的国国家分类情况而变化。该条执行不影响第 13 条效力。

（a）对于第Ⅰ类国家，最长还款期为 8.5 年。

（b）对于第Ⅱ类国家，最长还款期为 10 年。

（c）若出口合同涉及多个进口国，参加国应按照第 56 条至第 61 条设定的程序，就适当的还款期寻求共同谅解。

13. 非核电站的还款期

（a）对于不适用附件 6 的非核电站，最长还款期应为 12 年。若某参加国有意支持的还款期超过第 12 条的有关规定，则该参加国应按照第 46 条设定的程序，给予事前通知。

（b）非核电站是指不用核能作燃料的成套电站或其组件，其包括建设和试运行此类非核能电站直接需要的所有配件、设备、原材料和服务（包括人员培训），但不包括通常由买方负责的事项，尤其是电站界址之外的，涉及土地开发、道路建设、乡村建设、电源线、开关站和供水系统等有关成本，以及买方所在国因官方审批程序（如选址许可、施工许可和燃料装载许可）所产生的费用，除非：

（1）若开关站的买方即为电站的买方，新建开关站的最长还款期应与非核电站的最长还款期（12 年）相同；以及

（2）电压在 100 千伏以上的变电站、变压器和输电线的最长还款期应与非核电站相同。

14. 本金的偿还和利息的支付

（a）出口信贷的本金通常应等额分期偿还，或者在适当情况下（如为租赁交易或

单机设备出口提供信贷支持)，可采取等额本息、分期偿还的方式。

（b）应至少每 6 个月偿还一次本金并支付一次利息。第一次本息的偿付应不迟于信贷起始日之后的 6 个月。

（c）在特殊且有正当理由的情况下，可不按上述（a）款和（b）款提供出口信贷。如债务人的资金状况无法与每半年等额还款计划的时间要求匹配，则可适用于其他还款条件，但应满足以下标准：

（1）6 个月内单笔或多笔本金偿还金额不应超过信贷本金总额的 25%。

（2）应至少每 12 个月偿还一次本金。第一次偿还时间应不迟于信贷起始日之后的 12 个月；在信贷起始日之后的 12 个月内，本金偿还金额应不低于信贷本金总额的 2%。

（3）应至少每 12 个月支付一次利息。第一次支付时间应不迟于信贷起始日之后的 6 个月。

（4）还款期的加权平均期限最长不应超过：

——对于主权买方（或有主权还款担保）的交易，第Ⅰ类国家是 4.5 年，第Ⅱ类国家是 5.25 年。

——对于非主权买方（且没有主权还款担保）的交易，第Ⅰ类国家是 5 年，第Ⅱ类国家是 6 年。

——尽管有上述两点具体的规定，但按照第 13 条，对于非核电站提供支持的交易是 6.25 年。

（5）若参加国未按照上述（a）款至（b）款提供信贷支持，应按照第 46 条设定的程序给予事前通知并解释原因。

（d）信贷起始日之后到期的利息不应资本化。

15. 利率、风险费率和其他费用

（a）利息不包括：

（1）为卖方信贷或融资信贷提供保险或担保而收取的保险费或其他费用；

（2）与出口信贷相关的银行费用或佣金，除了在整个还款期内每年或每半年支付的银行手续费；以及

（3）进口国征收的预提税。

（b）如果采取直接信贷/融资或再融资方式提供官方支持，风险费既可计入名义利率中，也可作为一项单独收费；但应向参加国分别列明两部分费用情况。

16. 出口信贷的有效期

除附件 16 商业参考利率（CIRR）有效期之外，单笔出口信贷或信贷额度的其他融资条款和条件，在做出最终承诺前最多保持 6 个月不变。

17. 避免损失或最小化损失的措施

如出口信贷主管部门或融资机构在合同生效后（出口信贷协议和附属文件皆已生效）采取措施，且其意图仅在于避免或最小化可能导致不付款或索赔事件发生而产生的损失，《安排》不禁止出口信贷主管部门或融资机构同意比《安排》规定更宽松的融资条款和条件。

18. 匹配

考虑到参加国的国际义务及其与《安排》目的的一致性，参加国可按照第43条设定的程序，对参加国或非参加国提供的融资条款和条件进行匹配。按照本条款进行匹配的融资条款和条件视为符合第一章、第二章，以及附件1—7（若适用）的规定。

19. 官方融资支持下的最低固定利率

（a）对固定利率贷款提供官方融资支持的参加国应采用相关的商业参考利率作为最低利率。商业参考利率是根据下列原则确定：

（1）商业参考利率应代表所涉及货币在其国内市场上的最终商业贷款利率；

（2）商业参考利率应尽量与国内一流借款人适用的利率保持同等水平；

（3）商业参考利率应以固定利率融资的筹资成本为基础；

（4）商业参考利率不应扭曲国内竞争条件；以及

（5）商业参考利率应尽量与国外一流借款人可获得的利率保持同等水平。

（b）按照第21条为防范不还款风险而应合理收取的信用风险费，不应被官方融资支持的条件部分或全部抵消或弥补。

20. 商业参考利率的确立和应用

本《安排》项下提供官方融资支持时使用的商业参考利率均按照附件16的规定确立和应用，附件3《民用航空器的行业谅解》除外。

21. 信用风险费

除收取利息外，参加国还应收取用于覆盖不偿还出口信贷风险的风险费。参加国收取的风险费率应根据风险情况厘定，风险费应足以覆盖长期运营成本和损失。

22. 覆盖信用风险的最低风险费率

参加国收取风险费的费率不应低于信用风险所适用的最低风险费率（MPR）。

（a）适用的最低风险费率根据以下几个因素确定：

——适用的国家风险分类；

——承担风险的时间（即风险期或HOR）；

——债务人适用的买方风险分类；

——官方出口信贷产品对政治和商业风险的保障比例及质量；

——使用的国家风险缓释措施；及

——使用的买方风险增信措施。

(b) 最低风险费率以信贷本金金额的一定比例表示，该比例是基于风险费在第一笔信贷提款日全额支付的假设做出的。最低风险费率的计算及其数学公式详见附件9。

(c) 无论交易目的国的国家分类情况如何，参加国对于市场基准交易，即最终债务人/担保人（即信用风险主体）属于第0类国家、高收入经合组织国家和高收入欧元区国家①的，收取的风险费率应逐案确定。为确保对涉及这些国家债务人/担保人的相关交易适用的风险费率不低于私营市场定价，参加国应遵循以下程序，根据达成的共识将相关基准定价转换为风险费率：

(1) 当参加国提供的官方支持是银团贷款的一部分，提供基于资产融资②或项目融资③的结构融资时，应符合以下条件：

——直接贷款部分的总成本不应低于同一银团中商业贷款的总成本；

——纯风险保障的风险费率不应低于同一银团中商业机构的风险费率及最低精算风险费率；

适用上述条件的银团贷款，还应满足以下条件：

——银团中由商业市场提供的且没有接受双边或多边官方支持（例如，官方出口信用机构、开发性金融机构、国际金融机构或多边发展银行）④ 的贷款/担保比例不得低于25%⑤；银团中所有参与者，对包括担保措施在内的融资条款和条件共债同权（译者注：按债权比例同等分享债权下所有权益，不区分优先级）；以及

——提供的融资条款和条件完全符合《安排》中关于银团融资/担保交易的市场基准定价条件。

(2) 对于其他市场基准交易，适用以下程序：

——考虑到市场信息的可获得性和基础交易的特点，参加国在确定风险费率时，应比照附件10列出的一个或几个市场基准，选择最适合该特

---

① 对以下国家分类情况进行年度重新审定：(1) 是否为高收入国家（由世界银行根据年度人均国民总收入判定）；(2) 是否为OECD成员；(3) 是否为欧元区国家。按照第23条（c）款对一国分类情况（即是否为高收入OECD国家或高收入欧元区国家）的确定或撤销，必须在该国的收入分类（是否为高收入国家）已满足连续两年不变的情况下方能生效；若上述确定或撤销与该国OECD成员国身份或欧元区成员国身份的改变相关，则应在年度重新审定开展时即刻生效。

② 资产融资必须要求具有被融资资产的第一优先担保权；在租赁结构中，则要求具有租赁应收款的转让和/或第一优先担保权。

③ 对项目融资类交易的界定必须遵循《安排》附件7附录1的“基本标准”。

④ 若交易的非现金支付部分涉及一家银团参加行接受了ECA的风险保障，但保障比例不超过75%，则被视为满足本节关于25%的要求。该交易必须符合上述第1节的所有其他标准，包括本节的“共债同权”规定。

⑤ 尽管有25%的门槛限制，对于适用于附件5（铁路）和附件7（项目融资）的市场基准交易，商业贷款在银团中的最低占比遵循相应附件中的规定。

定交易的市场基准。

——尽管有上述规定，除非采用的市场基准由特定或相关主体的二级市场公司债券或信用违约互换计算得出，否则参加国收取的风险费率不应低于由跨市场周期基准模型（Through the Cycle Market Benchmark Model，TCMB）确定的费率（模型的基础是风险分类以及交易的加权平均期限）；如果参加国基于官方认可的信用评级机构（Accredited Credit Rating Agency）[①] 对特定市场基准[②]的评级结果而收取低于基于TCMB模型测算出的风险费，则应按照第46条设定的程序，给予事前通知。但是，该费率不应低于相应的最低精算费率。

——厘定费率时，参加国应确定最终债务人/担保人的风险评级，包括确认该债务人/担保人是否获得过官方认可的信用评级机构的评级。参加国的评级可以比该机构给出的评级高一个等级（参照该信用评级机构的评级标准）。在没有获得官方认可的信用评级机构评级的情况下，参加国给出的评级，应不比该机构给予债务人/担保人所在国的主权评级高出（优于）2个等级。按照第46条设定的程序，参加国在下列情况下需要给予事前通知：

——参加国给予债务人/担保人的评级优于官方认可的信用评级机构给出的最高评级，或者

——在没有获得官方认可的信用评级机构评级的情况下，参加国给予交易等于或高于CC2的分类，或者等同于AAA到A－之间的信用评级，或者优于官方认可的信用评级机构对债务人/担保人所在国主权评级结果的评级。

（d）第7类“最高风险”国家适用的风险费率，原则上应高于此分类项下的最低风险费率；具体风险费率应由提供官方支持的参加国确定。

（e）在计算某一交易的最低风险费率时，适用的国家风险分类应为债务人所在国的国家分类，适用的买方风险分类应为债务人的分类[③]，除非：

——在整个信贷期内，与债务规模相匹配的、有担保能力的第三方对总债务提供不可撤销、无条件、见索即付、具有法律效力和可强制执行的

---

① 若有多家官方认可的评级机构对债务人/担保人做出了评级，应选取在高级别无担保优先基础上给出的最高外币评级。秘书处将整理和维护官方认可的评级机构名单。

② 若相关的特定市场定价机构没有获得官方认可的信用评级机构的评级，该机构制定的市场定价应被视为低于相应的TCMB定价，并应按照第46条设定的程序予以事前通知。

③ 由高收入经合组织国家和高收入欧元区国家的债务人提供第三方担保的交易收取的风险费率应符合第22条（c）的要求。

担保。在有第三方担保的情况下，参加国可选择适用担保人所在国的国家风险分类以及担保人的买方风险分类[①]；或者

——按照第 26 条，在某一多边或区域性机构作为交易借款人或担保人的情况下，适用的国家风险分类和买方风险分类可以是该特定多边或区域性机构的分类。

(f) 按照 (e) 段所述情况，第三方担保适用的标准和条件在附件 11 中进行了规定。

(g) 计算最低风险费率时，确定风险期的惯例为：1/2 提款期 + 还款期，并采取了常规的还款方式，即自信贷起始日后六个月起每半年偿还等额本金和相应利息。对于采用非标准还款方式的出口信贷，等效还款期（以等额、半年度分期付款表示）采用以下公式计算：

等效还款期 = （加权平均还款期 - 0.25）/0.5

(h) 按照第 45 条设定的程序，参加国选择适用与债务人所在国不同的第三方担保人所在国相关的最低风险费率，应给予事前通知。

23. 国家风险分类

除了高收入经合组织国家和高收入欧元区国家，其他国家应根据其偿还外债的可能性（亦即国家信用风险）来进行分类。

(a) 国家信用风险包括以下五类风险因素：

——由债务人/担保人所在国政府或还款必经的第三国政府机构颁布的延期付款令；

——在通知国（*译者注：履行通知程序的参加国*）境外发生的政治事件和/或经济困难，或在通知国境外采取的立法/行政措施；这些事件或措施禁止或延迟有关信贷项下资金的汇出；

——债务人/担保人所在国出台法律措施，宣布使用当地币还款即为有效清偿债务，而受汇率波动影响，在汇款当日以当地币折算的资金已不足以偿还债务；

——外国政府为禁止偿还贷款所采取的其他任何措施或决定；及

——在通知国境外发生的不可抗力，包括战争（包括内战）、征收、革命、暴乱、内乱、飓风、洪水、地震、火山爆发、海啸及核事故。

(b) 国家风险分类分为 8 类（第 0—7 类）。仅对 1 至 7 类国家确立最低风险费率，而对第 0 类国家不确立该标准，因为这类国家的国家风险可忽略不计。在涉及第 0 类

---

① 对于第三方担保，可适用的国家风险分类和买方风险分类必须关联同一主体，即债务人或担保人二选一。

国家的交易中，信用风险主要来自债务人/担保人。

（c）上述分类根据“国家风险分类方法”进行[①]，具体包括：

——国家风险评估模型（简称“模型”），是基于三组风险指标，对每个国家的信用风险做出定量分析。三组指标包括对参加国的还款记录、金融状况和经济状况。模型的使用方法由对这三组风险指标的评估、组合和灵活加权运用等不同步骤组成。

——对模型评估结果的定性分析，该分析应将政治风险和/或模型中未全部或部分考虑的其他风险因素纳入考虑，逐国确定。在合适的情况下，可能导致对定量模型评估的调整，以最终反映国家信用风险的评估结果。

（d）应对国家风险分类进行持续监测，并至少每年重新审定一次，秘书处应立即通报因国家风险分类方法导致的调整。当一国被重新划分为更高或更低的国家风险分类时，参加国应在秘书处通报该重新分类后的 5 个工作日内，按照等于或高于新分类对应的最低风险费率来厘定费率。

（e）国家风险分类应由秘书处予以公开发布。

24. 主权风险评估

（a）所有按照第 23 条（d）款的国家风险分类方法进行分类的国家，都应进行主权风险评估，以识别以下特殊情况：

——主权债务人不是该国风险最低的债务人；及

——主权信用风险明显高于其国家风险。

（b）对于符合上述（a）款的主权风险情况的识别，应采用参加国开发并同意的主权风险评估方法。

（c）应对符合上述（a）款所列标准的主权名单进行持续监测，且至少每年重新审定一次；按照主权风险评估方法进行的调整应由秘书处立即通报。

（d）按照上述（b）款识别的主权情况名单应由秘书处予以公开。

25. 买方风险分类

位于国家风险分类中第 1 类至第 7 类国家的债务人或担保人，应被归类到其所在国家相对应的、合适的买方风险分类[②]。买方风险分类矩阵详见附件 9，买方风险分类的定性描述详见附件 12。

（a）买方风险分类应基于参加国高级别无担保债务人/担保人的信用评级确定。

---

① 为方便管理，针对虽然满足国家风险分类要求，但通常不接受官方出口信贷支持的某些国家，一般不予以国家风险分类。对于此类国家，参加国可自行应用自己认为合适的国家风险分类。

② 此处应这样理解：买方风险分类应选择可适用的最优分类，例如，一个主权买方可能被划分到次优的买方风险分类中。

（b）尽管有上述（a）款的规定，按照附件 7 列明的条款和条件支持的交易以及信用额度不超过 500 万特别提款权的交易，在应用买方增信措施后，可根据交易具体情况逐一分类；但对于这些交易，不论其买方风险分类如何，也不能因采用买方增信措施而在费率上给予任何折扣。

（c）主权债务人和担保人的买方风险分类应为 SOV/CC0 类别。

（d）在特殊情况下，非主权债务人和担保人的买方风险分类应为"优于主权"（SOV +）类别①，如果：

——官方认可的信用评级机构对债务人/担保人的外币信用评级优于该机构对它们各自主权的外币信用评级；或

——债务人/担保人所在国的主权风险被认为显著高于其国家风险。

（e）按照第 46 条设定的程序，参加国对于下列交易应给予事前通知：

——非主权债务人/担保人的费率低于买方风险分类中 CC1（即为 CC0 或 SOV +）类别对应的费率；

——参加国对于非主权债务人/担保人买方风险的评级优于官方认可的信用评级机构的评级②。

（f）在对特定交易开展竞争的情况下，若参与竞争的参加国对债务人/担保人的买方风险分类不一致，则参加国之间应寻求就该买方的风险分类达成共识。若不能达成共识，则不禁止那些将债务人/担保人买方风险归类较高的参加国使用较低的买方风险分类。

26. 多边和区域性机构的分类

多边和区域性机构的分类应归入国家风险分类中 0 至 7 类③中的某一类，并适时重新审定。上述分类应由秘书处予以公开。

27. 官方出口信贷产品的保障比例和质量

按照附件 9，根据参加国提供的出口信贷产品的不同质量和保障比例，适用的最低风险费率应有所区分，这种区分是从出口商的角度出发的（即为了保持向出口商/融资机构提供不同质量出口信贷产品的竞争中性）。

（a）出口信贷产品的质量是指该产品的功能是保险、担保或直接信贷/融资；若其为保险产品，是否覆盖赔偿等待期（即从债务人的还款到期日至保险人有责任向出口

---

① "优于主权"（SOV +）的买方风险分类对应的最低风险费率比主权买方风险分类（CC0）对应的最低风险费率要低 10%。

② 若多家官方认可的信用评级机构对非主权借款人做出了评级，则参加国只需在对该买方的风险评级优于前述最优评级结果的情况下予以通知。

③ 在买方风险方面，各类多边和区域性机构应被划入买方风险分类中 SOV/CC0 类别。

商/金融机构偿付之日的时间区间）的利息，而不收取附加费。

（b）参加国提供的所有现行出口信贷产品应被划入以下三类中的一类：

——次标准产品，即不覆盖赔偿等待期利息的保险，和覆盖赔偿等待期利息但另适当收取保费附加费的保险；

——标准产品，即覆盖赔偿等待期利息而无须另收保费附加费的保险和直接信贷/融资；及

——超标准产品，即担保。

28. 国家风险缓释措施

（a）参加国可采用以下国家风险缓释措施，具体方法在附件13中列出：

——与离岸监管账户结合的未来离岸现金流的结构安排

——当地币融资

（b）按照第45条设定的程序，若参加国运用国家风险缓释措施并采用相应的最低风险费率，应予以事前通知。

（c）市场基准交易不适用任何国家风险缓释措施。

29. 买方增信措施

（a）参加国可应用下列买方增信（BRCE）措施，并采用大于0的增信因子（CEF）：

——合同收入或应收账款的转让

——资产抵押担保

——固定资产担保

——监管账户

（b）附件13中规定了1—7类国家以及市场基准债务人适用的买方增信措施的定义和最大增信因子的数值。

（c）买方增信措施可单独使用或与下列限制结合使用：

——对于1—7类国家的交易，通过买方增信措施获得的增信因子最大不超过0.35。对于市场基准交易，对其适用的市场基准最低风险费率的最大折扣不超过25%，但最终费率不应低于相应的最低精算费率；

——“资产抵押担保”和“固定资产担保”不能在一笔交易中同时使用；

——对于1—7类国家的交易，在适用的国家风险分类已通过“与离岸监管账户结合的未来离岸现金流的结构安排”而提高的情况下，不再适用买方增信措施。

（d）在下列两种情况下，参加国应按照第46条设定的程序，予以事前通知：（1）非主权债务人的买方增信措施使增信因子大于0；（2）市场基准交易中采用买方增信措

施使得定价低于相应的 TCMB 最低风险费率。

30. 对信用风险的最低风险费率有效期的重新审定

（a）为评估最低风险费率的合理性，并允许必要情况下将其调高或调低，应定期使用“风险费反馈工具（PFTs）”对最低风险费率进行监测和调整。

（b）利用“风险费反馈工具（PFTs）”评估最低风险费率的合理性时，应结合官方出口信贷机构的实际经验以及私营市场关于信用风险定价的信息。

（c）对《安排》中涉及风险费的所有规定的综合重新审定，包括对市场基准定价规则的特别重新审定，不应迟于 2019 年 12 月 31 日进行①。

① 重新审定正在进行中。

第三章　关于约束性援助的约定

31. 一般原则

（a）各参加国同意就出口信贷和约束性援助形成互补政策。出口信贷政策应建立在公开竞争和自由发挥市场作用的基础上。约束性援助政策应为没有渠道或少有渠道获得市场融资的国家、经济部门或项目提供所需的外部资源，约束性援助政策应确保所提供资金价值的最大化、贸易扭曲的最小化，并使这些资源在促进发展方面产生实效。

（b）《安排》中关于约束性援助的规定不适用于多边或区域性机构的援助方案。

（c）本条中的原则并不预判发展援助委员会（DAC）对约束性或非约束性援助质量的评估。

（d）参加国可就任何形式援助的约束性状态/是否具有约束性要求有关方面提供更多的信息。当无法确定一项融资操作/一项援助是否属于附件 15 中所列关于约束性援助的定义范围时，援助国如主张该项融资/该援助按照附件 15 的定义实际上是“非约束性”的，则应提供证据来支持这一主张。

32. 约束性援助的形式

约束性援助的具体形式可以包括：

（a）官方发展援助（ODA）贷款，其定义援引《DAC 关于联合融资、约束性与部分非约束性官方发展援助的指导原则（1987）》的相关规定；

（b）官方发展援助（ODA）赠与，其定义援引《DAC 关于联合融资、约束性与部分非约束性官方发展援助的指导原则（1987）》的相关规定；及

（c）其他官方资金流入（OOF），包括赠与和贷款，但不包括符合本《安排》要求的官方支持出口信贷；或

（d）任何联合融资形式，例如在法律上或事实上受援助国控制的混合贷款，贷款方或借款方参与上述两种或两种以上的援助方式，和/或该混合贷款包括下述融资成分：

（1）根据《安排》以直接信贷/融资、再融资、利率支持、担保或保险等形式对出口信贷提供的官方支持；和

（2）以市场条件或类市场条件提供的其他资金，或来自买方的预付款。

33. 联合融资

（a）联合融资可采取多种形式，包括混合贷款、混合融资、共同融资、平行融资

或单个一体化交易等，它们共同的主要特点是：

——优惠成分在法律或事实上与非优惠成分相关联；

——“一揽子”融资方案的全部或其中一部分事实上是约束性援助；及

——受援国获得优惠资金的前提是，受援国同时接受联合融资中的非优惠成分。

（b）“事实上”的联合或关联由以下因素决定：

——受援国和援助国之间存在非正式谅解；

——援助国有意通过提供官方发展援助，以促进受援国接受“一揽子”融资方案；

——“一揽子”融资方案与向援助国进行采购有效挂钩；

——官方发展援助和每笔融资交易的招标或签约方式相挂钩；或

——发展援助委员会或参加国认定的，任何其他两种或两种以上的融资成分中存在“事实关联”的做法。

（c）下列做法不应妨碍对“事实上”的联合或关联进行认定：

——通过对同一合同组成部分的分别通知来分割合同；

——对分阶段融资合同的分割；

——对同一合同中相互依存的几个部分不予通知；和/或

——由于“一揽子”融资方案的一部分不具有约束性而不予通知。

34. 接受约束性援助的国家资格

（a）根据世界银行的数据，人均国民总收入高于中低收入水平国家上限的国家，不应得到约束性援助。世界银行每年重新计算该划分标准①。只有一国在世界银行的分类连续两年不变后，该国才能被重新分类。

（b）进行国家分类时，应适用下列操作标准和程序：

（1）《安排》的分类根据世界银行为借款国进行国家分类而测算的人均国民收入来确定；该分类应由秘书处予以公布。

（2）若世界银行未获得足够的信息以公布一国人均国民收入，世界银行应根据其现行门槛标准，估算该国的人均国民收入情况。除非参加国另有决定，否则将根据世界银行估算结果进行国家分类。

（3）若一国获得约束性援助的资格按照（a）款发生变化，在秘书处将从上述世界银行数据得到的结论通报给所有参加国两周后，该重新分类方可生

① 判断一国是否具有接受约束性援助的资格，应以世界银行对各国的收入分类情况为基础。世界银行每年根据各国人均国民总收入（GNI）对国家的收入分类情况进行重新审定；最新的国家收入分类情况及 GNI 门槛数值，请参见经合组织网站 http：//www.oecd.org/trade/xcred/country-classification.htm。

效。在重新分类生效之前，不应对新取得该资格的国家提供约束性援助融资；在重新分类生效之后，不应对新失去该资格的国家，提供约束性援助融资，除非是包含在以前承诺过信贷额度内的单笔交易，在信贷额度到期前可继续提供（但不应超过重新分类生效日起 1 年）。

（4）若世界银行修改有关数据，该修改应被视为与《安排》无关。尽管如此，参加国还可按照第 56 条至第 61 条设定的程序，通过达成共同谅解的方式调整一国的国家分类。如在秘书处首次发布数据的同一公历年内，参加国发现相关数据错误或遗漏，可积极考虑调整一国的国家分类。

35. 项目资格

（a）对于那些按照市场条件或《安排》中的条件进行融资、一般而言在商业上是可行的公共或私营项目，不应提供约束性援助。

（b）有资格获得援助的主要评判标准是：

——该项目在财务上是否不可行，即该项目如依据市场原则合理定价，是否无法产生足够的现金流来弥补项目的运营成本及偿还资金成本，这是第一个标准；或

——基于与其他参加国的协商结果，是否能做出合理的结论，认为该项目不可能按市场条件或本《安排》中的条件进行融资，这是第二个标准。对于金额大于 5000 万特别提款权的项目，在考虑援助合理性时，应对根据市场条件或本《安排》中的条件融资的可获得性进行特别权衡。

（c）上述（b）款的主要评判标准旨在说明应该如何评估一个项目，以确定是应该通过援助对其进行融资，或是按市场条件或《安排》中的条件对其提供出口信贷融资。通过履行第 49 至 51 条所述的协商程序，这一段时间的经验累积将为出口信贷机构和援助机构在两类项目划分标准上提供更加精准的事前指导。

36. 最低优惠水平

参加国提供的约束性援助的优惠水平不应低于 35%；当受惠国为最不发达国家（LDC）时，优惠水平不应低于 50%，但下列情况除外，且这些情况同时免予适用第 47 条（a）款和第 48 条（a）款规定的通知程序：

（a）技术协助：约束性援助中的官方发展援助成分只涉及技术合作，且该技术合作的金额小于交易总金额的 3%，或不足 100 万特别提款权（取二者较低者）；及

（b）小型项目：完全由发展援助赠与资助的小于 100 万特别提款权的资本性项目。

37. 接受约束性援助国家或项目资格的例外情况

（a）第 34 条和第 35 条的规定不适用于优惠水平为 80% 或更高的约束性援助，除非该约束性援助构成第 33 条所述的“一揽子”联合融资方案的一部分。

（b）第 35 条的规定不适用于价值小于 200 万特别提款权的约束性援助，除非该约束性援助构成第 33 条所述的“一揽子”联合融资方案的一部分。

（c）对联合国确定的最不发达国家的约束性援助不受第 34 条和第 35 条的约束。

（d）在以下特定情况下，参加国应积极考虑加快约束性援助的程序：

——对于导致严重跨境污染的核事故或重大工业事故，受其影响的参加国希望提供约束性援助以消除或减缓此不利影响，或

——存在发生上述事故的显著风险，可能受到潜在影响的参加国希望提供约束性援助以阻止该风险发生。

（e）尽管有第 34 条和第 35 条的规定，参加国在例外情况下，可通过下述一种方式提供支持：

——附件 15 所定义、第 56 条至第 61 条设定的共同谅解程序；或

——按照第 49 条和第 50 条设定的程序，援助的正当性得到大多数参加国的支持；或

——按照第 51 条所述，向经合组织秘书长发送致函，参加国应视此为非通常情况和非常用方式。

38. 约束性援助优惠水平的计算

约束性援助优惠水平的计算与发展援助委员会计算赠与成分时所使用的方法相同，但不包括：

（a）计算某给定币种贷款的优惠水平时所采用的贴现率，即差别贴现率（DDR），应于每年 1 月 15 日按照以下计算方法调整：

——平均商业参考利率 + 利差；

利差（M）随还款期（R）变动如下：

还款期	利差
少于 15 年	0.75
15（含）至 20（不含）年	1.00
20（含）至 30（不含）年	1.15
30 年（含）以上	1.25

——对于所有币种，平均商业参考利率的计算方法是：自前一年度 8 月 15 日至本年度 2 月 14 日的 6 个月期间内，按照附件 16 确定的每月有效商业参考利率的平均值。计算利率包括利差，应四舍五入为最近的 10 个基点。如果该货币的商业参考利率多于一个，则计算中应采用附件 16 中规定的最长期限的商业参考利率。

（b）优惠水平计算的基准日为附件 15 中所规定的信贷起始日。

（c）为计算“一揽子”联合融资方案的整体优惠水平，下列信贷、资金和付款的优惠水平应被视为零：

——符合本《安排》规定的出口信贷；

——以市场利率或接近市场利率提供的其他资金；

——其他优惠水平低于第 36 条所允许的最低优惠水平的官方资金，但排除匹配的情形；及

——来自买方的预付款。

在信贷起始日当天或之前支付的款项（且该款项不被视为预付款）应包括在优惠水平计算之内。

（d）匹配中适用的贴现率：在对援助进行匹配时，完全匹配是指以一致的优惠水平进行匹配，该优惠水平以匹配时的有效贴现率重新计算。

（e）当地费用和第三国采购仅当由援助国提供融资时，才应包括在优惠水平的计算当中。

（f）“一揽子”方案的总体优惠水平的计算方法：将方案中每一个组成部分的名义价值乘以各自的优惠水平，然后把乘积的结果相加，再把相加的结果除以各组成部分名义价值之和。

（g）某个特定援助贷款的贴现率是指通知时已生效的贴现率。然而在“即时通知”的情况下，该贴现率是指该援助贷款的条件确定时的贴现率。贷款期限内贴现率的变化并不改变其优惠水平。

（h）如果合同签订前发生币种变化，则须对通知做出修正，用于计算优惠水平的贴现率为修正日当天可适用的贴现率。如果备选币种和所有计算优惠水平的必要信息都在原通知中得到说明，则上述修正不是必需的。

（i）虽然上述（g）款有规定，但计算援助信贷额度下各笔交易优惠水平所使用的贴现率应为该信贷额度中原来通知的贴现率。

39. 约束性援助的有效期

（a）参加国不应锁定约束性援助的条件超过 2 年，无论援助是针对单笔交易的融资、援助协定，还是援助信贷额度或类似的协议。在涉及援助协定、援助信贷额度或类似协议的情况下，有效期始于该协定或协议签署日，并按照第 48 条的规定予以通知；信贷额度期限的延长，应被视为一笔新交易予以通知，并注明其为延期，且延期情况符合通知日所允许的条件。在涉及单笔交易的情况下，包括在援助协定、援助信贷额度或类似的协议中通知过的单笔交易，在适用的情况下，有效期应始于按第 47 条或第 48 条对承诺的通知日。

（b）当一国首次失去获得世界银行 17 年期贷款的资格时，现有的和新的援助协定

与信贷额度的有效期应限制为 1 年，有效期自按照第 34 条（b）款所述程序确定该国新的国家分类之日起算。

（c）在下列情形发生后，此类协定和信贷额度只能对符合《安排》中第 34 条和第 35 条规定的条件进行延期：

——国家分类的重新调整；及

——《安排》中的规定变更。

在这些情况下，即使按照第 38 条确定的贴现率有所变化，但现行的条件可以保持不变。

40. 匹配

考虑到参加国的国际义务及与《安排》目的的一致性，参加国可以按照第 43 条设定的程序，对参加国或非参加国提供的融资条款和条件进行匹配。

第四章　程　序

第一节　出口信贷和贸易相关援助共同适用的程序

41. 通知

按《安排》的程序发出的通知，应符合附件 8 的规定；通知内容应包含附件 8 要求的所有信息；通知在发出时应抄送秘书处。

42. 官方支持的信息

（a）在参加国对已履行第 45 至 48 条设定的通知程序的官方支持做出承诺时，应在报告单内注明通知编号，并告知其他所有参加国。

（b）参加国按照第 53 至 55 条要求进行信息交换时，应将其拟向某具体交易提供的信贷条款和条件告知其他参加国，并可要求其他参加国提供类似信息。

43. 匹配程序

（a）参加国按照第 18 条和第 40 条的要求对其他参加国或非参加国提供的融资条款和条件进行匹配；匹配前，参加国应做出所有合理努力，包括酌情利用第 55 条所述的面对面磋商，以确认拟匹配的条款和条件是否为官方支持；同时，应遵守下列规定：

（1）匹配发起国应按照匹配对象适用的通知程序，就其拟支持的融资条款和条件，通知其他所有参加国；对非参加国发起匹配时，应参照匹配对象为参加国时应遵循的通知程序执行。

（2）尽管有上述（1）款的规定，若适用的通知程序可能导致匹配发起国在投标截止日之前无法做出承诺，匹配发起国应尽早就其匹配意向进行通知。

（3）若发起匹配的参加国调低或撤回其已通知的融资条款和条件的支持意向，应立即告知其他所有参加国。

（b）若参加国拟提供与按照第 45 条和第 46 条设定的程序已通知的条件完全一致的融资条款和条件，应在通知规定的等待期结束后进行，应尽早就此意向予以通知。

44. 特别磋商

（a）如某参加国有合理理由认为另一参加国（通知发起国）提供的融资条款和条件比《安排》的有关规定更优惠，应告知秘书处；秘书处应立即向所有参加国发布该信息。

（b）通知发起国应在秘书处发布信息后的 2 个工作日内，对其提供的融资条款和条件做出澄清说明。

（c）通知发起国做出澄清说明后，任何参加国均可在 5 个工作日内要求秘书处组织特别磋商会议讨论该问题。

（d）特别磋商会议结果未决期间，所讨论的官方支持融资条款和条件不应生效。

第二节　出口信贷适用的程序

45. 事前通知并讨论

（a）在下列情况中，参加国在对任何大于 200 万特别提款权的信贷金额做出支持承诺前，应至少提前 10 个日历日，按照附件 8 的要求通知其他所有参加国：

——计算最低风险费率时，适用的国家风险分类及买方风险分类为债务人所在国之外的、第三方担保人的国家风险分类和买方风险分类（即依照第 22 条（e）款第 1 点所规定）；

——通过运用第 28 条所列出的国家风险缓释措施，已调低适用的最低风险费率；或

——有意按照附件 4 第 8 条（a）款第 2 点或（d）款提供支持；

——有意按照附件 5 第 4 条（a）款提供支持。

（b）如在此期间，其他任何参加国要求进行磋商，则通知发起国应继续等待 10 个日历日。

（c）参加国在磋商结束后，应将其最终决定通知其他所有参加国，以便按照第 64 条要求开展经验重新审定。参加国应就已按照上述（a）款给予通知的风险费率的经验，进行记录存档。

46. 事前通知

（a）参加国如有以下意向，在对任何大于 200 万特别提款权的信贷金额做出支持承诺前，应至少提前 10 个日历日，按照附件 8 的要求，通知其他所有参加国：

（1）按照第 10 条（d）款第 3 点提供支持；

（2）按照第 13 条（a）款提供支持；

（3）按照第 14 条（c）款提供支持；

（4）当参加国参与银团贷款融资时，按照第 22 条（c）款第（1）点设定风险费率；

（5）设定的风险费率低于按照第 22 条（c）款第（2）点第二段根据 TCMB 模型厘定的费率；

（6）为市场基准交易提供支持时，参加国给予债务人/担保人的评级优于官方认可的信用评级机构的最高评级；或若没有来自官方认可的信用评级机构的评级，参加国把交易定为 CC2 或更高等级，或等同于 AAA 到 A－之间

的信用评级，或等于或优于官方认可的信用评级机构对债务人/担保人所在国给出的最高主权评级；

（7）按照第25条（e）款设定风险费率时，为计算最低风险费率选定的买方风险分类：

——非主权债务人/担保人的评级低于CC1级（即CC0或SOV+级）；

——非主权债务人/担保人的评级高于官方认可的信用评级机构给出的评级。

（8）按照第29条（a）款针对非主权债务人/担保人的交易厘定风险费率时，（1）因使用买方增信措施而使得增信因子大于0；或（2）市场基准交易中运用买方增信措施使得定价低于相应的TCMB最低风险费率；

（9）按照附件2第6条（a）款提供支持；

（10）按照附件4第8条（a）款第1点提供支持；

（11）按照附件5第4条（b）款提供支持；

（12）按照附件6第4条（a）款提供支持。

（b）若通知发起国调低或撤销其为此类交易提供支持的意向，应立即通知其他所有参加国。

第三节　贸易相关援助适用的程序

47. 事前通知

（a）参加国若意向为下述项目提供官方支持，则应按照附件8予以事前通知：

——贸易相关的非约束性援助，其价值等于或大于200万特别提款权，且优惠水平低于80%；

——贸易相关的非约束性援助，其价值小于200万特别提款权，其中赠与成分（由发展援助委员会定义）低于50%；

——贸易相关的约束性援助，其价值等于或大于200万特别提款权，且优惠水平低于80%；或

——贸易相关的约束性援助，其价值小于200万特别提款权，且优惠水平低于50%；第36条（a）款和（b）款所述情况除外。

——按照第37条（d）款提供的约束性援助。

（b）事前通知应最迟在投标截止日或承诺日（两者孰早）前30个工作日做出。

（c）若通知发起国调低或撤销其对已通知融资条款和条件的支持，应立即通知其他所有参加国。

（d）本条款适用于作为一揽子联合融资方案一部分的约束性援助，如第33条

所述。

48. 即时通知

（a）若参加国为以下约束性援助提供官方支持，应即时（即做出承诺的 2 个工作日内）向其他所有参加国通知附件 8 要求的内容：

——价值等于或大于 200 万特别提款权，且优惠水平等于或高于 80%；或

——价值小于 200 万特别提款权，且优惠水平等于或高于 50%；第 36 条（a）款和（b）款所述情况除外。

（b）在签订援助议定书、信贷额度和类似协议的情况下，参加国应即时通知其他所有参加国。

（c）若意向匹配的融资条款和条件属于即时通知范围，则不必予以事前通知。

第四节　约束性援助适用的磋商程序

49. 磋商目的

（a）如某参加国希望对某约束性援助背后的贸易动机予以澄清，可要求提供全面的《援助质量评估报告》（详见附件 14）。

（b）此外，参加国可按照第 50 条要求与其他参加国进行磋商，包括运用第 55 条所述的面对面磋商，讨论以下事项：

——首先，提供的援助是否符合第 34 条和第 35 条的要求；以及

——若有必要，即使不符合第 34 条和第 35 条要求，提供的援助是否合理正当。

50. 磋商的范围及时间

（a）磋商过程中，参加国可要求提供不限于下列内容在内的各种信息：

——对详尽的可行性研究/项目评价的评估结果；

——是否存在非优惠或援助性融资的竞争性报价；

——对项目产生或节约外汇的预期；

——是否与世界银行等多边机构开展合作；

——是否进行国际竞争招标（ICB），特别是援助国出口方的投标经评估是否为最低报价；

——对环境的影响；

——任何私营部门的参与；以及

——对优惠或援助性信贷进行通知的时间安排（例如在投标截止日或承诺日前 6 个月）。

（b）在投标截止日或承诺日（两者孰早）前至少 10 个工作日内，应完成磋商程序

并由秘书处把第49条涉及的两条问题的磋商结果通知其他所有参加国。若磋商各方存在分歧，秘书处应邀请其他参加国在5个工作日内发表意见。秘书处应将反馈意见告知通知发起国；若各国没有对提供援助表示实质性支持，通知发起国则应重新考虑是否给予援助。

51. 磋商结果

（a）如在无法得到其他参加国实质性支持的情况下，援助国仍计划推进某一项目，则应在不迟于磋商结束后（即接受主席国的结论后）的60个日历日内，就其意向告知其他参加国。援助国同时应致函经合组织秘书长，简要说明磋商的结果，并阐述相关理由，即援助该项目是出于推动与贸易无关的重大国家利益。上述情况应仅为偶发个案。

（b）援助国应立即将其向经合组织秘书长致函一事告知其他参加国，并随附函件副本。该通知发出10个工作日内，援助国和其他参加国均不应做出约束性援助承诺。对在磋商过程中涉及的援助项目出现竞争性商业报价的情况，前述的10个工作日应延长至15个工作日。

（c）秘书处应监测磋商过程及结果。

第五节　出口信贷和贸易相关援助的信息交换

52. 联络人

所有的沟通应通过各国指定的联络人以电子邮件等即时通信的方式开展；沟通内容应予保密。

53. 询问的范围

（a）参加国可询问另一参加国对第三国、第三国的某个机构，或开展业务的某种特定方法的看法。

（b）收到官方支持申请的参加国，可向另一参加国提出询问，并告知其愿意提供的最优惠的信贷条款和条件。

（c）若一项询问涉及多个参加国，则该询问中应包含一张所涉参加国的名录。

（d）所有询问都应抄送秘书处。

54. 答复的范围

（a）被询问的参加国应在7个日历日内做出答复，并尽可能提供更多信息。答复内容应包括其最可能会做出决定的信息，如有必要，随后应尽快提供完整答复。答复应抄送其他被询问国及秘书处。

（b）若对某项询问的答复由于任一原因而失效，例如：

——申请的提出、变更或撤销；或

——正在考虑其他条件。

被问询国应尽快做出答复，并抄送其他被询问国及秘书处。

55. 面对面磋商

（a）参加国应在 10 个工作日内同意面对面磋商的要求。

（b）应将开展面对面磋商的要求，通知参加国和非参加国。磋商应在 10 个工作日期满后尽快安排。

（c）主席国应和秘书处协调必要的后续行动，例如达成共同谅解。秘书处应立即通报磋商结果。

56. 共同谅解的程序和格式

（a）共同谅解建议草案应仅向秘书处提出。秘书处将共同谅解的提议散发给所有参加国，当涉及约束性援助时，秘书处还应发送到发展援助委员会全部成员国的联络人。提议发起国的身份不会显示在 OECD 内网电子公告栏（秘书处负责维护）的共同谅解登记处。但是，应参加国或发展援助委员会成员国要求，秘书处可进行口头披露，并对此类要求记录存档。

（b）共同谅解建议草案应标明日期并按照下列格式书写：

——编号，后面注明“共同谅解”；

——进口国和买方的名称；

——项目名称或尽量精准的描述，以便有效识别该项目；

——发起国预期的条款和条件；

——共同谅解正文；

——已知竞标者的国籍和名称；

——商务和融资竞标截止日及已知的标书号码；

——其他相关信息，包括提出共同谅解的原因，有无对项目和/或特殊情况的分析研究材料。

（c）按照第 34 条（b）款第 4 点提出的共同谅解建议草案应提交给秘书处并抄送给其他参加国。提议国应全面阐述，未按照第 34 条（b）款规定程序对一国进行分类的原因。

（d）秘书处应对达成的共同谅解予以公开。

57. 对共同谅解建议草案的答复

（a）鼓励其他参加国尽快答复，最晚不应超过 20 个日历日。

（b）答复内容可以是，要求补充提供其他信息，接受、拒绝、修改建议，或提出另一份可替代文本。

（c）若参加国由于未收到出口商或援助项目的受援国的申请，而表明没有立场，则视为该国接受共同谅解建议草案。

58. 对共同谅解的接受

（a）20 个日历日结束后，秘书处应将共同谅解建议草案的通过情况，通报所有参加国。在并非所有参加国都接受，但没有参加国反对的情况下，该建议草案的公示期将继续延长 8 个日历日。

（b）延长期结束后，未提出明确反对意见的参加国，应被视为接受该建议草案。但是，包括发起国在内的任一参加国，都可以要求一个或多个参加国的明确支持，作为其接受该建议草案的前提条件。

（c）参加国不接受共同谅解建议草案中的一项或多项内容，则代表其接受建议草案中其他所有内容，这种部分接受可能导致其他参加国改变对建议草案的态度。所有参加国均可自由提供或匹配共同谅解规定以外的融资条款和条件。

（d）未获接受的共同谅解可按照第 56 条和第 57 条设定的程序进行重新讨论。在此情况下，参加国不受其原先决定的约束。

59. 对共同谅解的异议

若发起国以及提出修改建议或替代文本的参加国无法在延长的 8 个日历日内达成一致，可在双方均同意的情况下，继续延长该期限。秘书处应把该延期决定通报所有参加国。

60. 共同谅解的生效日期

秘书处应向所有参加国通报，共同谅解是即将生效，还是已被否决。共同谅解将在此项通告做出的 3 个日历日后生效。秘书处将在电子公告栏中，对所有已达成或未决的共同谅解予以记录并及时更新。

61. 共同谅解的有效期

（a）达成后的共同谅解自生效日起，两年有效，除非秘书处被告知，该谅解已无价值且所有参加国均对此表示同意。若某参加国在到期日前 14 个日历日内提出延长有效期的要求，其有效期应延长两年。后续的延期可按照同样的程序予以确定。按照第 34 条（b）款第 4 点达成的共同谅解在世界银行公布次年数据前一直有效。

（b）秘书处应通过维护电子公告栏上的“有效共同谅解”清单，跟踪共同谅解的状态并向有关参加国通报。除上述事项外，秘书处还应：

——添加参加国已达成的新共同谅解；

——当某参加国要求延期时，更新到期日；

——删除到期的共同谅解；

——每季度公布下一季度将到期的共同谅解。

第六节 审议和重新评定

62.《安排》的定期重新审定

（a）参加国应定期重新审定《安排》的执行情况。在重新审定中，除其他事项之外，参加国应检查通知程序、差别贴现率制度的执行和运行、约束性援助的规则和程序、匹配的问题、此前承诺及扩大《安排》参加国的可能性等问题。

（b）重新审定应基于参加国的有关经验以及参加国对完善《安排》操作及效力的建议。参加国应考虑到《安排》的目标和当前的经济与货币形势。参加国希望重新审定的信息和建议，应在不迟于重新审定日期前 45 个日历日内提交秘书处。

63. 最低利率的重新审定

（a）参加国应定期重新审定确定商业参考利率的机制，确保公布的利率反映当前的市场情况，并达到现行利率机制的目标。重新审定对象应包括相应的利差。

（b）当参加国认为一种或多种货币的商业参考利率不再反映当前的市场情况时，可向主席国提交有事实根据的申请，要求进行特别重新审定。

64. 最低风险费率和相关事项的重新审定

参加国应定期监测和重新审定风险费率规则和程序涉及的所有方面，包括：

（a）国家风险分类以及主权风险评估方法，根据相关经验重新审定其有效性；

（b）最低风险费率的水平，应在综合考虑机构提供官方出口信贷的实际经验和关于信用风险定价的私营市场信息的情况下，确保最低费率水平可以准确衡量信用风险；

（c）最低风险费率的差异是否考虑了出口信贷产品的保障比例和质量的差别；及

（d）国家风险缓释措施和买方增信措施的使用情况，以及其对最低风险费率特定影响的有效性和适当性。

附 件

附件 1　船舶出口信贷的行业谅解

第一章　行业谅解的范围

1. 参加

本行业谅解的参加国为：澳大利亚、欧盟、日本、韩国、新西兰和挪威。

2. 适用范围

本行业谅解作为《安排》的补充，为与下列出口合同相关的官方支持出口信贷提供专门的指导原则：

（a）任何吨位达到或超过 100 总吨的新造海船。该船须用于运载货物或旅客，或具有某项特殊用途（例如渔船、渔场用船、破冰船、挖泥船等，通过其动力和操控方式，这些船类可以持续显示其在公海上的适航性），且拖力达到或超过 365 千瓦；若船体外壳尚未完工，则必须可漂浮和移动。本行业谅解不适用于军用船舶。浮动码头和可移动离岸工具不包括在本行业谅解内，但是当相关出口信贷出现问题时，本行业谅解的参加国（以下简称“参加国”）在仔细考虑过任何参加国的实质性请求后，可以决定是否包括此类项目。

（b）船舶的任何改造。船舶改造是指任何吨位超过 1000 总吨的海船，对其载货计划图、船体或动力系统进行显著的改造。

（c）（1）虽然气垫船类的船舶不包括在本行业谅解中，但允许参加国以本行业谅解中同等的条件为气垫船类船舶提供出口信贷。参加国必须承诺合理使用该条件，当不存在（他国）因提供本行业谅解条件而产生的竞争时，不对气垫类船舶提供本行业谅解中的同等条件。

（2）在本行业谅解中，“气垫船”的定义如下：吨位至少达到 100 吨的水陆两用交通工具，并完全由自身的喷气推动，且喷气在该工具外围环绕的可活动外沿内形成高气压，下方则是地面或水面。而且，该工具可以由螺旋桨或鼓风机等类似设备产生的管喷气流推进和控制。

（3）各参加国认同，在气垫船类船舶项下，与本行业谅解中相同的出口信贷条件仅限于海上航线和非陆路航线的气垫船，以及航行于水域和距水域不超过 1 公里的陆地设施之间的气垫船。

第二章　出口信贷和约束性援助的约定

3. 最长还款期

无论进口国的国家分类，最长还款期一律为交船后12年。

4. 现金支付

参加国应要求交船前支付不低于合同金额20%的现金。

5. 本金的偿还及利息的支付

（a）出口信贷的本金应等额分期偿还，通常为每6个月偿还一次，最长为每12个月偿还一次。

（b）应至少每6个月支付一次利息，第一次支付时间应不迟于信贷起始日之后的6个月。

（c）为支持租赁交易提供的出口信贷，等额还本付息的做法可替代（a）款中等额本金、分期偿还的做法。

（d）信贷起始日之后到期的利息不应资本化。

（e）若本行业谅解的参加国打算按照与（b）款规定不同的方式支付利息，应根据《安排》附件8要求，在做出任何承诺前至少10个日历日予以事前通知。

6. 最低风险费

《安排》中关于最低风险费基准的规定，在本行业谅解的参加国进一步重新审定前不应适用。

7. 项目融资

《安排》中第7条和附件7中的规定在本行业谅解的参加国进一步重新审定前不应适用。

8. 援助

任何拟提供援助的参加国必须确认，除《安排》相关规定外，在还款期内该船舶不开展开放登记下的运营，并且必须收到合理保证，该船舶的最终所有人居住在受援国且不是某外国利益方的非运营性附属机构，同时保证未获得其政府批准不会出售该船舶。

第三章　程序

9. 通知

为保持透明度，除按照《安排》和国际复兴开发银行/伯尔尼协会/经合组织“债权人报告系统”的相关规定外，参加国还应每年在其系统中提供关于所提供的官方支持的信息，以及对本行业谅解落实方式的信息（包括正在执行的方案）。

10. 审议和重新评定

（a）本行业谅解应每年重新审定一次，或根据任何参加国的要求在经合组织船舶建造工作小组框架内进行重新审定，审定报告须提交给《安排》参加国。

（b）为保证《安排》与本行业谅解的连贯和一致，考虑到船舶建造行业的特性，本行业谅解和《安排》的参加国将视情况开展磋商和协调。

（c）《安排》的参加国一旦决定修改《安排》，本行业谅解的参加国将审阅该决定并考虑其与本行业谅解的相关性。在审阅期间，《安排》修改将不适用于本行业谅解。若本行业谅解的参加国能接受《安排》修改，应书面通知所有《安排》的参加国。若本行业谅解的参加国不能接受《安排》修改中关于船舶建造的内容，应将其反对意见告知《安排》的参加国，并与之进行磋商以寻求解决方案。若双方无法达成一致，此修改是否对船舶建造行业适用由本行业谅解的参加国决定。

附录

对后续工作的承诺

除《安排》的后续工作之外，本行业谅解的参加国同意：

(a) 结合《安排》中关于约束性援助的有关规定，提出一份针对普遍被认为在商业上不可行的船舶种类的示例清单。

(b) 重新审定《安排》中关于最低风险费基准的规定，以整合到本行业谅解中。

(c) 按照相关国际谈判的进度，讨论将最低利率（包括特殊商业参考利率和浮动利率）的其他准则纳入本行业谅解中。

(d) 重新审定《安排》中与项目融资交易相关的规定对本行业谅解的适用性。

(e) 讨论以下两点是否可用于本行业谅解第5条还款方式的有关规定：

——第一笔本金的还款日期；

——加权平均还款期。

附件 2　核电站出口信贷的行业谅解

第一章　行业谅解的范围

1. 适用范围

（a）本行业谅解所列规定适用于以下采用官方支持出口信贷的合同：

（1）整体或部分核电站的出口，包括建设和试运行核电站直接需要的所有配件、设备、原材料和服务，包括人员培训。

（2）对于已建核电站的改造，其中改造的总价值等于或大于 8000 万特别提款权，且核电站的经济寿命很可能至少延长至还款期结束。若无法满足上述任一标准，则适用于《安排》的规定。

（3）核燃料的供应与浓缩。

（4）乏燃料的管理。

（b）本行业谅解不适用于：

（1）核电站界址以外的、通常由买方负责的事项，特别是与土地开发、道路建设、乡村建设、电源线、开关站①、供水系统等有关的成本，以及买方所在国因官方审批程序（如选址许可、施工许可、燃料装载许可等）所产生的费用。

（2）核电站界址以外的变电站、变压器和输电线。

（3）为核电站除役而提供的官方支持。

第二章　关于出口信贷和贸易相关援助的规定

2. 最长还款期

（a）按照本行业谅解第 1 条（a）款第（1）项和第（2）项，货物及服务的最长还款期为 18 年。

（b）首批燃料装载的最长还款期为自交付日起 4 年；其后，每次核燃料换料的最长还款期为自交付日起 2 年。

（c）乏燃料处置的最长还款期为 2 年。

---

① 如开关站与核电站的买方相同，且合同与该核电站初始开关站相关，则初始开关站适用的条款和条件不应比核电站更为宽松。

（d）核燃料浓缩与乏燃料管理的最长还款期为5年。

3. 本金的偿还和利息的支付

（a）本行业谅解的参加国应按照以下还款方式之一偿还本金和支付利息：

（1）等额本金、分期偿还。

（2）等额还本付息。

（b）应至少每6个月偿还一次本金并支付一次利息，且第一次本息的偿付应不迟于信贷起始日之后的6个月。

（c）在特殊且有正当理由的情况下，对本行业谅解中第1条（a）款第（1）项和第（2）项的货物和服务提供的官方支持，可不按上述（a）款和（b）款提供。如债务人的资金状况无法与每半年等额还款计划的时间要求匹配，可适用于其他还款条件，但应满足以下标准：

（1）最长还款期应为15年。

（2）6个月内单笔或多笔本金的偿还金额不得超过信贷本金总额的25%。

（3）应至少每12个月偿还一次本金。第一次偿还时间应不迟于信贷起始日之后的12个月；且在信贷起始日之后的12个月内，本金偿还金额不得低于信贷本金总额的2%。

（4）应至少每12个月支付一次利息，第一次支付时间应不迟于信贷起始日之后的6个月。

（5）加权平均还款期最长不应超过9年。

（d）信贷起始日之后到期的利息不应资本化。

4. 对核燃料及相关服务的官方支持

本行业谅解的参加国不应免费提供核燃料或服务。该条执行不影响本行业谅解第5条的效力。

5. 援助

参加国不应提供援助支持。

第三章 程序

6. 事前通知

（a）本行业谅解的参加国如有意向根据本行业谅解的规定提供支持，在做出任何承诺前，应至少提前10个日历日，按照《安排》第46条设定的程序给予事前通知。

（b）通知国如有意向对还款期超过15年的出口信贷提供支持，且/或符合本行业谅解第3条第（c）款，在其他参加国已在前述10个日历日内要求讨论的情况下，通知国应再等待10个日历日。

（c）本行业谅解的参加国应将讨论的最终决定告知其他所有参加国，以便对相关经验进行重新审定。

第四章　审议和重新评定

7. 后续工作

参加国同意对下列事项进行审查：

（a）最低浮动利率机制。

（b）对当地费用提供官方支持的最大金额。

8. 重新审定和监测

本行业谅解的参加国应定期重新审定本行业谅解的规定，最晚应不迟于 2020 年底。

附件3　民用航空器出口信贷的行业谅解

第一部分　一般约定

1. 目的

(a) 本行业谅解的目的是，针对出售和租赁航空器以及下述第4条 (a) 款列出的其他出口的货物和服务，提供一个可预测的、持续的、透明的官方支持出口信贷使用框架。本行业谅解寻求为此类出口信贷提供公平竞争环境，以鼓励出口商之间基于出口货物和服务的质量和价格开展竞争，而不是基于获得的最优惠的官方支持融资条款和条件。

(b) 本行业谅解规定了可提供的最优惠的官方支持出口信贷的条款和条件。

(c) 为达到上述目的，本行业谅解寻求在所有市场上建立均衡：

(1) 使本行业谅解的参加国（译者注：以下简称"参加国"）之间的竞争性融资条件保持平等；

(2) 在选择第4条 (a) 款列出的处于竞争的货物和服务时，使参加国提供的官方支持保持竞争中性；以及

(3) 避免参加国在此行业谅解下与其他任何融资来源产生竞争扭曲。

(d) 参加国承认，本行业谅解中所包含的规定仅限于实现本行业谅解的目的，而不影响《安排》的其他规定的执行及完善。

2. 地位

本行业谅解是其参加国之间达成的一项"君子协定"，也是《安排》的附件3。本行业谅解作为2007年7月生效的原行业谅解的延续，是《安排》的完整组成部分。

3. 参加

目前，参加国有：澳大利亚、巴西、加拿大、欧盟、日本、韩国、新西兰、挪威、瑞士和美国。任何非参加国可以根据附录1设定的程序成为参加国。

4. 适用范围

(a) 本行业谅解适用于所有由政府或代表政府为出口提供的、还款期为2年或2年以上的官方支持，这些出口包括：

(1) 新造民用航空器及其已安装的发动机，包括买方提供的设备。

(2) 二手的、改建的、翻新的民用航空器及其已安装的发动机，包括上述各种情况下买方提供的设备。

（3）备用发动机。

（4）民用航空器及其发动机的零部件。

（5）与民用航空器及其发动机相关的维修和服务。

（6）民用航空器的改造、大修和翻新。

（7）发动机套件。

（b）官方支持可采取以下不同的方式：

（1）出口信用担保或保险（纯风险保障）。

（2）官方融资支持：

——直接信贷/融资和再融资，或

——利率支持。

（3）上述形式的任意组合。

（c）本行业谅解不适用于下列官方支持：

（1）新造或二手的军用航空器及（a）款所列与之相关的货物和服务的出口用于军事目的时。

（2）新造或已用的飞行模拟器。

5. 非参加国可获得的信息

参加国应在对等的基础上，如同答复其他参加国的询问一样，就其所提供的官方支持的融资条款和条件，答复与其有竞争关系的非参加国的询问。

6. 援助支持

参加国不应提供援助支持，除非是出于人道主义目的，且须通过共同谅解程序。

7. 避免损失或最小化损失的措施

若是在出口信贷协议和附属文件皆已生效后采取的措施，且其意图仅在于避免或最小化可能导致不付款或索赔事件发生而产生的损失时，本行业谅解不禁止其参加国接受比本行业谅解规定更宽松的融资条款和条件。参加国应在其与买方/借款人达成一致后的20个工作日内，将修改过的融资条款和条件通知其他所有参加国及OECD秘书处。该通知应采用附录4列出的格式进行报告，内容包括与新融资条款和条件有关的所有信息和动机。

第二部分　新造航空器

第一章　范围

8. 新造航空器

（a）本行业谅解中的新造航空器是指：

（1）由制造商拥有的、尚未交付或使用过的、用以运载乘客和/或货物的航空器，包括买方提供的设备以及已安装的发动机，以及

（2）备用发动机，或者根据第20条（a）款作为原始航空器订单一部分的其他备件。

（b）除（a）款规定外，在参加国预先知晓因其提供的官方支持延迟生效（该延迟不应长于18个月），临时性融资安排已经到位的情况下，参加国可以提供适合于新造航空器的融资条件。在这种情况下，还款期和最终还款日应如同官方支持在该航空器（出售或租赁）最初交付之日就生效的条件。

第二章　融资条款和条件

出口信贷的融资条款和条件包括本章列出的所有规定，且应被视作一个共同的整体。

9. 适用的货币

官方融资支持适用的货币包括欧元、日元、英镑、美元，以及其他可完全自由兑换的货币，且可获得这些货币的相关数据，以确立附录3列出的最低利率。

10. 预付款和最大官方支持

（a）对于买方/借款人风险分类属于第1类的交易（按照附录2表1划分），参加国应：

（1）在信贷起始日当日或之前，要求支付最少为航空器净价格20%的预付款。

（2）所提供的官方支持不超过航空器净价格的80%。

（b）对于买方/借款人风险分类属于第2至第8类的交易（按照附录2表1划分），参加国应：

（1）在信贷起始日当日或之前，要求支付最少为航空器净价格15%的预付款。

（2）所提供的官方支持不超过航空器净价格的85%。

（c）应用上述第8条（b）款的参加国，从最大官方支持金额中扣减从信贷起始日起到提款日视同到期的本金，以确保在提款日的贷款余额与假设自交付之日即提供官方支持的贷款余额相等。在这种情况下，参加国应在航空器交付之前收到官方支持的申请。

11. 最低风险费率

（a）提供官方支持的参加国，应对官方支持的贷款金额收取不低于附录2列出的最低风险费率的费用。

（b）在必要情况下，参加国应使用各方达成一致的费率转换模型，在根据官方支持余额计算的、按年收取的风险利差与根据最初官方支持金额计算的、需一次性预先

迟缴的风险费率之间进行转换。

12. 最长还款期

(a) 所有新造航空器的最长还款期应为 12 年。

(b) 在特殊情况下，若有事前通知，应允许最长还款期延长至 15 年。在这种情况下，应在根据附录 2 计算出的最低风险费率基础上加收 35% 的附加费。

(c) 不得通过与商业贷款机构以共债同权 (Pari Passu) 的方式为官方支持出口信贷延长最长还款期。

13. 本金的偿还和利息的支付

(a) 参加国应按照 (1) 或 (2) 列明的方式进行本金的偿还和利息的支付。

(1) 等额还本付息

——分期偿还应不少于每 3 个月一次，且第一次偿还应不迟于信贷起始日后的 3 个月。

——或者，若参加国已事前通知（除非为小额交易①），分期偿还应每 6 个月一次，且第一次偿还应不迟于信贷起始日之后的 6 个月。在这种情况下，应在根据附录 2 计算出的最低风险费率基础上加收 15% 的附加费。

——在采用浮动利率的交易中，本金的偿还应覆盖整个还款期，且按照不超过提款日前 5 个工作日的浮动利率或掉期利率来计算。

(2) 等额分期还本并递减付息：

——分期偿还应不少于每 3 个月一次，且第一次偿还应不迟于信贷起始日之后的 3 个月。

——或者，若参加国已事前通知（除非为小额交易），分期偿还应每 6 个月一次，且第一次偿还应不迟于信贷起始日之后的 6 个月。在这种情况下，应在根据附录 2 计算出的最低风险费率基础上加收 15% 的附加费。

(b) 尽管上述 (a) 款有规定，在参加国事前通知的情况下，本金的偿还可以安排在某一特定日期偿还剩余的所有金额。在这种情况下，最后一笔还款前的本金偿还将按照上述 (a) 款进行，且还款期限不长于官方支持的货物或服务所允许的最长还款期。

(c) 尽管上述 (a) 款有规定，本金的偿还可选择对债务人更严格的条件。

---

① 小额交易 (de minimis transactions)，即提前半年还款的报告要求 (Ex-ante semi-annual repayment reporting requirement) 不适用于融资总额低于 500 万美元的小型航天器交易。

(d) 信贷起始日之后到期的利息不应资本化。

14. 最低利率

(a) 参加国提供的官方融资支持应适用附录 3 规定的最低浮动利率或最低固定利率。

(b) 对于净价格在 3500 万美元以上的喷气式飞行器，以商业参考利率（CIRR）为基准的官方融资支持只能在特殊情况下提供。如参加国有意提供此类支持，应在做出最终承诺前至少 20 个日历日通知其他所有参加国，并明确借款人。

(c) 利率不包括根据第 11 条列出的风险费以及第 16 条列出的费用。

15. 利率支持

提供利率支持的参加国应遵循本行业谅解的融资条款和条件，并应要求作为该利率支持交易一方的任何银行或其他金融机构，仅在提供与本行业谅解融资条款和条件一致的情况下，参与该项交易。

16. 费用

(a) 根据风险锁定期的规定，若以纯风险保障形式（**译注：担保或保险**）提供官方支持，参加国应在保险费锁定期内按照未提取部分的官方支持总额收取保险费的锁定费，具体如下：

(1) 锁定期的第一个六个月：每年 0 个基点。

(2) 锁定期的第二个六个月：每年 12.5 个基点。

(3) 锁定期的第三个以及最后一个六个月：每年 25 个基点。

(b) 以直接信贷/融资方式提供官方支持，参加国应收取如下费用：

(1) 安排费：每次提款时，在应付金额的基础上收取 25 个基点的费用。

(2) 承诺及风险锁定费：在风险锁定期内，对于可提取的官方支持出口信贷的未提取部分，每年收取 20 个基点的费用，可后付。

(3) 管理费：对于官方支持的贷款余额每年收取 5 个基点的费用，可后付。或者，参加国可选择按照第 11 条（b）款的规定，在每次提款时基于已提取的额度提前收取。

17. 共同融资

尽管上述第 14 条和第 16 条有规定，但在同时有直接信贷和纯风险保障参与（其中纯风险保障占官方支持总金额的比例至少为 35%）的共同融资中，提供直接信贷的参加国应与在纯风险保障下提供融资的金融机构采用相同的融资条款和条件（包括费用），以保证纯风险保障提供方与直接贷款提供方的总成本相等。在这种情况下，提供官方支持的参加国应以附录 4 中列出的形式，报告其所提供支持的融资条款和条件（包括费用）。

第三部分　二手航空器、备用发动机、零部件、维修和服务合同

第一章　范围

18. 二手航空器以及其他货物和服务

本行业谅解的第三部分应适用于二手航空器、备用发动机、零部件、改造、大修、翻新，以及与新造或二手航空器及发动机套件相关的维修和服务合同。

第二章　融资条款和条件

除最长还款期之外，其他所有融资条款和条件都应根据本行业谅解第二部分中列出的规定执行。

19. 二手航空器的出售

(a) 根据 (b) 款，二手航空器的最长还款期应根据航空器的机龄确定，具体方式如下表所示：

机龄（自最初制造之日算起）/年	资产融资或主权交易的最长还款期/年	非资产融资或非主权交易的最长还款期/年
1	10	8. 5
2	9	7. 5
3	8	6. 5
4	7	6
5 ~ 8	6	5. 5
>8	5	5

(b) 若交易符合附录 2 第 19 条的所有要求，且对于此后可能予以官方支持的改造不是按照第 21 条 (a) 款提供的，则改造航空器的最长还款期应根据自改造之日起的期限以及机龄确定，具体方式如下表所示：

资产融资改造航空器的最长还款期（年）

自改造之日起的期限/年	机龄（自最初制造之日算起）					
	1	2	3	4	5 ~ 8	>8
0（新改造）	10	9	8	8	8	8
1	10	9	8	7	7	7
2	—	9	8	7	6	6
≥3	—	—	8	7	6	5

20. 备用发动机和零部件

(a) 当购买或预订拟安装于新造航空器上的发动机时，为备用发动机提供的官方

支持可与航空器适用同样的条款和条件。

(b) 当购买新造航空器时，对于总价格不超过新造航空器及已安装的发动机净价格5%的零部件，提供的官方支持可与航空器适用同样的条款和条件；对于总价格超过新造航空器及已安装的发动机净价格5%的零部件，官方支持条件适用（d）款。

(c) 当备用发动机不是与新造航空器一同采购时，最长还款期应为8年。对于单价等于或大于1000万美元的备用发动机，且交易满足附录2第19条的规定，还款期可增加到10年。

(d) 当其他零部件不是与新造航空器一同采购时，最长还款期应为：

(1) 合同金额等于或大于500万美元的，为5年。

(2) 合同金额低于500万美元的，为2年。

21. 改造/大修/翻新的合同

(a) 若改造交易符合以下条件：

(1) 金额等于或大于500万美元，且

——符合附录2第19条的所有要求，参加国可提供还款期最长不超过8年的官方支持。

——不符合附录2第19条的所有要求，参加国可提供还款期最长不超过5年的官方支持。

(2) 金额小于500万美元，参加国可提供还款期最长不超过2年的官方支持。

(b) 若属于大修或翻新的交易，参加国可提供官方支持的还款期不超过：

(1) 5年，若合同金额等于或大于500万美元；

(2) 2年，若合同金额小于500万美元。

22. 维修和服务合同

参加国可提供还款期不超过3年的官方支持。

23. 发动机套件

参加国可提供还款期不超过5年的官方支持。

第四部分　透明程序

参加国之间的所有沟通应通过各国指定联络人，以即时通信的方式进行，比如使用秘书处维护的电子邮件系统，以促进秘书处与参加国之间的沟通。除非另有一致意见，对于本行业谅解项下的沟通内容，所有参加国应予保密。

第一章　信息要求

24. 官方支持的信息

(a) 做出最终承诺之日后的一个月内，参加国应向其他所有参加国提交附录 4 所要求的信息，并抄送秘书处。

(b) 为按照附录 3 第 8 条（b）款确立利差基准，附录 3 第 8 条（c）和（d）款列出的关于纯风险保障利差的信息，应在每月结束后的 5 天内提交秘书处。

第二章　信息交换

25. 信息请求

(a) 参加国可询问另一参加国，关于对本行业谅解涵盖的为航空器出售或租赁所提供的官方支持出口信贷的信息。

(b) 收到官方支持申请的参加国，可向另一参加国提出询问，并告知其愿意提供的最优惠的信贷条款和条件。

(c) 被询问的参加国应在 7 个日历日内做出答复，并尽可能提供对等信息，答复内容应包括其最可能会做出决定的信息，如有必要，随后应尽快提供完整答复。

(d) 所有询问和回复副本应提供给秘书处。

26. 面对面磋商

(a) 在竞争环境下，参加国可要求与另一个或多个参加国开展面对面磋商。

(b) 任何参加国都应在 10 个工作日内同意该请求。

(c) 磋商应在 10 个工作日结束后尽快召开。

(d) 参加国的主席国应与秘书处共同协调必要的后续行动。秘书处应立即向所有参加国通报磋商结果。

27. 特别磋商

(a) 如某参加国（发起国）有合理理由认为另一参加国（回应国）提供的融资条款和条件比本行业谅解的有关规定更为宽松，发起国应告知秘书处；秘书处应立即将该信息告知回应国。

(b) 回应国应在收到秘书处告知后 5 个工作日内，对其考虑提供的官方支持的融资条款和条件进行澄清。

(c) 在回应国澄清后，发起国可在 5 个工作日内要求由秘书处组织其与回应国的特别磋商，讨论相关问题。

(d) 回应国应等待特别磋商的结果（该结果应在磋商当日决定）之后再继续开展交易。

第三章　共同谅解

28. 共同谅解的程序与格式

（a）共同谅解建议草案应仅向秘书处提出。提议发起国的身份不会显示在OECD内网电子公告栏（秘书处负责维护）的共同谅解登记处。但是，应参加国或发展援助委员会成员国要求，秘书处可进行口头披露，并对此类要求记录存档。

（b）共同谅解建议草案应表明日期，并按照下列格式书写：

（1）编号，后面注明“共同谅解”；

（2）进口国和买方/借款人名称；

（3）项目名称或尽量精准的描述，以便有效识别该项目；

（4）以最宽松的条款和条件给予支持的共同谅解建议草案；

（5）已知竞标者的国籍和名称；

（6）已知竞标截止日期及标书号码；

（7）其他相关信息，包括提出共同谅解的原因和对特殊情况的材料。

29. 对共同谅解建议草案的答复

（a）鼓励其他参加国尽快答复，最晚不应超过20个日历日。

（b）答复内容可以是接受、拒绝、修改建议、要求补充提供其他信息，或提出另一份可替代文本。

（c）若参加国保持沉默或表示其无立场，则被视为接受共同谅解建议草案。

30. 对共同谅解的接受

（a）20个日历日结束后，秘书处应将共同谅解建议草案的通过情况，通报所有参加国。在并非所有参加国都接受但没有参加国反对的情况下，该建议草案的公示期将继续延长8个日历日。

（b）延长期结束后，未提出明确反对意见的参加国，应被视为接受该建议草案。但是，包括发起国在内的任一参加国，都可以要求一个或多个参加国的明确支持，作为其接受该建议草案的前提条件。

（c）参加国不接受共同谅解建议草案中的一项或多项内容，则代表其接受建议草案中其他所有内容。

31. 对共同谅解的异议

（a）若发起国，以及提出修改建议或替代文本的参加国无法在按照第30条所延长的8个日历日内达成一致，可在双方均同意的情况下，继续延长该期限。秘书处应把该延期决定通报所有参加国。

（b）对于一项没有被接受的共同谅解，可按照第28至第30条设定的程序对其再予考虑。在这种情况下，本行业谅解的参加国不受其最初决定的限制。

32. 共同谅解的生效日期

秘书处应向所有参加国通报，共同谅解是即将生效，还是已被否决。达成一致的共同谅解将在此项通告做出的 3 个日历日后生效。

33. 共同谅解的有效期

（a）除非另有约定，达成后的共同谅解自生效日起，两年有效，除非秘书处被告知，该谅解已无价值且所有参加国均对此表示同意。

（b）若某参加国在到期日前 14 个日历日内提出延长有效期的要求，在其他参加国无异议的前提下，其有效期应延长两年。后续的延期可按照同样的程序予以确定。

（c）秘书处应通过维护电子公告栏上的“有效共同谅解”清单，跟踪共同谅解的状态并向有关参加国通报。秘书处据此，将按季度发布拟于下一季度到期的共同谅解清单。

（d）根据生产竞争性航空器的非参加国要求，秘书处应将“有效共同谅解”提供给该非参加国。

第四章　匹配

34. 匹配

（a）考虑到非参加国的国际义务，参加国可与非参加国提供的官方支持在融资条款和条件上保持匹配。

（b）对于非参加国提供的官方支持条款和条件存在不一致情况的匹配问题：

（1）匹配国应尽努力去核实这些条款和条件。

（2）匹配国应在其做出任何承诺至少 10 个日历日之前，向秘书处及其他所有参加国通报其所做努力的情况和结果，及其拟提供支持的条款和条件。

（3）若某存在竞争关系的参加国在上述 10 个日历日内请求开展一次讨论，匹配国应在对其拟提供条件做出任何承诺之前，再等待 10 个日历日。

（c）若匹配国修改或撤回其已通知各方的、其意向提供的支持条款和条件，匹配国应立即通知其他所有参加国。

第五部分　监测、审议和重新评定

35. 监测

（a）秘书处应监测本行业谅解的执行情况，并按年向参加国进行通报。

（b）符合第 39 条（a）款的每一笔交易都应按照第 24 条（a）款以及附录 4 的规定进行报告。此外：

（1）报告国应指出该笔交易与过渡清单之间的关联。

（2）应每半年对过渡清单进行一次监测；秘书处应与每一个参加国进行会谈，以达到以下目的：

——监测过渡清单上的公司已交付的订单数量。

——更新下一年过渡清单上交易交付的时间表。

——识别过渡清单上因任何原因尚未或不应交付给清单上所列买方的订单。每一笔这样的订单均应从过渡清单上删除，且不应以任何方式重新交付给其他任何买方。

36. 重新审定

参加国应根据下述（a）款及（b）款列明的原则和时间，对本行业谅解的程序与规定进行重新审定。

（a）参加国应按如下重新审定本行业谅解：

（1）在2019日历年及之后每四年进行一次重新审定，每次重新审定前，秘书处应提前三个月给予告知。

（2）在秘书处已提前三个月予以告知的情况下，应某参加国在磋商结束后的要求，重新审定发起国就本次重新审定的理由和目标提供书面说明，以及针对其重新审定要求的磋商总结。

（3）对最低风险费率和最低利率更新的方式或程序在附录2和附录3分别列明。

（4）第16条列出的费用也应作为重新审定的一部分。

（b）上述（a）款第1点的重新审定应考虑以下内容：

（1）对本行业谅解第1条列出的目的，成员国已达成的程度；以及参加国可能希望进一步讨论的其他任何事项。

（2）考虑到（b）款第1点的基本要素，对本行业谅解的任何修改都是合理的。

（c）鉴于重新审定过程的重要性，为确保本行业谅解的条款和条件继续满足参加国的需要，按照第40条，每一个参加国都有权退出本行业谅解。

37. 后续工作

应考虑以下情况：

（a）检查参加国在信贷起始日之前提供官方支持的做法。

（b）适用于间接贷款的规定。

（c）按照第19条对出售前经过显著翻新的二手航空器的最长还款期限的延展。

（d）按照第21条对较大金额合同的最长还款期限的延展。

（e）适用于“翻新（第21条）”和“服务（第22条）”的规定。

(f)《开普敦公约》的资格程序。

(g)“有权益的参加国”的定义。

第六部分 最终约定

38. 生效

本行业谅解的生效日期是2011年2月1日。

39. 过渡安排

尽管第38条有规定，参加国仍可根据以下列明的条款和条件为交易提供官方支持，但有效期不超过2020年12月31日（如超出该日期，此过渡安排不再适用）：

(a) 若航天器在本行业谅解生效前已在参加国通知秘书处的过渡清单上登记，参加国可根据本行业谅解生效前适用的条款和条件提供官方支持。须满足以下条件方可登记：

(1) 货物和服务的商务合同签署日期应不迟于2010年12月31日。

(2) 官方支持仅限于每个参加国交付69架2007版《航空器行业谅解》（简称“2007版ASU”）规定的第1类航空器和92架2007版ASU规定的第2类航空器。

(3) 参加国在本行业谅解生效前已向秘书处报告以下信息：

——航空器型号和数量；

——暂定交付日期；

——买方身份；

——适用的规则框架（2007版ASU，或者其之前普遍适用的《航空器行业谅解》）。

(4) 前述第1点、第2点、第4点信息应与所有参加国共享，第3点信息仅由秘书处和主席国管理。

(5) 对于过渡清单上的每架航空器：

——若官方支持遵循的是比2007版ASU之前普遍采用的《航空器行业谅解》，则应从最终承诺日或2011年3月31日的较早者起，每年收取35个基点的承担费，直到航空器交付。此外，应预收不低于3%的最低风险费。

——若官方支持遵循的是2007版ASU，则应从最终承诺日或2011年6月30日的较早者起，每年收取20个基点的承担费，直到航空器交付。

——上述两段列出的承担费应替代2007版ASU中第17条（a）款和（b）款第2点中列出的费用；承担费应在最低风险费之外另行收取。

（b）本条款的执行应按照第35条（b）款予以监测。

40. 退出

参加国可通过即时沟通方式（如电子邮件）书面通知秘书处退出本行业谅解。退出将在秘书处收到通知后的六个月后生效。退出不会影响在退出生效日之前达成协议的单一交易。

附录 1

参加航空器行业谅解

1. 参加国鼓励正在培育民用航空器生产能力的非参加国应用本行业谅解规则。在这种背景下，参加国将邀请非参加国就参加本行业谅解的条件进行对话。

2. 秘书处应该确保向有兴趣参加本行业谅解的非参加国提供关于如何成为正式参加国条款和条件的全部信息。

3. 随后，非参加国将受参加国邀请，以观察员身份参加与本行业谅解相关的活动并列席相关会议。观察员身份的最长期限为两年，之后可再延长两年。在此期间，非参加国应被邀请提供其本国出口信贷体系，尤其是与民用航空器出口相关的重新审定报告。

4. 上述期限结束时，非参加国应表明其是否希望成为参加国并遵守相关规则。一旦确认，非参加国应每年承担执行本行业谅解所产生的费用。

5. 有兴趣的非参加国应在其按照本附录第 4 条确认其参加意愿的 30 个工作日后，被视为参加国。

附录2

最低风险费率

本附录规定了为适用本行业谅解的交易提供官方支持的定价程序。第一节规定了风险分类的程序，第二节规定了对新造航空器和二手航空器收取的最低风险费率，第三节规定了对备用发动机、零部件、改造/大修/翻新、维修和服务合同，以及发动机套件收取的最低风险费率。

第一节　风险分类的程序

1. 参加国已就买方/借款人的风险分类清单（以下简称“清单”）达成一致；该风险分类通过信用评级机构使用的一般评级标准来反映买方/借款人的高级别无担保信用评级情况。

2. 风险分类将由参加国提名的专家针对本附录表1列出的风险类别做出。

3. 根据本附录第15条规定，清单应在交易的各个阶段都具有约束力（如发起及交付阶段）。

I　风险分类清单的建立

4. 清单应在本行业谅解生效前建立并得到参加国的同意；清单应由秘书处保管，且在保密的基础上对所有参加国开放。

5. 应请求，秘书处可在保密的基础上告知生产航空器的非参加国某买方/借款人的风险分类；在这种情况下，秘书处应将该请求通告所有参加国。非参加国可在任何时候向秘书处提出增加清单内容的申请，提出该申请的非参加国将被视为“利益相关的参加国”参加风险分类的程序。

II　风险分类清单的更新

6. 根据本附录第15条，在以下两种情况下，清单可进行临时性更新。这两种情况是：本行业谅解的参加国以任何方式表示出其将应用不同于清单上的风险分类，或者，参加国需要一项不在清单上的买方/借款人的风险分类①。

7. 在使用替代或新的风险分类之前，任一参加国应向秘书处发出对清单进行更新的请求。秘书处将在2个工作日内发送该请求至所有参加国，并隐去申请国的身份信息。

① 当所建议的买方/借款人风险评级超过东道国的主权风险评级时，应提供解释说明。对于出口合同金额小于500万美元的交易，参加国不希望按照本附录第6至8条规定的风险分类程序时，其买方/借款人应适用风险分类“8”，并按照本行业谅解第24条a款的规定对该交易给予通知。

8. 利益相关的参加国可在10[①]个工作日内同意或对清单修改提出异议；未在限期内做出回应的，将被视为同意该请求。若在10个工作日到期时仍未提出任何异议，将被视为同意对清单的修改。秘书处将相应地调整清单并在5个工作日内通过电子邮件发布。修改后的清单应在发布之日起生效。

III 异议的解决

9. 当对所提议的风险分类存在异议时，利益相关的参加国应在异议通知发出后的10个工作日内，在技术层面尽最大努力达成一致。参加国应该运用所有有助于消除异议的方法，必要时秘书处可提供支持（例如电话会议、面对面磋商）。若利益相关的参加国在10个工作日内就风险分类达成一致，应将结果通报秘书处，秘书处将相应地更新清单并在接下来的5个工作日内通过电子邮件发布。修改后的清单应在发布之日起生效。

10. 若技术层面没有在10个工作日内就异议达成一致，参加国应在5个工作日内决定拟应用的适合的风险分类。

11. 若最终未能达成一致，参加国可求助于信用评级机构来决定买方/借款人的风险分类。在这种情况下，参加国的主席国应在10个工作日内代表所有参加国与买方/借款人进行沟通，沟通内容应包括参加国同意的用于风险评级咨询的参考条件。最终的风险分类将在清单中登记，并自秘书处发布信息时起具有约束力，以确保在5个工作日内完成风险分类更新程序。

12. 除非另有约定，聘请信用评级机构所产生的费用应由利益相关的买方/借款人承担。

13. 在履行本附录第9至11条设定的程序期间里，正在执行的风险分类（清单上所列明的）仍应适用。

IV 分类的有效期

14. 有效的风险分类是指秘书处维护的、在清单上有登记的、正在执行的风险分类。有关风险费率的意向和承诺应仅按照有效风险分类做出。

15. 自秘书处在清单上登记之日起，风险分类的最长有效期为12个月，以便参加国确定意向或最终承诺的风险费率。一旦参加国做出承诺，且已收取了风险费的承担费，该特定交易中的风险分类有效期可再延长18个月。在12个月的有效期内，当买方/借款人的风险状况发生实质变化（如信用评级机构做出评级调整）时，风险分类可做相应调整。

16. 除非参加国有更新需求，秘书处应在相关风险分类到期前的至少20个工作日

① 对于出口合同金额小于500万美元的交易，期限为5个工作日。

内，将其从拟更新的清单上移除。秘书处应在2个工作日内将更新需求发送所有参加国，并隐去申请国的身份信息；本附录第9至第11条设定的程序在此适用。

V　买方/借款人的风险分类请求

17. 如在发起阶段，买方/借款人要求明确其自身风险分类，而且其分类不在清单上，该买方/借款人应自费从信用评级机构处了解其分类情况。该风险分类不应列入清单，但可作为参加国进行内部风险评估的基础。

第二节　新造和二手航空器的最低风险费率

I　最低风险费率的确立

18. 本附录第19至60条列出了买方/借款人（或作为交易主要还款来源的其他实体）风险分类相应的最低风险费率。

19. 当以下条件都满足时，参加国可以等于或高于最低风险费率的水平提供官方支持：

（a）交易基于资产融资且满足以下所有标准：

（1）第一优先权担保是以航空器和发动机为基础，或与之相关。

（2）在租赁结构中，权益转让和/或第一优先权担保与租金支付相关。

（3）在适用的法律框架允许的情况下，融资项下的相同各方对其合法拥有且从中受益的所有航空器和发动机，承担交叉违约责任并提供交叉担保。

（b）交易结构中应至少包括的风险缓释措施个数如表1所示：

表1　　风险缓释措施

ASU 风险分类	风险评级	风险缓释措施	
		总计	采取至少“A”类措施的个数
1	AAA 至 BBB -	0	0
2	BB + 和 BB	0	0
3	BB -	1	1
4	B +	2	1
5	B	2	1
6	B -	3	2
7	CCC	4	3
8	CC 至 C	4	3

20. 为实现本附录第19条的目标：

（a）参加国可从以下风险缓释措施中进行选择：

“A”类风险缓释措施：

（1）降低预付款比例：对本行业谅解第10条（a）及（b）款要求的预付款比

例减少 5 个百分点，相当于一项“A”类风险缓释措施。在这种情况下，参加国不应提供超过调低的预付款的任何形式的官方支持。

（2）采取直线摊销方式：分期偿还等额本金相当于一项风险缓释措施。

（3）缩短还款期限：还款期不超过 10 年相当于一项风险缓释措施。

“B”类风险缓释措施：

（1）保证金：存足等同于一个季度应还本息的保证金相当于一项风险缓释措施，保证金的形式可以是现金或备用信用证。

（2）预付租金：在还款日前一个季度支付等同于当季应还本息的租金。

（3）维修储备金在形式和数额上反映了市场的最佳实践。

（b）在事前通知的情况下，对可适用的最低风险费率加收 15% 的附加费，可替代上述一项“A”类风险缓释措施。

21. 可适用的最低风险费率允许在货物交付前设定，即可以是在承诺期、最终承诺期内，或者是在风险费锁定期开始后的一定期限内。交易适用的最终预付风险费率、年利差或其组合，将遵守最低风险费率以及最低风险费率设定之日本附录第 19 条（b）款规定的强制性风险缓释措施要求。这样的条款应适用于整个风险费锁定期，且只可在该期限到期后进行修改；届时，将适用当时有效的最低风险费率和航空器行业谅解规定的风险缓释措施，并可设定后续的风险费锁定期。

22. 按照本行业谅解第 11 条，适用的最低风险费率由最低风险基准率（RBR）和反映市场情况的附加费（MRS）组成，具体如第 23 至 35 条规定。

23. 自本行业谅解生效起，最低风险基准率（RBR）如下：

表 2　　风险基准率

ASU 风险分类	利差（基点）	预付比例（%）
1	89	4. 98
2	98	5. 49
3	116	6. 52
4	133	7. 49
5	151	8. 53
6	168	9. 51
7	185	10. 50
8	194	11. 03

24. 风险基准率（RBR）应在“穆迪年度违约损失率”（LGD）4 年移动平均值的基础上每年进行重置，重置所适用的违约损失率（LGD）是基于第一留置权的高级抵押银行贷款，并应依下表进行计算：

表 3　　LGD 映射

4 年移动平均值	参考 LGD
≥45%	25%
≥35% <45%	23%
≥30% <35%	21%
<30%	19%

25. 风险基准率（RBR）调整因子应由以下因素决定：

参考 LGD/19% = RBR 调整因子

26. RBR 调整因子应乘以上述表 2 列出的 RBR，以决定重置的 RBR 数值。

27. 根据上述程序重置得出的 RBR 结果将自次年 4 月 15 日生效。一旦确定每年重置后的 RBR 数值，秘书处应立即将适用的基准率通报所有参加国，并使其可公开获取。

28. 对于每一类风险分类，市场反映附加费（MRS）应根据以下公式计算：

$$MRS = B \times [(0.5 \times MCS) - RBR]$$

其中：

——B 是按照下述表 4 中列明的每一类风险分类对应的复合系数，其变化范围是 0.7—0.35。

——MCS 是指平均期限为 7 年的“穆迪信用利差中间值”（MCS）的 90 天移动平均值。

29. 当风险分类包含多于一种风险评级时，利差应取平均值。在风险分类属于第 1 类风险时，应使用 BBB - 评级。

30. “穆迪信用利差中间值”（MCS）在计算资产抵押时应扣减 50%。扣减后的 MCS 减去 RBR 之差，应根据下述表 4 列明的 70%—35% 的复合因子进行调整。若差为负值，则不应做扣减。

表 4　　融合因子

风险评级	ASU 风险分类	复合因子（%）
AAA	1	70
AA	1	70
A	1	70
BBB +	1	70
BBB	1	70
BBB -	1	70
BB +	2	65

续表

风险评级	ASU 风险分类	复合因子（%）
BB	2	65
BB-	3	50
B+	4	45
B	5	40
B-	6	35
CCC	7	35
CC	8	35
C	8	35

31. 市场反映附加费（MRS）应每季度更新一次，“穆迪信用利差中间值”（MCS）结果应分别于每年的 1 月 15 日、4 月 15 日、7 月 15 日和 10 月 15 日生效。每次更新后，秘书处应立即将适用的 MRS 和相应得出的最低风险费率通报所有参加国，同时保证这些数据在生效前可被参加国获取。

32. 由市场反映附加费（MRS）更新引起的最低风险费率的增加不能超过前一季度最低风险费率的 10%。因此，最低风险费率（由增加的 RBR 和 MRS 后得出）应不低于 RBR 的 100%，且不高于 RBR 的 200%。

33. 如必要，应对按照第 32 条、就风险分类在第 2—8 类交易的费率给予调整，以确保每个风险类别的风险费率不低于其前一风险类别的费率（即“x”类的费率如低于“x-1”类的费率，将上调至“x-1”类的费率水平）。

34. 为确定最低风险费率：

——使用下列公式：

$$净MPR = MPR \times (1 + RTAS) \times (1 + RFAS) \times (1 + RMRS) \times (1 - CTCD) \times (1 + NABS) - CICD$$

其中：

- RTAS 代表本行业谅解第 12 条（b）款列出的还款期限调整附加费。
- RFAS 代表本行业谅解第 13 条（a）款第 1 和第 2 点列出的还款频率调整附加费。
- RMRS 代表本附录第 20 条（b）款列出的风险缓释措施替代附加费。
- CTCD 代表本附录第 38 条列出的《开普敦公约》扣减比例。
- NABS 代表本附录 2 第 57 条（a）款第 4 点、第 57 条（b）款、第 59 条（b）款列出的、可适用的无资产融资附加费。
- CICD 代表本附录第 54 条（a）款列出的有条件风险保障扣减比例。

——风险费可以预付，或者在整个贷款期间按年支付以基点表示的利差，或者两者相结合。预付费率和年利差应使用费率转换模型（PCM）计算，以使某项既定交易的应付风险费不论是预付，还是利差，亦或是两者的结合，都有相同的风险费净现值（NPV）。对于在纯风险保障启动前，条款已达成一致或已有规定的交易，且加权平均期限是有扣减的，可以收取预付风险费（以 PCM 计算），且应收风险费与利差的应付净现值相等。

35. 适用的最低风险费率在经合组织官网上公布，形式如表 5 所示：

表 5　　最低风险费率（还款期为 12 年且基于资产融资的交易）

风险种类	风险分类	最低风险费率	
		年利差（基点）	预付比例（%）
1	AAA 至 BBB－		
2	BB＋ 及 BB		
3	BB－		
4	B＋		
5	B		
6	B－		
7	CCC		
8	CC 至 C		

II. 最低风险费率调减

36. 根据本附录第 37 条规定，如满足下列条件，应允许对基于上述 I 部分确立的最低风险费率进行下调：

（a）资产融资交易与《开普敦公约》关于特定航空器设备若干事项中所指的航空器标的物相关；

（b）在提款时，航空器标的物的运营方（或借款人、买方、出租人，按照交易结构）所在国在具备最低风险费率调减资格的国家名单中（"开普敦名单"），且位于符合本附录第 39 条资格的该国领土单位内，以及

（c）交易与根据《开普敦公约》和《航空器议定书》已在国际登记处注册的航空器标的物相关。

37. 根据上述 I 部分对最低风险费率的下调，其幅度不应超过可适用的最低风险费率的 10%。

38. 列入开普敦名单的国家应满足下列条件：

（a）是《开普敦公约》的缔约国；

（b）已做出本附录的附件Ⅰ中列出的资格声明；以及

（c）已执行《开普敦公约》，包括已按照要求在其法律和法规中做出资格声明，确保以适当方式将对《开普敦公约》的承诺体现在本国法律中。

39. 为满足本附录第36条的规定，领土单位应指：

（a）属于《开普敦公约》延展范围内的领土单位；

（b）本附录的附件Ⅰ中列明的资格声明相关的领土单位；以及

（c）已执行《开普敦公约》，包括已按照要求在其法规中做出资格声明，确保以适当方式将对《开普敦公约》的承诺体现在本国法律中。

40. 在本行业谅解生效前，参加国应向秘书处提交最初达成一致的开普敦名单。该名单应按照本附录第41至53条进行更新。

41. 为航空器提供官方支持的参加国或非参加国都可向秘书处提出向开普敦名单中增加国家的建议，建议中应包括涉及国家的信息如下：

（a）涉及该国交存《开普敦公约》批准书的日期或批准书留存方提供的加入证明等所有相关信息；

（b）被建议增加列入开普敦名单中的国家做出声明的副本；

（c）涉及《开普敦公约》和资格声明生效日期的所有相关信息；

（d）关于被建议增列入开普敦名单的国家在执行《开普敦公约》（包括在其法律和法规中的资格声明）所采取的步骤的分析报告，以确保将对《开普敦公约》的承诺适当地体现在其本国法律中；以及

（e）按照本附录的附件Ⅱ的格式完整填写的调查问卷（即“开普敦公约问卷”或CTC问卷），需经至少一家有资格的律师事务所就被建议增列入开普敦名单中的国家的相关司法权限提供法律意见。完备的CTC问卷应明确：

（i）相关律师事务所的名称和办公地址；

（ii）律师事务所的相关经验，可包括在立法和宪法层面、与执行国际条约有关的从业经验，以及在实施和执行《开普敦公约》中就有关事项向政府部门或私营部门提供法律意见，或者在被建议增列入开普敦名单中的国家履行债权人权利的具体经验；

（iii）如被建议国家增列入开普敦名单①，该律师事务所是否参与或有意参与任何可能从最低风险费率下调中获利的交易；

（iv）CTC问卷完成填写的日期。

42. 秘书处应在5个工作日内通过电子邮件对包含该建议的信息进行传阅。

① 还应包括与任何参与活动相关的信息（但尊重保密义务）。

43. 为航空器提供官方支持的参加国或非参加国若认为某国所采取的行为与《开普敦公约》不符，或没有按照该国对《开普敦公约》的承诺要求来采取措施，可建议从开普敦名单中移除该国。为实现该目的，该参加国或非参加国提出的建议应包括对移除某国情况的充分描述，比如该国所采取的与《开普敦公约》承诺不符的行为，或未能按照该国对《开普敦公约》的承诺要求来维持或执行法规。提交移除某国建议的参加国或非参加国应提交所有可获得的支持性文件，秘书处应在5个工作日内通过电子邮件将包含该建议的信息进行传阅。

44. 为航空器提供官方支持的参加国或非参加国均可建议让此前被移除的国家重回开普敦名单，前提是该国此后采取了改正措施或行动。提出建议的同时，还应一并提交描述该国被移除出名单的背景情况以及为支持重回名单而采取的后续改正措施的建议报告。秘书处应在5个工作日内通过电子邮件将包含该建议的信息进行传阅。

45. 参加国可在建议提交后20个工作日内（第1阶段），对按照本附录第41至44条提交的建议，给予同意或提出异议。

46. 在第1阶段期满之时且在本附录第43条的情况中，除非提出（移除某国的）建议的参加国或非参加国因提供改正措施或事项的证据而撤回该建议，若参加国未提出异议，则视为所有参加国均接受了对开普敦名单的更新。秘书处将相应地修改开普敦名单，并在5个工作日内通过电子邮件发布信息。更新后的开普敦名单在公布当日生效。

47. 在参加国对名单更新建议提出异议的情况中，提出异议的参加国（一个或多个）应在第1阶段内就其立场提交书面解释。在秘书处将书面解释发送给所有参加国后，参加国应在10个工作日内（第2阶段）竭力达成一致。

48. 参加国应告知秘书处讨论结果。若在第2阶段内达成一致，秘书处将视需要相应地更新开普敦名单，并在之后5个工作日内通过电子邮件发布信息。更新后的开普敦名单在公布当日生效。

49. 若在第2阶段内未能达成一致，本行业谅解参加国的主席国（以下简称“主席国”）将在第2阶段结束后20个工作日内（第3阶段）竭力促成参加国达成共识。如第3阶段期满后仍未达成共识，应通过下述程序做出最终决定：

（a）主席国应就提议更新的开普敦名单作出书面推荐，该推荐应反映至少是为航空器出口提供官方支持的参加国公开表达观点中的多数意见。若不存在多数意见，主席国应基于参加国已经表达的观点做出书面推荐，并列出推荐理由，包括在无资格情况下，未能满足的资格条件。

（b）主席国在推荐中不应透露任何参加国在本附录第41至50条设定的程序中表达的观点或立场，以及

（c）参加国应接受主席国提出的推荐。

50. 在按照本附录第 41 条提交建议后，若参加国或主席国判定一国不具备增列入开普敦名单的资格，提出建议的参加国或非参加国可再次提交建议，要求参加国重新考虑该国资格。提出建议的参加国或非参加国应就此前做出不具备资格判定的依据做出解释。提出建议的参加国或非参加国也应获得并提供一份更新的 CTC 问卷。新建议应按照本附录第 45 至 51 条设定的程序办理。

51. 在按照本附录第 49 条设定的程序对合格国家名单做出任何调整的情况下，秘书处应在调整后的 5 个工作日内通过电子邮件发布信息及更新后的开普敦名单。修改后的开普敦名单在公布当日生效。

52. 航空器交易提款开始后发生的涉及开普敦名单中国家的增加、退出或恢复，不应影响该交易所确定的最低风险费率。

53. 在本附录第 41 至 51 条设定的程序下，参加国不应批露任何关于已表达观点或立场的信息。

54. 参加国应对本附录第 41 至 53 条的执行进行监测，并逐年或在任一参加国提出要求时进行重新审定。

55. 对于新造和二手航空器，适用的最低风险费率可做如下调整：

（a）对于以有条件风险形式给予官方支持的交易，对适用的最低风险费率可给予 5 个基点（按年利差）或 0.29%（预付）的折价。

（b）最低风险费率应适用于保障的本金。

III. 无资产融资交易

56. 除本附录第 19 条（a）款，参加国可为无资产融资的交易提供官方支持出口信贷，但需满足下述条件：

（a）针对非主权交易：

（1）接受官方支持的出口合同金额最高不超过 1500 万美元；

（2）最长还款期应为 10 年；

（3）接受融资支持的资产未设第三方担保权益；以及

（4）应在根据上述 I 部分确定的最低风险费率基础上，加收最低 30% 的附加费。

（b）针对主权交易，或有不可撤销和无条件主权担保支持的交易，应在根据上述 I 部分确定的最低风险费率基础上，依据表 6 加收最低附加费。

表6

风险种类	附加费率（%）
1	0
2	0
3	0
4	10
5	15
6	15
7	25
8	25

57. 本附录第36至52条不适用按照本附录第56条提供的官方支持出口信贷。

第三节　本行业谅解第三部分所涉二手航空器以外的其他货物和服务的最低风险费率

58. 为本行业谅解第三部分所涉二手航空器以外其他货物和服务交易提供官方支持时，适用的最低风险费率应如下：

（a）对于基于资产融资的交易，最低风险费率应等于根据上述I部分确定的可适用的最低利差，若是纯风险保障，应使用转换模型和适当的期限转换为预付的费用。

（b）对于非资产融资的交易，最低风险费率应在根据上述I部分确定的可适用的最低利差基础上加收30%的附加费，若是纯风险保障，应使用转换模型和适当的期限转换为预付的费用。

59. 本附录第36至52条应适用于为本行业谅解第20条（a）款和（c）款列出的基于资产融资的备用发动机提供的官方支持，以及第21条（a）款（1）条第1点提供的支持。

60. 本附录第55条亦应适用于为本行业谅解第三部分列出的二手航空器以外的其他货物和服务交易提供的官方支持。

附件I

资格声明

1. 就附录2第2节而言，“资格声明”及本行业谅解中其他所提及之处，均指《开普敦公约》中的缔约方（以下简称“缔约方”）：

（a）已对本附件第2条作出了声明，以及

（b）未对本附件第3条作出声明。

2. 本附件第 1 条（a）款所指的声明为：

（a）无力偿付：当事国声明对各类无力偿付程序将适用《航空器议定书》第 11 条的方案 A，且根据第 11 条第 3 款方案的等待期应不超过 60 个日历日。

（b）注销：当事国声明将适用《航空器议定书》第 13 条。

（c）法律选择：当事国声明将适用《航空器议定书》第 8 条。

以及至少做到以下两项之一（鼓励同时满足）：

（d）救济方法：当事国根据《公约》第 54 条第 2 款声明，依据《公约》中未作出向法院提出申请的相关规定的条款，该国可在未经法院允许的情况下对债权人提供救济（此处，推荐在"法院允许"前加入"不需采取法律行动"的措辞，但对此措辞不做硬性要求）。

（e）及时救济：当事国声明将适用《航空器议定书》第 10 条项下全部规定（鼓励适用其中第 5 项子条款，但不做硬性要求），且为满足《航空器议定书》第 10 条第 2 款的时限要求，完成救济的工作日应符合以下规定：

（1）《公约》第 13 条第 1 款中（a）、（b）和（c）项中所指的救济（包括航空器标的物及其价值的保全，航空器标的物的占有、控制或监管，以及航空器标的物的冻结），不超过 10 个日历日；

（2）《公约》第 13 条第 1 款中（d）和（e）项中所指的救济（包括航空器标的物的租赁或管理以及由此产生的收入、出售或适用航空器设备所取得的收益），不超过 30 个日历日。

3. 本附件第 1 条（b）款所指的声明如下：

（a）减免的最终裁决：当事国不应脱离《公约》的第 13 条或第 43 条而仅根据其第 55 条作出声明，前提是，若当事国按照本附件第 2 条（d）款做出声明，根据《公约》第 55 条做出的声明不影响《开普敦公约》的执行；

（b）《罗马公约》：当事国不应脱离《航空器议定书》的第 24 条而仅依据其第 32 条做出声明；

（c）租赁救济：当事国不应根据《公约》第 54 条第（1）款就不允许将租赁做出救济的方式做出声明。

4. 根据《航空器议定书》第 11 条，对于欧盟成员国，若其修改本国法律以反映《航空器议定书》第 11 条方案 A 的条款（最长等待期 60 个日历日），该成员国应被视为做出了本附件第 2 条（a）款要求的资格声明。若欧盟或相关成员国法律与本附件所列条款实质相近，则应被视为做出了满足本附件第 2 条（c）和（e）款要求的资格声明。根据本附件第 2 条（c）款，欧盟的法律（欧盟委员会关于合同权责适用法第 593/2008 的规定）与《航空器议定书》第 8 条实质相似。

附件Ⅱ

《开普敦公约》调查问卷

I. 基本信息

请提供以下信息：

1. 完成本问卷的律师事务所的名称及详细地址；

2. 律师事务所的相关经验，可包括在立法和宪法层面、与执行国际条约有关的从业经验，以及在实施和执行《开普敦公约》中就有关事项向政府部门或私营部门提供法律意见，或者在被建议增列入开普敦名单中的国家履行债权人权利的具体经验；

3. 如被建议国家增列入开普敦名单[①]，该律师事务所是否参与或有意参与任何可能从最低风险费率下调中获利的交易；

4. 本问卷完成填写的日期。

II. 问题

1. 资格声明

1.1 当事国[②]是否都依据《民用航空器出口信贷行业谅解》（ASU）的附录2中附件Ⅰ的要求做出了资格声明（每一次都做出了吗）？特别是，对于第2条（d）款"实施救济的方法"以及第2条（e）款的"及时救济"，请详述一项或全部已做出的声明。

1.2 请描述所做声明与问题1.1所提出的要求有何区别（如有）。

1.3 请确认当事国未做出ASU附录2的附件Ⅰ第3条所列出的任何声明。

2. 批准

2.1 当事国是否已经批准、接受、允许或加入《开普敦公约》及《航空器议定书》（"《公约》"）？请陈述批准或加入的日期并简述当事国批准或加入《公约》的过程。

2.2 《公约》和资格声明是否在当事国全部领土范围内具有法律效力，而不需进一步的实施立法或通过法律法规？

2.3 若是，请简述《公约》与资格声明产生法律效力的程序。

3. 国家和地方法律的效用

3.1 若适用，请描述和列出当事国就《公约》与每份资格声明实施的法律及

① 还应包括与任何参与活动相关的信息（但尊重保密义务）。

② 本问卷中的"当事国"是指被提议加入《民用航空器出口信贷行业谅解》附录2第2节中开普敦名单的国家。在适当的情况下，问卷中问题的作答应适用航空器运营方（或附录2第36条（b）款中列出的相关实体）所在国特定"领土单位"内的法律，且此处"国家法"应理解为包括当地相关法律。

规章。

3.2 《公约》与资格声明转变成国家法[①]后是否有悖或优先于该国任何与之冲突的法律、规章、命令、司法判例或规章操作？若是，请描述具体过程[②]；若不是，请提供详情。

3.3 《公约》与资格声明在实际执行中是否存在任何偏差？若存在，请描述[③]。

4. 法院及行政决定

4.1 请详述任何可能导致法院、当局以及行政机构未能全力执行《公约》与资格声明或使其失效的事件，包括司法的、监管的或行政的行为。[④]

4.2 据所了解的情况，是否有任何债权人根据《公约》采取了任何法律的或行政的强制行动？若有，请详述并阐明其是否成功。

4.3 据所了解的情况，自批准/实施以来，是否有当事国法院违反《公约》或资格声明拒绝执行债务人或担保人的偿贷义务？

4.4 据所了解的情况，是否存在一些其他的情况，使法院及行政机构依照《公约》与资格声明采取行动时受到了影响？若是，请详述。

---

① 本问卷中的“国家法”是指当事国所有的国内立法，包括但不限于宪法及其修正案，任何联邦的、州的以及地区的法律或规章。

② 例如，(i) 当事国 X 的宪法或其他相似的法律框架服从于公约，或 (ii) 当事国 X 需要进行立法，该法律被明确规定要服从于《开普敦公约》和/或替代其他法律；(iii)《开普敦公约》及其实施立法 (a) 比其他法律更具体（特别法替代普通法），和/或 (b) 比其他法律更晚实行（后法优先于前法），结果形成 (a) 和/或 (b) 的情况比其他法律效力更高。

③ 例如，是否存在某些原因，使得《公约》中赋予债权人的权力与救济，包括资格声明规定的，(a) 被视作无效，或 (b) 本身不成立而导致无法在当事国被有效实施？

④ 例如，本问题中的行政措施可指当事国无法执行或使用让《公约》与资格声明生效的程序或资源，或者当事国无法在其登记国采取合适的程序记录不可撤销的注销登记和出口请求许可书。请在分析中阐述与债权人（包括官方出口信用机构）权利相关的案例或决定。

附录3

最低利率

官方融资支持不应全部或部分抵消或补偿按照附录2的规定，对不付款风险所收取的适当的风险费率。

1. 最低浮动利率

（a）最低浮动利率应为，货币和到期日与官方支持出口信贷利息支付相符的欧洲银行间同业拆借利率（EURIBOR）、银行票据互换利率（BBSY）以及由英国银行家协会（BBA）发布的伦敦银行间同业拆借利率（LIBOR），或是参考加拿大同业拆息利率（CDOR）加上按照本附录第8条计算出的基准利差的值。

（b）浮动利率的确立机制应根据如下还款方式进行相应变化：

（1）在等额分期还本付息的情况下，应根据相关的货币和付款频率，将贷款提款日前两个工作日相关有效的EURIBOR/BBSY/LIBOR/CDOR视为固定利率，用于计算整个还款计划。本金的偿还和第一次利息的支付计划应固定不变。第二次利息及此后利息的支付应根据最初确定的未偿本金余额，以上一支付日前两个工作日相关有效的EURIBOR/BBSY/LIBOR/CDOR进行计算。

（2）在等额分期偿还本金的情况下，应根据相关的货币和付款频率，以贷款提款日前两个工作日相关有效的EURIBOR/BBSY/LIBOR/CDOR来计算未偿本金余额的当期利息。

（c）在对浮动利率贷款提供官方融资支持的情况下，若满足以下条件，买方/借款人可选择将浮动利率转换为固定利率：

（1）只能转换成掉期利率；

（2）只有在要求下才应进行转换且只有一次，且应按照本行业谅解第24条以最初提交秘书处的报告格式进行报告。

2. 最低固定利率

最低固定利率应为以下之一：

（a）与官方支持出口信贷相关货币的掉期利率，其在到期时应等于可获取的贷款加权平均期限前后最相近两年的内推利率。利率应在每个提款日前两个工作日设定。

或者，

（b）按照本附录第3至7条规定确立的商业参考利率（CIRR）。

选择以上任何一种利率，都应加上按照本附录第8条（f）款的规定计算得出的利差基准。

3. 商业参考利率（CIRR）的确立

（a）商业参考利率应使用欧元、日元、英镑、美元发布，同时在利益相关的参加国提交申请期间，针对本行业谅解第 9 条规定的每一种可用货币进行设定，并根据在以下三种基准利率收益率之一的基础上固定上浮 120 个基点来计算：

（1）还款期为 9 年及以下的信贷采用 5 年期政府债券收益率；

（2）还款期为 9 年以上 12 年（含）以下的信贷采用 7 年期政府债券收益率；或

（3）还款期为 12 年以上 15 年（含）以下的信贷采用 9 年期政府债券收益率。

（b）商业参考利率应根据前一个月的数据每月计算一次，并在每月结束后 5 日内提交至秘书处，秘书处应随即通报所有参加国适用的利率并公布相关信息，商业参考利率应于每月的第 15 日开始生效。

（c）参加国或非参加国可要求针对某非参加国的货币来确立商业参考利率。在与该非参加国协商中，根据本行业谅解第 28 至 33 条的共同谅解程序，参加国或代表该非参加国的秘书处可提议确立适用该国货币的商业参考利率。

4. 商业参考利率（CIRR）的有效期

（a）商业参考利率的锁定：应用于某笔交易的商业参考利率，自其选定之日（出口合同签署日期或据此开始的适用日期）起到签署贷款协议之日不应超过 6 个月。若此时限内未签署贷款协议，且商业参考利率针对另外 6 个月进行了重设，则新商业参考利率应为重设之日的利率。

（b）贷款协议签署后，商业参考利率应适用于期限不超过 6 个月的提款期。首次为期 6 个月的提款期结束后，重新设定下一个 6 个月的商业参考利率。新商业参考利率应为下一个 6 个月中第一天的利率，且不能低于最初选定的商业参考利率（之后每 6 个月的提款期均重复此程序）。

5. 最低利率的应用

根据贷款协议条款，借款人不应被允许选择将官方支持的浮动利率融资转换为预先选择的商业参考利率融资，也不允许在预先选择的商业参考利率和整个贷款期限内任一利息支付日的短期市场利率之间进行转换。

6. 固定利率贷款的提前还款

按照本附录第 2 条中规定，对固定利率贷款的全部或部分自愿提前偿还，或当贷款协议中应用的商业参考利率修改为浮动利率或掉期利率时，借款人应向提供官方融资支持的机构补偿由此产生的全部费用与损失，包括政府机构替换因提前还款而受影响的固定利率现金流所产生的费用。

7. 利率的即时变化

当市场的发展变化要求于月中对商业参考利率的修改进行通知时，修改后的利率应在秘书处收到此修改通知后10个工作日开始实行。

8. 利差基准

（a）以三个月LIBOR为基础的利差基准应每月按照（b）款、使用按照（c）款通知秘书处的数据进行计算，并从每月的第15日起生效。一旦计算得出后，秘书处应将利差基准通知参加国并公布相关信息。

（b）以三个月LIBOR为基础的利差基准应等于，在以下两种利率的基础上增加的最低50%利差的平均值：（i）为浮动利率交易收取的三个月LIBOR；（ii）对于固定利率交易或资本市场发债，三个月LIBOR可通过将固定利率掉期为等价水平的浮动利率的插值获得。在上述任意一种情况下，相关参加国提交的月度基准报告中包括的利差应是（a）款规定的生效日前三个完整的日历月的利差。使用利差基准计算的交易或发债应满足以下条件：

（1）以美元计价的、100%无条件担保交易；及

（2）为价值等于或大于3500万美元（或等值的其他货币）的航空器提供的官方支持。

（c）参加国应在知晓利差时进行报告，且该利差应在相应参加国的利差基准报告中保留三个完整的日历月。对于单笔交易中包含多个报价的情况，不应匹配事后通知的报价。

（d）参加国应在长期贷款的利差确立时对交易情况予以通知。对于银行交易（包括PEFCO），利差确立之日应为下列情况中的较早者：（i）参加国签发最终承诺之日；（ii）最终承诺后确立利差之日；（iii）提款日；以及（iv）提款后确立长期贷款利差之日。在采用相同利差基准、在同一银行进行数笔提款的情况下，则应在第一架航空器交易时进行通知。对资本市场发债提供支持的贷款，利差确立之日应为长期贷款利率确立之日，通常为相关债券发行日。在采用相同利差基准、对同一债券进行数笔提款的情况下，则应在第一架航空器交易时进行通知。

（e）以三个月LIBOR为基础的利差基准应适用于浮动利率的交易，且应早于最终承诺日确定。

（f）对于固定利率交易，利差基准应通过以三个月LIBOR为基础的利差基准掉期为在最终承诺日可适用固定利率（如本附录第2条规定）的价差这一方式，不早于最终承诺日确定。

（g）参加国应对利差基准进行监测，并根据任一参加国的要求对利差基准的机制进行重新审定。

附录 4

报告形式

(a) 基本信息

(1) 通知国

(2) 通知日期

(3) 通知主管部门/机构

(4) 识别编号

(b) 买方/借款人/担保人信息

(5) 买方名称及国别

(6) 借款人名称及国别

(7) 担保人名称及国别

(8) 买方/借款人/担保人状态，例如主权、私营银行、其他私营主体

(9) 买方/借款人/担保人风险分类

(c) 融资条款和条件

(10) 官方支持的形式，例如纯风险保障、官方融资支持

(11) 若提供官方融资支持，具体是直接信贷/再融资/利率支持?

(12) 描述支持的交易，包括制造商、航空器型号及数量；阐明该交易是否遵循本谅解第 39 条 (a) 款或 (b) 款的过渡安排。

(13) 最终承诺日期

(14) 信贷币种

(15) 信贷金额，以百万美元为单位：

种类	贷款数额
Ⅰ	0 ~ 200
Ⅱ	200 ~ 400
Ⅲ	400 ~ 600
Ⅳ	600 ~ 900
Ⅴ	900 ~ 1200
Ⅵ	1200 ~ 1500
Ⅶ	1500 ~ 2000 *

* 超过 20 亿美元的数值以 3 亿美元的倍数表示。

(16) 官方支持的比例

(17) 还款期限

（18）还款方式和频率——包括适当的加权平均期限

（19）信贷起始日和首次偿还本金之间的时间间隔

（20）利率：

——适用的最低利率

——适用的利差基准

（21）总风险费的收取：

——预付费（占信贷金额的比例）或

——利差（每年高于适用利率的基点）

——如适当，请单独提供附录 2 第 20 条（b）款所述的 15% 的附加费

（22）直接信贷/融资情况下费用的收取：

——安排费/结构费

——承诺费/风险费的锁定费

——管理费

（23）风险费锁定期

（24）纯风险保障情况下的风险费的锁定费

（25）交易结构条件：适用的风险缓释措施/附加风险费

（26）如适当，请阐明《开普敦公约》对适用风险费率的影响

附录 5

定义表

总成本等价：在直接信贷项下，按照贷款总额的一定比例收取的风险费率、利率成本及费用之和的净现值，与在纯风险保障项下，按照被保险贷款额度的一定比例收取的风险费率、利率成本及费用之和的净现值相等。

资产融资交易：符合附录 2 第 19 条（a）款所列条件的交易。

买方/借款人：包括但不限于航空公司、租赁公司等商业主体，以及主权主体（或作为交易还款主要来源的其他主体）。

买方提供设备：在交付前或交付时由买方提供并在生产/翻新过程中装入机舱的设备，有制造商销货凭据为证。

开普敦公约：指《移动设备国际利益公约》和《移动设备国际利益公约关于航空器设备特定问题的议定书》。

承诺：以任何形式向接受国、买方、借款人、出口商或金融机构发出的声明，表示提供官方支持的意愿或意向，包括但不限于资格审核合格函件、营销函件等。

共同谅解：参加国之间达成的谅解，同意对特定交易或在特定情况下，适用的具体的官方支持融资条款和条件。对于其所涉及的特定交易或特殊情况，共同谅解的效力高于本行业谅解的效力。

有条件风险保障：对特定风险项下的付款违约，在约定的等待期之后向受益人作出赔付的官方支持（在等待期内受益人无权获得参加国的赔付）。有条件风险保障项下的赔款取决于交易及保险合同的效力和除外责任。

改造：对一架航空器的设计类型做出重大变动，让其变成另一种类型的航空器（包括客机改造成为灭火飞机、货用飞机、搜救飞机、侦察飞机以及商务飞机），上述改造应取得所属民用航空管理当局的认证。

国家风险分类：OECD 网站上公布的《官方支持出口信贷的安排》中适用于参加国的国家风险分类。

信用评级机构：任一家国际知名信用评级机构或其他任何参加国可接受的信用评级机构。

发动机套件：通过技术引进，用以提升可靠性、耐用性和/或机翼性能的一套零部件。

出口信贷：一种保险、担保或融资安排，可使外国买方在一段时期内延付对所进口商品和/或服务的款项；出口信贷可以出口商提供延付的卖方信贷形式，或买方信贷形式，即由出口方的银行或其他金融机构借款给买方（或其银行）。

最终承诺：参加国根据互惠协议或单方行为承诺的、准确和全面的融资条款和条件。

确定的合同：制造商与收到航空器或发动机的一方（买方），或售后回租下租期至少5年的承租人之间达成的协议，并形成约束性承诺（不包括当时未行使的选择权），若不履行将承担法律责任。

利益相关的参加国：(1) 为在其领土范围内制造的航空器全部或部分机体以及发动机提供官方支持的；(2) 具有实质性商业利益或与相关买方/借款人有往来经历的；或 (3) 被制造商/出口商要求向买方/借款人提供官方支持的参加国。

利率支持：政府或受政府委托或代表政府的机构，与银行或其他金融机构之间达成的安排，使后者可以提供不低于相关最低利率的固定利率出口融资。

大修/翻新：对客用或货用航空器进行重新构造或升级的操作。

净价格：制造商或供应商在考虑了所有价格折扣及其他现金贷款金额后的开票价格，减去所有其他贷款金额或者任何相关的或可公平分摊的折让价格。该价格由每架航空器和发动机的制造商或服务的提供商在一份具有约束力的说明中列明（仅当按照购买协议的形式提及发动机时才需要提供关于发动机的说明），且由官方支持提供方要求的相关文件进行支持以确定净价格。所有进口税款（如增值税）均不包含在净价格里。

新造航空器：见本行业谅解的第8条（a）款。

无资产融资交易：不符合附录2第19条（a）款所列条件的交易。

非主权交易：不符合附录2第57条（b）款所列条件的交易。

风险费锁定期：根据附录2第36条（b）款，针对一笔交易厘定的风险费率和采用的强制的风险缓释措施保持不变的期间。从风险费率确立到最终提款的间隔不应超过18个月。

风险费率转换模型：为达到本行业谅解的目的，参加国之间达成的并可获得的模型。该模型用于将预付风险费转化为利差或将利差转为预付风险费，其使用的利率与贴现率为4.6%。参加国应定期对此进行重新审定。

事前通知：在发布任何承诺之前至少提前10个日历日发出的通知，通知内容应按照附录4要求的形式进行报告。

纯风险保障：由政府或代表政府以出口信用担保或保险的形式提供的官方支持，即不包括官方融资支持。

还款期：自信贷起始日起，至合同约定的最后一笔本金偿还日止的期间。

主权交易：符合附录2中第56条（b）款所描述的交易。

信贷起始日：对于航空器的销售，包括直升机、备用发动机和零部件，最迟的信贷起始日是买方占有实物的实际日期或加权平均日。对于服务，最迟的信贷起始日是向客户提交发票或客户接受服务之日。

掉期利率：以浮动利率交换固定利率（由提供方给出）得到的半年期固定利率，该利率由任意独立的市场指数提供方（如德励、彭博、路透等或其他类似机构）在贷款提款日前两个工作日的纽约时间上午11点发布。

加权平均还款期：清偿一半贷款本金所需要的时间。计算方法是，将每笔本金到期还款日与信贷起始日之间的时间间隔乘以该笔本金占比，得出的每个乘积再相加得出的总和（以年为单位）。

附件4　可再生能源、减缓和适应气候变化型和水资源项目出口信贷的行业谅解

本行业谅解旨在为国际倡议中包括的、极大地有助于减缓气候变化的（涉及可再生能源、温室气体减排、高能效）项目、适应气候变化型项目以及水资源项目等特定行业的项目提供充分的融资条款和条件。本行业谅解的参加国同意，其融资条款和条件为《安排》的补充，且其实施应与《安排》的目的保持一致。

第一章　行业谅解的范围

1. 附录Ⅰ中可再生能源行业项目的适用范围

（a）本行业谅解为附录Ⅰ所列行业合同的官方支持出口信贷规定了适用的融资条款和条件，适用合同包括：

（1）可再生能源电厂的整体或部分出口，包括建设和调试这些设备直接需要的所有配件、设备、原材料和服务（包括相关人员培训）。

（2）对已建可再生能源电厂的升级改造，其经济使用年限很可能因升级改造而至少延长至还款期结束。若不能满足上述条件，则适用《安排》的规定。

（b）本行业谅解不适用于电厂界址以外的、通常由买方负责的事项，特别是与发电厂不直接相关的供水系统，与土地开发、道路建设、乡村建设、输电线和开关站相关的成本，以及买方所在国因官方审批程序（例如选址许可、施工许可等）所产生的费用，但下述情况除外：

（3）开关站的买方即为可再生能源电厂的买方，电厂合同的签定与原开关站有关，且原开关站适用的条款和条件不应比可再生能源电厂的更宽松。

（4）可再生能源电厂界址以外的，最低电压阈值为60千伏的变电站、变压器以及输电线，且其融资条款和条件不应比可再生能源电厂的更优惠。

2. 附录Ⅱ中减缓气候变化型项目的适用范围

（a）本行业谅解为附录Ⅱ所列行业合同的官方支持出口信贷规定了适用的融资条款和条件。适用的行业清单及相应用于判定项目适用性的技术中性性能标准，可根据本行业谅解第10条的重新审定规定逐步调整。

（b）这些合同应涉及项目的整体或部分出口，包括建设和调试本项目直接需要的所有配件、设备、原材料和服务（包括相关人员培训），并符合以下要求：

（1）项目应将碳排放量或二氧化碳当量降低至零，并/或实现高能效；

(2) 项目应至少达到附录Ⅱ所列的性能标准；以及

(3) 融资条款和条件仅在项目遇到具体融资困难时才应放宽，并应根据项目具体的融资需求和所处的市场条件进行调整。

3. 附录Ⅲ中适应气候变化型项目的适用范围

(a) 本行业谅解为符合附录Ⅲ所列标准的项目合同的官方支持出口信贷规定了适用的融资条款和条件。

(b) 这些合同应涉及项目的整体或部分出口，包括建设和调试本项目直接需要的所有配件、设备、原材料和服务（包括人员培训），并符合以下要求：

(1) 符合附录Ⅲ中所列的条件；

(2) 融资条款和条件仅在项目遇到具体融资困难时才应放宽，并应根据项目具体的融资需求和所处的市场条件进行调整。

(c) 对现有项目的升级改造，本行业谅解适用于项目的经济使用年限很可能因升级改造而至少延长至还款期结束的情况。若不能满足上述条件，则适用《安排》的规定。

4. 水资源项目的适用范围

本行业谅解为涉及人类用水供给和废水处理设施相关项目的整体或部分合同的官方支持出口信贷规定了适用的融资条款和条件，适用项目包括：

(a) 供给城市饮用水（包括向居民及小商户供水）的基础设施，即用于获取饮用水的净水设施和供水网络（包括防漏控制设施）。

(b) 废水回收和处理设施，即回收和处理居民生活和工业废水及污水，包括水的再利用和再循环过程，以及直接与这些活动相关的淤泥处理。

(c) 已建设施的升级改造，且相关设施的经济使用年限很可能至少延长至还款期结束。若不能满足上述条件，则适用《安排》的规定。

第二章　出口信贷的约定

5. 最长还款期

(a) 对附录Ⅰ中所列行业的合同，以及本行业谅解第 4 条定义的水资源项目提供的官方支持出口信贷的最长还款期为 18 年。

(b) 按照附录Ⅱ所列项目分类，对其中合同金额不小于 1000 万特别提款权合同提供的官方支持出口信贷，最长还款期为：

(1) 对于 A 类项目的合同：18 年。

(2) 对于 B 类和 C 类项目的合同：15 年。

(c) 按照附录Ⅱ所列项目分类，对其中合同金额小于 1000 万特别提款权合同提供的官方支持出口信贷，最长还款期为：

(1) 对于《安排》第11条规定的第Ⅰ类国家，最长还款期为5年；在按照本行业谅解第8条规定给予事前通知的情况下，还款期可延长至8.5年。

(2) 对于第Ⅱ类国家，最长还款期为10年。

(3) 对于《安排》第13条规定的非核电站项目，不受本款上述(1)和(2)规定限制，最长还款期为12年。

(d) 对符合附录Ⅲ标准的且合同金额不小于1000万特别提款权合同提供的官方支持出口信贷，最长还款期为15年。

6. 本金的偿还和利息的支付

(a) 本行业谅解的参加国应按照以下还款方式之一偿还本金和支付利息：

(1) 等额本金、分期偿还。

(2) 分期还本付息。

(b) 应至少每6个月偿还一次本金并支付一次利息，且第一次本息的偿付应不迟于信贷起始日之后的6个月。

(c) 在特殊且有正当理由的情况下，官方支持可不执行上述(a)和(b)的规定。如债务人的资金状况无法与每半年等额还款计划的时间要求匹配，则可适用于其他还款条件，但应满足以下标准：

(1) 6个月内单笔或多笔本金偿还金额不应超过信贷本金总额的25%。

(2) 应至少每12个月偿还一次本金。第一次偿还时间应不迟于信贷起始日之后的18个月；在信贷起始日之后的18个月内，本金的偿还金额不低于信贷本金总额的2%。

(3) 应至少每12个月支付一次利息。第一次支付时间应不迟于信贷起始日之后的6个月。

(4) 最大加权平均还款期不应超过最长可得期限的60%。

(d) 信贷起始日之后到期的利息不应资本化。

7. 当地费用

(a) 为金额不小于1000万特别提款权的合同提供的官方支持出口信贷，对当地费用的官方支持不应超过出口合同金额的30%。

(b) 对金额小于1000万特别提款权的合同提供的官方支持出口信贷：

(1) 对于本行业谅解附录Ⅰ所列行业，对当地费用的官方支持不应超过出口合同金额的45%。

(2) 对于附录Ⅱ所列行业以及本行业谅解第4条定义的水资源项目，对当地费用的官方支持不应超过出口合同金额的30%。

（c）若对于当地费用的官方支持超过出口合同总金额的 15%，应根据本行业谅解第 8 条规定给予事前通知，并详细说明接受官方支持的当地费用的性质。

第三章 程　序

8. 事前通知

（a）本行业谅解的参加国如有意向按照本行业谅解的规定提供支持，在做出任何承诺前，应至少提前 10 个日历日，根据以下规定给予事前通知：

（1）当该支持根据本行业谅解的第 1、2 或 4 条扩展时，按照《安排》第 46 条设定的程序办理；

（2）当该支持根据本行业谅解的第 3 条扩展时，按照《安排》第 45 条设定的程序办理。

（b）对本行业谅解附录Ⅱ所列类型的项目，事前通知应包括对项目的进一步描述，以证明该项目是如何符合本行业谅解第 2 条（b）款规定的支持标准。

（c）对于符合本行业谅解附录Ⅲ要求而获得支持的项目，事前通知应包括：

（1）对项目的进一步的描述，以证明该项目符合本行业谅解第 3 条（b）款规定的支持标准；以及

（2）获得附录Ⅲ要求的、由独立第三方出具的审议结果。

（d）尽管有上述（a）款第 1 点的规定，通知国如有意向提供还款期超过 15 年的支持和/或符合上述第 6 条（c）款的情况，通知国在做出任何承诺前，应至少 10 个日历日，按照《安排》第 45 条设定的程序给予事前通知。

（e）本行业谅解的参加国应将讨论后的最终决定告知其他所有参加国，以便对相关经验进行重新审定。

第四章 监测、审议和重新评定

9. 后续工作

本行业谅解的参加国同意对下列事项进行审查：

（a）按期限调整的风险费。

（b）低排放/高能效化石燃料电厂（包括碳捕获和封存预留）的条件。

（c）零耗能建筑。

（d）燃料电池项目。

10. 监测和重新审定

（a）秘书处应每年报告一次本行业谅解的执行情况。

（b）本行业谅解的参加国应定期重新审定本行业谅解的适用范围及其他规定；至

少在2020年底前开展重新审定。

(c) 本行业谅解的参加国应定期重新审定本行业谅解附录Ⅱ的内容，包括应某参加国要求评估项目分类和/或类型是否应增加或去除，或者门槛标准是否应予调整。提出新的项目分类和/或类型的建议草案，应提供该类项目符合本行业谅解第2条(b)款规定标准的信息，并按照附录Ⅳ中规定的方法进行操作。

(d) 本行业谅解的参加国应在2020年年底前对本行业谅解附录Ⅲ的内容进行重新审定，对与适应性项目有关的国际倡议、市场条件以及在履行通知程序中获得的经验进行评估，以决定相关定义、项目标准、融资条款和条件是否应保留或修改。

(e) 2020年12月31日后，除非本行业谅解的参加国一致同意，否则附录Ⅲ相关的条款和条件应终止。

附录 I

可再生能源行业

下列可再生能源领域应有资格适用本行业谅解规定的融资条款和条件，只要其影响符合 2012 年《关于官方支持出口信贷和环境、社会尽职调查共同方法》① 的建议要求。(该建议由 OECD 出口信贷和信贷担保工作组〈ECG〉成员修改，并得到 OECD 理事会批准。)

(a) 风能②。

(b) 地热能。

(c) 潮汐和潮汐流能。

(d) 波浪能。

(e) 渗透能。

(f) 太阳光电能。

(g) 太阳光热能。

(h) 海洋热能。

(i) 生物能：所有可持续使用的填埋气、污水处理厂沼气、生物沼气能源，或从生物质能设备制得的燃料。“生物质”意为农业 (包括植物性和动物性物质)、林业和相关产业的产品、废物和残留物中可生物降解的部分，以及工业和城市废物中可生物降解的部分。

(j) 水能。

(k) 可再生能源项目中的能源效率。

① 2012 年的建议同样适用于不适用上述融资条款和条件的项目。

② 对于风力涡轮机组装中使用的自升式钻井平台，最长还款期为 12 年。

附录Ⅱ

减缓气候变化型行业

项目分类	定义	基本原理	适用标准	还款期
A类项目：碳捕获与封存				
类型1：采用碳捕获与封存技术的化石燃料电厂	为实现环境安全和永久性封存二氧化碳，而将二氧化碳从化石燃料发电产生的排放物中分离并传输到封存装置的过程。	在燃烧化石燃料能源条件下实现低碳排放。	向大气排放的碳浓度应达到小于或等于350公吨/吉瓦时的标准①； 或所有项目中，碳捕获和封存率应将电厂的碳排放量减少65%或以上； 或对申请官方出口信贷支持的设备，对其排放的二氧化碳的捕获率应至少达到85%。85%是指在常用操作条件下的标准。	18年
类型2：其他碳捕获与封存项目	为实现环境安全和永久性封存二氧化碳，而将二氧化碳从工业或能源发电产生的排放物中分离并传输到封存装置的过程。	显著减少现有来源碳的排放量。	所有项目中，碳捕获和封存率应将工业或能源发电产生的碳排放量减少65%或以上； 或对申请官方出口信贷的设备，对其排放的二氧化碳的捕获率应至少达到85%。85%是指在常用操作条件下的标准。	18年
B类项目：化石燃料的替代				
类型1：废弃物能源回收	通过对混合固体废物进行热处理（包括气化）而产生能源的项目。	抵消通过使用传统能源排放的温室气体，并且减少从废物中产生的温室气体，如甲烷。	在蒸汽循环的情况下，锅炉（或蒸汽发生器）的能量转换率按低热值计算至少为75%②。 在气化过程中，气化率按低热值计算至少为65%。③	15年
类型2：混合能源发电厂	混合利用可再生能源和化石燃料产生电能的发电厂。	为满足电厂运行的需要，在无法使用可再生能源发电或发电量不足时，电厂将使用化石燃料发电。化石燃料支持了可再生能源在混合能源电厂的应用，因此，与传统化石燃料厂相比，混合能源厂大大降低了碳的排放量。	模型1： 两个独立的发电装置：分别使用可再生能源和化石燃料。项目的设计应保证每年的发电量至少有50%来自可再生能源。 模型2： 一个统一的发电装置：混合使用可再生能源和化石燃料发电。项目的设计应保证每年的发电量至少有75%来自可再生能源。	15年

① 如电站以天然气为燃料，预计碳浓度会显著低于该数值。

② 锅炉（或蒸汽发生器）能量转化率＝（蒸汽产生的净热量/燃料产生的热量或热值［按LHV计算］）×100%

③ 气化率＝（每千克气体燃料产生的热值/一千克燃料产生的平均净热值［按LHV计算］）×100%

续表

项目分类	定义	基本原理	适用标准	还款期
C类项目：能源效率				
类型1：热电联产项目	在单一的集成系统里同时产生多种能源（电能、机械能、热能）。 热电厂的输出应包括为商业或住宅提供的电能或机械能以及热能。	在传统热电厂中，约有不超过三分之二的用于发电的初始能量因热耗而浪费。因此，混合热电形式成为一项可有效减少温室气体排放的选择。小到几千瓦，大到1000兆瓦的蒸汽冷凝电厂，所有热机和燃料（包括生物能和太阳热能）都可以产生混合热电①。	按低热值计算，总效率至少为75%。②	15年
类型2：区域制热和/或冷却	用于从能量生产到使用终端传送和分配热能的网络。	对于通过修建管道传输含有巨大热能的蒸汽和/或热水的区域，通过减少管道和转换损失、提高余热再利用等方式，改善该区域的供热能效。 区域冷却是一种可显著减少二氧化碳排放、空气污染和提高能源安全的综合技术（比如通过取代家用空调）。	区域管道的热导系数应小于欧洲标准EN253：2009热导系数的80%（该数据随标准的变化而更新）。	15年
类型3：智能电网	集成的、技术先进的电网，具有完善的动态监控所有技术组件的输入和输出的功能（如发电、网络管理解决方案、高压直流<HVDC>、转换器和系统、灵活交流输电系统<FACTS>、特殊电力系统<SPS>、输配电、储能、智能电网电力电子解决方案、降耗、计量、分布式能源资源）。 信通技术符合国际商定的行业标准，如NIST－SGIP和ETSI－CEN－CENELEC。	通过支持主要涉及出口尖端、创新技术和服务的供应合同，使网络运营商、输配电系统运营商、电网用户、储能所有者、计量运营商、应用和服务提供商或电力交换平台运营商能够创建经济、环保、平衡和可持续的电力系统，降低输电损耗，优化供电质量和安全，提高电网稳定性和可靠性，促进能源回收可持续，增强成本效益。	标准1、2（a或b）以及3都应符合。 1. 至少20%的项目总成本用于信息通信技术升级费用。 2a. 项目或应用预计将源自化石燃料的二氧化碳排放量降低至少10%，或 2b. 二氧化碳排放量大幅降低将通过以下方式实现： • 智能电网应用或项目所服务的电网内能量损失减少至少5%；或 • 智能电网应用或项目所服务的荷载总耗电量至少减少5%；或 • 在运用智能电网技术的电网中，包括次级电压级别的可再生能源的间歇性馈入，占接入电网总能量的至少10%。 3. 正式授权前，独立、合格的第三方将对项目进行审议，并准备一份报告，描述所建议的智能电网应用或项目的特征，并验证项目或应用是否符合标准1和2（a或b）。使用2b标准的项目所能达到的二氧化碳减排估计值应包含在报告中。在批准任何财务支持之前，各参加国将共享该报告；只有当报告有力地证明了所建议的智能电网项目或应用符合标准1和2（a或b）时，才会批准给予财务支持。 通过比较在同一地区运用所建议的智能电网技术，及不运用该技术两种情形下的排放量或能源使用量的预计值，来衡量是否符合标准。	15年

① 政府间气候变化专门委员会（IPCC）第四次评估报告：气候变化，2007. http：//www.ipcc.ch/publicatinos_and_data/ar4/wg3/en/ch4s4－3－5.html。

② 热电混合系统的总系统效率（η_0）是可利用的净输出电能（W_E）和可利用的净输出热能（$\sum Q_{TH}$）之和，与总输入燃料（Q_{FUEL}）的比值，即 $\eta_0 = \frac{W_E + \sum Q_{TH}}{Q_{FUEL}}$。

附录Ⅲ

适应气候变化型项目的适用标准

满足以下条件的项目可以适用本行业谅解的融资条款和条件：

（a）适应气候变化是项目的主要目标，在项目计划以及支持性文件中对此有明确的说明和解释，该目标亦为项目设计的基础。

（b）项目的计划书应包含对有关气候变化风险和不稳定性的识别和分析，并说明通过何种手段或技术直接解决上述问题。

（c）项目应接受来自第三方的独立审议，该审议可以作为项目计划的一部分也可单独执行，并且可以从国家权威机构网站等公开渠道获得。该审议应评估有关的气候变化风险和不稳定性，以及该项目用以解决上述问题的手段。

（d）项目的使用寿命超过15年。

附录Ⅳ

判断是否适用本行业谅解第 2 条行业的方法

当建议在本行业谅解附录Ⅱ中增加项目分类或类型时，本行业谅解的参加国应提供关于该项目分类或类型的详细描述以及该项目如何能符合本行业谅解第 2 条（b）款所列标准的信息；这些信息应包括：

（a）针对项目分类或类型对气候变化减缓的直接贡献的评估，包括以碳排放量或二氧化碳当量和/或高能效的测量数据为基础，采用传统和正在使用的新技术，对行业项目性能进行比较。上述比较应基于定量的测量方法，比如对生产每个单位的碳排放量减少情况进行测定。

（b）针对所建议的项目分类或类型的技术和性能标准的描述，包括任何与现有最佳可行技术（BAT）有关的信息；描述中应包含新技术如何改进了现有最佳可行技术的信息（如有）。

（c）针对所建议的项目分类或类型遇到融资障碍的描述，包括任何融资需求和市场条件，并指明本行业谅解中预计会使该类项目得以开展的规定。

附录 V

定义表

电网服务区域：由输电和配电线路连接、一个或多个控制中心运行、电力供应方与使用方同步的系统。

最佳可行技术：按照欧盟第 96/61/EC（第 2.1 条）指令，“最佳可行技术”应指在活动开展过程中最有效和最先进的技术阶段所运用的操作方法；该操作方法指明了该特别技术的实用性和适用性，为排放限值提供了原则性依据，以阻止或整体上减少排放量和对环境的影响。

(a)“技术”应既包括采用的技术，还包括装置的设计、建造、维护、运营和拆除方法。

(b)“可行”技术应指已开发到一定规模、可在相关行业运用、具备经济和技术可行性、考虑了成本和收益情况且是操作者合理易得的技术；这些技术可由成员国使用或研发。

(c)“最佳”应指对实现高水平的整体环境保护最为有效。

温室气体：温室气体包括二氧化碳、甲烷、一氧化二氮、氢氟碳化物、全氟碳化物和六氟化硫。

大型水电项目：按照国际大坝委员会（ICOLD）的定义，大型水坝是指从地基起算高度不低于 15 米的水坝。水坝高度在 5 ~ 15 米，水库容积超过 300 万立方米的水坝也被归为大型水坝。

附件 5　铁路出口信贷的行业谅解

本行业谅解的参加国同意，本行业谅解的融资条款和条件作为《安排》的补充，其实施应与《安排》的目的保持一致。

第一章　行业谅解的范围

1. 适用范围

（a）本行业谅解列出了运营铁路及其他轨道交通所必需的基础设施资产合同适用的官方支持出口信贷融资条款和条件。铁路及其他轨道交通基础设施资产包括控制系统（如信号和其他信息技术）、电气化、轨道、架空电线和电缆、桥塔、轨道车辆、缆车、无轨电车和相关工程作业。

（b）根据本附件条款和条件，能够获得支持的轨道交通系统具体包括以下类型：

（1）所有类型的铁路运输系统；

（2）无轨电车运输系统；

（3）缆车运输系统①。

第二章　出口信贷的约定

2. 最长还款期

（a）对于本行业谅解适用范围内的官方支持出口信贷合同，最长还款期规定如下：

（1）对于第Ⅰ类国家（根据《安排》第 11 条的定义）的合同：12 年。

（2）对于第Ⅱ类国家（根据《安排》第 11 条的定义）的合同：14 年。

（b）满足上述（a）款规定最长还款期要求的交易，应符合以下条件：

（1）交易的合同总金额超过 1000 万特别提款权；以及

（2）还款期不应超过轨道交通基础设施资产的使用寿命；以及

（3）对于第Ⅰ类国家的交易，还应符合以下标准：

——银团贷款的参与方中有未受官方出口信贷支持的私营金融机构：

i）整个贷款期间，本行业谅解的参加国属于贷款份额较小的一方，且享有共债同权（pari passu）地位；以及

ii）本行业谅解的参加国提供的官方出口信贷支持比例不超过银团贷款

① 与滑雪等娱乐活动相关的缆车运输系统不属于本附件所规定的支持范围。

的 50%。

——任何官方支持的风险费率不得低于可从私营市场获得的融资价格，且应与参加银团贷款的其他私营金融机构的报价相当。

（c）本行业谅解的参加国可根据《安排》第 56 至 61 条设定的程序，通过共同谅解的方式，要求放弃适用以上（b）款第 3 点的规定。在此情况下，发起共同谅解提议的参加国，应在共同谅解提议及后续每笔单独交易的通知中，提供对该支持的全面解释，包括定价的具体数据，以及要求弃用上述（b）款第 3 点规定的合理原因。

3. 本金与利息的偿还

本金和利息的偿还应遵循《安排》第 14 条的规定，但该条（c）款第 4 条中所规定的还款期的加权平均期限最长应为：

（a）对于第Ⅰ类国家的交易，6.25 年；以及

（b）对于第Ⅱ类国家的交易，7.25 年。

第三章　程　　序

4. 事前通知

（a）本行业谅解的参加国如有意向为第Ⅰ类国家的交易提供支持，应根据《安排》第 45 条设定的程序，在作出任何承诺前至少 10 个日历日，进行事前通知。通知应包括对官方支持的全面解释，其中包括具体的定价数据。

（b）若本行业谅解的参加国打算为以下两种情况提供支持，则应根据《安排》第 46 条设定的程序，在作出任何承诺前至少 10 个日历日，进行事前通知：

（1）第Ⅱ类国家的交易；或

（2）按照本行业谅解第 2 条（c）款所列共同谅解提供支持的交易。此类事前通知应符合共同谅解的要求，并可和相应共同谅解的批准程序同时进行。

5. 共同谅解的有效期

尽管《安排》第 61 条（a）款对共同谅解的有效期作出了规定，但所有已达成的共同谅解都应于 2020 年 12 月 31 日终止，除非本行业谅解的参加国根据本行业谅解第 6 条（d）款一致同意延长本行业谅解的有效期。

第四章　监测、审议和重新评定

6. 监测和重新审定

（a）秘书处应每年报告本行业谅解的执行情况。

（b）按照下列（c）款规定，2020 年 12 月 31 日之后，除非本行业谅解的参加国另有约定，本行业谅解第 2 条第（b）段第 3 款第 1 项第（ii）点所规定的不超过银团

贷款 50% 的占比要求，应变更为占比不超过 35%。

（c）参加国应在 2020 年年底之前，对本行业谅解进行重新审定，评估市场条件以及其他因素，以决定相关条款是否应继续执行或予以修改。

（d）2020 年 12 月 31 日之后，除非本行业谅解的参加国另有约定，本行业谅解的条款和条件效力终止。

附件6　燃煤发电项目出口信贷的行业谅解

本行业谅解的参加国同意，本行业谅解的融资条款和条件作为《安排》的补充，应按照《安排》规定的目的实施。

第一章　行业谅解的范围

1. 适用范围

（a）本行业谅解列出了燃煤电站项目合同相关的官方支持出口信贷所适用的融资条款和条件：

（1）新的燃煤电站的整体或部分出口，需用于并网或工业用途，厂址无经营性碳捕获和封存，或碳捕获和应用技术，包括建设和试运行电站直接需要的所有配件、设备、材料和服务（包括相关人员培训）。在已有电厂的基础上增加燃煤装机等同于新建燃煤电站。

（2）用于并网或工业用途的已有燃煤电站的改造或为其增配设备。

（b）本行业谅解不适用于燃煤电站界址以外的、通常由买方负责的事项，特别是与电站不直接相关的供水系统，与土地开发、道路建设、乡村建设、电源线和开关站相关的费用，以及在买方所在国因官方审批程序（例如选址许可、施工许可等）所产生的费用，但下述情况除外：

（1）若开关站的买方即为电站的买方，且合同与该电站原开关站相关，则原开关站适用的条款和条件不应优于对燃煤电站的条款和条件；

（2）对于燃煤电站界址以外的、最低电压阈值为100千伏的变电站、变压器以及输电线适用的条款和条件不应比燃煤电站项目的条款和条件更宽松；

（c）如果某燃煤电站项目属于本行业谅解的适用范围，并同时符合《可再生能源、减缓和适应气候变化型和水资源项目出口信贷的行业谅解》中附录Ⅱ的条件，则对此项目的融资条款和条件适用于该行业谅解的规定。

第二章　出口信贷的约定

2. 最长还款期

（a）对于本行业谅解第1条（a）款第1点中货物和服务提供的官方支持出口信贷，最长还款期如表1所示：

表 1 **最长还款期**

电站规模（总装机容量）	>500 兆瓦	≥300 且≤500 兆瓦	<300 兆瓦
超－超临界（蒸汽压力>240bar 且蒸汽温度≥593℃，或二氧化碳排放量<750g/kWh）	12 年①	12 年①	12 年①
超临界（蒸汽压力>221bar 且蒸汽温度>550℃，或二氧化碳排放量在 750g/kWh 和 850g/kWh 之间）	不适用	10 年，且仅适用于符合 IDA 信贷条件的国家①②③	10 年，且仅适用于符合 IDA 信贷条件的国家①②③
亚临界（蒸汽压力<221bar，或二氧化碳排放量>850g/kWh）	不适用	不适用	10 年，且仅适用于符合 IDA 信贷条件的国家①②③

（b）为实施上表中的内容：

（1）对于适用的亚临界机组，官方支持应仅限于一个特定电站的两个机组，总装机容量不得超过 500 兆瓦；除非本行业谅解第 4 条（b）款第 1 点规定的替代分析检验了存在更高效率类别的更大机组的可能，并证实此方案不可行；在这种情况下，官方支持应限于两个机组，其总装机容量不超过 600 兆瓦。

（2）对于适用的超临界机组，官方支持应仅限于一个特定电站的最多两个机组，除非本行业谅解第 4 条（b）款第 1 点规定的替代分析检验了通过一或两个更大机组获得相同容量的可能，并证实此方案不可行。

（3）符合国际开发协会（IDA）贷款条件的国家指：当 IDA 收到相关的完整出口信贷申请时，有资格利用 IDA 资源（包括单一的 IDA 资源和混合的 IDA 资源）的国家。

（c）对于本行业谅解第 1 条（a）款第 2 点涉及的货物和服务的官方支持出口信贷，最长还款期应根据《安排》第 12 条予以确定。

---

① 适用官方支持的项目，符合下文（d）款的项目融资类交易的还款期可再延长两年，但不超过附件 7 第 2 条的最长还款期。

② 为解决能源紧缺，可为当收到相关的出口信贷申请时，国家电气化水平（根据最新国际能源署世界能源年鉴电力供应数据）低于或等于 90% 的所有国家提供 10 年的出口信贷支持。

③ 在以下情况下，出口信贷可以提供给不符合国际开发协会（IDA）贷款条件的在地理上独立的国家，如果（1）本行业谅解第 4 条（b）款第 1 点规定的替代分析结果表明更低密度碳排放的替代方案不可行；（2）物理/地理环境以及现有电网的特点（包括不能并至更大电网）可以证明推荐项目的能效分类已使用可获得的最佳技术。如果项目并非坐落在某物理岛上，感兴趣的参加国可以依据本《安排》第 56 至 61 条设定的程序，使用“共同谅解”与所有成员国达成一致。

（d）项目融资交易指适用本行业谅解且同时满足附件7附录1标准的货物和服务的交易。对于此类交易，当本行业谅解的参加国在应用表1列明的还款期时，亦应根据本行业谅解第3条，应用附件7中的其他条款和条件。

3. 本金的偿还和利息的支付

（a）根据以下（b）款的规定，本金的偿还和利息的支付应：

（1）符合《安排》第14条，或

（2）对于本行业谅解适用的、同时也符合附件7附录1标准的货物和服务的交易，符合附件7第3条。

（b）还款期的加权平均期限不应超过整个还款期的一半加三个月。

第三章　程　序

4. 事前通知

（a）本行业谅解的参加国如有意按照本行业谅解的规定提供支持，应根据《安排》第46条设定的程序，在做出任何承诺前，至少提前10个日历日给予事前通知。

（b）通知应：

（1）说明已开展有关更低碳密度的能源替代方案评估，且该替代方案不可行；和

（2）证明项目符合东道国的国家能源政策、气候变化缓释政策和战略，并有具体政策支持，以扩大可再生能源和/或提高能效；

（3）符合脚注2要求的项目，需要说明接受支持的项目如何帮助解决能源短缺。

（c）当本行业谅解的参加国按照第2条（d）款通知项目融资项下的交易时，除提供上述材料之外，还应提供附件7中要求的信息。

第四章　监测、审议和重新评定

5. 监测

秘书处应每年报告本行业谅解的执行情况。

6. 重新审定和监测

（a）本行业谅解应于2020年6月30日之前进行重新审定，目的是在不迟于2021年1月1日开始的第二阶段中，进一步强化条款和条件，将此运用到应对气候变化和持续降低对燃煤电站提供官方支持的共同目标中，包括减少对低能效的燃煤电站的使用。

（b）重新审定应考虑到以下内容：

（1）最新的气候科学报告，以及对全球基础设施投资决策的影响，该决策要求“控制全球变暖幅度不超过工业化前水平2摄氏度”。

（2）与燃煤电站相关，包括综合气化联合循环机组（IGCC）在内的科技进步；

（3）碳捕获和封存技术的可获得性；

（4）出口国和进口国有关燃煤电站的监管政策的发展变化；

（5）不同国家市场条件的发展变化，包括各类燃煤电站技术的商业可行性以及操作经验；

（6）非OECD国家的出口信贷融资政策和实践的发展，特别是燃煤电站的主要出口国，认识到本行业谅解的参加国在鼓励非OECD国家的参加上发挥的重要作用；

（7）现行的行业谅解如何影响能源短缺以及国家电气化水平。

附件 7　适用于项目融资交易的条款和条件

第一章　一般约定

1. 适用范围

（a）本附件规定了对符合附录 1 标准的项目融资交易，参加国可提供官方支持的条款和条件。

（b）本附件未作相应规定之处，应适用《安排》的条款。

第二章　融资条款和条件

2. 最长还款期

最长还款期为 14 年；除非，参加国对高收入 OECD 国家的项目提供的官方出口信贷支持占银团贷款份额的 35% 以上，则最长还款期为 10 年。

3. 本金的偿还和利息的支付

出口信贷的本金可以采取不等额的方式分期偿还，本金和利息的分期支付间隔可以超过半年，只要满足以下条件：

（a）6 个月内单笔或多笔本金偿还金额不超过信贷本金总额的 25%。

（b）第一次本金偿还时间应不迟于信贷起始日之后的 24 个月，且在信贷起始日之后的 24 个月内，本金偿还金额不低于信贷本金总额的 2%。

（c）应至少每 12 个月支付一次利息，第一次支付时间应不迟于信贷起始日之后的 6 个月。

（d）还款期的加权平均期限不应超过 7. 25 年；除非，参加国对高收入 OECD 国家的项目提供的官方出口信贷支持占银团贷款份额的 35% 以上，则还款期的加权平均期限不应超过 5. 25 年。

（e）参加国应根据本附件第 4 条设定的程序进行事前通知。

第三章　程　序

4. 项目融资交易的事前通知

参加国做出任何承诺之前，应至少提前 10 个日历日向所有参加国通知其有意向根据本附件的条款和条件提供官方支持。通知应按照《安排》附件 8 的规定发出。若任何参加国在此期间要求通知国就支持的条款和条件给予解释，通知国应再等 10 个日历日才能做出承诺。

附录

项目融资交易的资格标准

1. 基本标准

交易应包含或具有以下特征：

(a) 对一个特殊的经济实体提供融资，贷款人同意将该经济实体的现金流和收入作为偿还贷款的来源，同时以该经济实体的资产作为还款担保。

(b) 为与一个（在法律上和经济上）独立的项目公司，如特殊目的公司的出口交易提供融资，且出口交易相关的投资项目自身能够产生收益。

(c) 在项目各参与方（如私人股东或有良好信誉的公共股东、出口商、贷款人、产品/服务的协议购买人）之间有适当的风险分担，有充足的股本金。

(d) 项目在整个还款期间产生的现金流足以支付运营成本并偿还外部债务。

(e) 可以从项目收益中优先扣除运营成本并偿还债务。

(f) 非主权买方/借款人，且未获得主权还款担保（购买协议等的履约担保除外）。

(g) 在项目收益/资产上设定抵押担保，如权益转让、抵押、收入账户质押等。

(h) 在项目完工后，对项目的私营股东/发起人无追索权或仅具有有限追索权。

2. 高收入 OECD 国家中项目融资交易的额外标准

交易应包含或具有以下特征：

(a) 有不受官方出口信贷支持的私营金融机构参与银团贷款：

(1) 整个贷款期间，参加国属于贷款份额较小的一方，且享有共债同权（pari passu）地位；

(2) 参加国提供的官方出口信贷支持比例不超过银团贷款的 50%。

(b) 任何官方支持的风险费率不得低于私营市场融资价格，且应与参加银团贷款的其他私营金融机构的报价相当。

附件8　通知中应提供的信息

在所有根据《安排》（包括其附件）做出的通知中，应提供下述第Ⅰ小节列出的信息。此外，在适当情况下，也应提供第Ⅱ小节列出的与特定类型通知相关的信息。

Ⅰ．所有通知中均应提供的信息

（a）基本信息

（1）通知国

（2）通知日期

（3）通知机构/主管部门/代理机构

（4）提供官方出口信贷的ECA（s）

a. 提供保险/担保的ECA

b. 提供融资的ECA

（5）通知编号

（6）识别码（内部）

（7）信贷额度编号（如相关）

（8）状态（如原始通知、修订通知、替换通知）

（9）修订编号（如相关）

（10）做出通知所依据的《安排》的相关规定

（11）相匹配的通知编号（如相关）

（12）对相匹配的支持方式的描述（如相关）

（13）目的国

（b）买方/借款人/担保人信息

（14）买方名称

（15）买方国别

（16）买方地址（如知悉）

（17）买方状态

（18）买方类型

（19）借款人名称（如不同于买方）

（20）借款人国家（如不同于买方）

（21）借款人地址（如不同于买方）

（22）借款人状态（如不同于买方）

（23）借款人类型（如不同于买方）

（24）担保人名称（如相关）

（25）担保人国家（如相关）

（26）担保人地址（如相关）

（27）担保人状态（如相关）

（28）担保人类型（如相关）

（c）出口货物和/或服务与项目的信息

（29）对出口货物和/或服务的详细描述

（30）对提供出口的项目（或行业）的描述

（31）行业代码

（32）项目地址（如知悉）

（33）投标截止日（如相关）

（34）信贷额度到期日（如相关）

（35）所支持合同的金额，并以百万特别提款权为单位：

类别	自	至
Ⅰ：	0	1
Ⅱ：	1	2
Ⅲ：	2	3
Ⅳ：	3	5
Ⅴ：	5	7
Ⅵ：	7	10
Ⅶ：	10	20
Ⅷ：	20	40
Ⅸ：	40	80
Ⅹ：	80	120
Ⅺ：	120	160
Ⅻ：	160	200
XⅢ：	200	240
XⅣ：	240	280
XⅤ：	280	*

*指代的数额超过2.8亿特别提款权，超过部分以4000万特别提款权的倍数表示，例如4.1亿特别提款权应表示为类别XV+3。

（36）所支持合同的金额，实际金额（按合同货币计）

（37）合同币种

（d）官方出口信贷支持的融资条款和条件

对于由多笔条件不同的融资支持的交易，应就每一笔融资提供以下信息。

(38) 信贷金额，以特别提款权为单位

(39) 信贷金额，实际总额（第38项的替代选项）

(40) 信贷币种

(41) 预付款（占出口合同金额的比例）

(42) 当地费用（占出口合同金额的比例）

(43) 信贷起始日（参照附件15定义q）

(44) 还款期长度

(45) 还款期时间间隔

(46) 基准利率

(47) 附加利率或利差

(48) 对第Ⅰ部分所提供信息的评论、说明和/或解释

Ⅱ. 在适当情况下，与特定条款相关的通知中应提供的补充信息

(a)《安排》第二章第10条(d)款第3点

对于由多笔条件不同的融资支持的交易，应就每一笔融资提供以下信息。

(49) 所支持当地费用的类型

(50) 所支持当地费用的性质：资本性设备?

(51) 所支持当地费用的性质：由当地子公司和/或关联公司交付?

(52) 所支持当地费用的性质：当地建设或安装成本?

(53) 所支持当地费用的性质：增值税、进口税、其他税费?

(54) 所支持当地费用的性质：其他?

(55) 对“其他”当地费用的描述

(56) 对第Ⅱ部分(a)款所提供信息的评论、说明和/或解释

(b)《安排》第二章第14条(c)款第5点、附件1第5条(e)款、附件2第6条(a)款、附件2第6条(b)款、附件4第8条(d)款、附件7第4条

(57) 还款方式

(58) 还款频率（本金）

(59) 还款频率（利息）

(60) 信贷起始日后第一次偿还的本金

(61) 信贷起始日和第一次本金偿还日之间的时间间隔

(62) 信贷起始日前利息资本化的金额

(63) 资本化利息的货币

(64) 加权平均还款期

(65) 信贷期中点本金偿还的比例

(66) 对没有按照标准还款结构提供支持的原因做出解释

(67) 对第Ⅱ部分 (b) 款所提供信息的评论、说明和/或解释

(c)《安排》第二章第 22、25、28、29 条，附件 7 第 4 条（仅适用高收入 OECD 国家项目）以及附件 5 第 4 条 (a) 款的所有通知责任

(68) 债务人所在国的国家风险分类

(69) 与离岸监管账户结合的未来离岸现金流的结构安排的应用？（仅1 -7类国家）

(70) 适用的国家和买方风险分类的根据（买方、借款人、担保人、项目、交易）

(71) 适用的国家风险分类

(72) 适用的买方风险分类

(73) 第 70 项中的主体是否得到官方认可的信用评级机构的外币评级？

(74) 对于第 70 项中的主体，官方认可的信用评级机构给予的最优外币评级

(75) 第 74 项中提供评级的官方认可的信用评级机构

(76) 适用最低风险费率的依据

(77) 实际收取风险费率的依据

(78) 针对实际收取风险费率依据的评论、说明和/或解释

(79) 提款期长度

(80) 提款期时间间隔

(81) 政治（国家）风险保障比例

(82) 商业（买方）风险保障比例

(83) 官方出口信贷产品

(84) 赔偿等待期间覆盖的利息

(85) 最低风险费率（基于第 76 项）国家风险缓释措施或买方增信措施

(86) 当地币融资（仅 1 -7 类最低风险费率）

(87) 适用的当地币因子（LCF）

(88) 买方增信措施

(89) 适用的全部增信因子（CEF）

(90) 采取任何国家风险缓释措施或买方增信措施后，适用的最低风险费率（基于第 76 项）

(91) 计收的实际风险费率

(92) 对第Ⅱ部分 (c) 款所提供信息的评论、说明和/或解释

(d)《安排》第25条(e)款第1点

(93) 对《安排》附件7中买方风险分类CC0标准下债务人的特点做出解释

(e)《安排》第25条(e)款第2点

(94) 买方风险分类优于官方认可信用评级机构评级的理由

(f)《安排》第22条(c)款第2点

(95) 用于确定风险费的特定或相关主体的债务工具类型

(96) 债务工具主体的名称

(97) 债务工具的详细描述以及关键特点，以及获取定价的方法，包括但不限于该工具的期限、信用状况、流动性和币种等信息

(98) 交易债务人/担保人与相关主体的关系

(99) 交易债务人/担保人是否和相关主体有同样的信用评级机构评级?

(100) 相关主体是否符合《安排》附件15(定义o)所列所有标准?

(101) 关于如何满足相关主体的确定标准的详细解释

(g)《安排》第46条(a)款第7点

(102) 买方风险分类的理由

(103) 官方认可的信用评级机构给出的债务人/担保人所在国主权的最优外币评级(如适用的买方风险分类优于该机构给予债务人/担保人所在国的最优主权评级)

(104) 第103项中提供评级的官方认可的信用评级机构

(h)《安排》第22条(c)款第1点

(105) 银团贷款是基于资产融资还是项目融资?

(106) 银团中没有接受双边或多边支持的商业贷款/担保比例是否至少占25%?

(107) 银团中所有参与者是否对包括担保措施在内的融资条款和条件共债同权?

(108) 交易的融资条款和条件是否完全符合《安排》中关于银团贷款/担保交易的市场基准定价条件?

(109) 厘定第91项所报告的风险费(或直接贷款总费用)所用方法的详细描述

(110) 对第Ⅱ部分(d)款所提供信息的评论、说明和/或解释

(i)《安排》第22条(h)款

(111) 担保是否覆盖整个债务期?

(112) 担保是否不可撤销、无条件且见索即付?

(113) 担保是否具有法律效力，并在担保人所在国管辖权内可执行?

(114) 担保人是否具备与被担保债务规模匹配的信用水平?

(115) 担保人是否受其所在国货币监管和汇款制度限制?

(116) 担保覆盖部分占全部风险金额(即本金和利息)的比例

(117) 担保人和债务人之间是否存在财务关系?

(118) 关系类型

(119) 担保人是否在法律和财务上独立,是否能够履行还款义务?

(120) 担保人是否会受到债务人所在国的事件、法规或主权干涉的影响?

(121) 对第Ⅱ部分(e)款所提供信息的评论、说明和/或解释

(j)《安排》第28条(b)款

对于与离岸监管账户结合的离岸未来现金流结构安排的使用:

(122)—(132)确认符合附件13中所列标准

(133) 关于与离岸监管账户结合的离岸未来现金流结构安排的使用,需要考虑的其他因素和/或任何其他评论

对于当地币融资:

(134)—(139)确认符合附件13中所列标准

(140) 所使用的当地币

(141) 关于当地币融资需要考虑的其他因素和/或任何其他评论

(142) 对第Ⅱ部分(f)款所提供信息的评论、说明和/或解释

(k)《安排》第29条(d)款

(143)—(150)适用的具体买方增信措施和相应的增信因子

(151) 对第Ⅱ部分(g)款所提供信息的评论、说明和/或解释

(l)《安排》附件5第4条

(152) 还款期是否超过接受融资的轨道交通基础设施资产的使用年限?

(153) 评论(针对第152项)

对于Ⅰ类国家的所有交易:

(154) 对官方支持规定的全面解释

(155) 是否通过共同谅解提出放弃适用附件5第2条(b)款第3点所规定的条件?

(156) 共同谅解状态

(157) 关于任何共同谅解的评论、说明和/或解释

(m)《安排》附件6第4条

(158) 电站规模(总装机容量)

(159) 发电机组的数量

（160）锅炉技术

（161）解释说明如何对碳密度较低的能源替代品进行评估，以及评估结果如何表明该替代品不可行

（162）解释项目如何与东道国的国家能源政策和减缓气候变化政策和战略相一致，得到扩大可再生能源和/或提高能源效率针对性政策的支持

（163）根据附件Ⅵ的脚注2提供支持的交易，说明所支持的项目如何帮助解决能源紧缺

（164）对第Ⅱ部分（i）款所提供信息的评论、说明和/或解释

（n）《安排》附件7第4条

（165）解释为何提供项目融资条件

（166）交钥匙合同的金额、分包合同所占比重等

（167）信贷起始日前提供的保障类型

（168）信贷起始日前对政治风险的保障比例

（169）信贷起始日前对商业风险的保障比例

（170）信贷起始日后提供的保障比例

（171）信贷起始日后对政治风险的保障比例

（172）信贷起始日后对商业风险的保障比例

（173）建设期长度

（174）建设期单位长度

（175）—（190）确认（必要的时候进行解释）交易符合附件7附录所列标准

（o）《安排》附件7第4条及附件5第4条（a）款，针对高收入OECD国家的项目

（191）项目的银团贷款总金额，包括官方和私营贷款机构

（192）银团贷款货币

（193）《安排》参加国在银团贷款中所占比例

（194）私营贷款人在银团贷款总额中所占比例

（195）贷款银团中谁是贷款份额较小的一方？

（196）评论（针对第195项）

（197）风险费率是否符合市场标准？

（198）评论（针对第197项）

（199）关于第Ⅱ部分（h）款提及信息的评论、说明和/或解释

（p）《安排》第47条、第48条

（200）贸易相关援助的总额，以特别提款权为单位

（201）贸易相关援助一揽子计划的构成：符合《安排》规定的非优惠出口信贷的占比

（202）贸易相关援助一揽子计划的构成：利率达到或接近市场水平的其他资金的占比

（203）贸易相关援助一揽子计划的构成：优惠水平低于第 36 条允许的最低水平的其他官方资金的占比，但排除匹配的情形

（204）贸易相关援助一揽子计划的构成：买方的预付款占比

（205）贸易相关援助一揽子计划的构成：信贷起始日当日或之前的非预付款的付款占比

（206）贸易相关援助一揽子计划的构成：赠与的占比

（207）贸易相关援助一揽子计划的构成：优惠信贷的占比

（208）优惠信贷的条款和条件：宽限期

（209）优惠信贷的条款和条件：还款期长度

（210）优惠信贷的条款和条件：还款频率

（211）优惠信贷的条款和条件：还款方式

（212）优惠信贷的条款和条件：币种

（213）优惠信贷的条款和条件：利率

（214）优惠信贷的条款和条件：适用的差别贴现率

（215）优惠信贷的条款和条件：优惠水平

（216）贸易相关援助一揽子计划的总体优惠水平

（217）关于第Ⅱ部分（k）款提及信息的评论、说明和/或解释

附件9　国家风险分类1—7交易的最低风险费率的计算

最低风险费率（MPR）公式

当债务人/担保人所在国的国家风险分类是1—7类时，计算出口信贷适用的MPR公式为：

$$MPR=\{[(a_i\times HOR+b_i)\times \max(PCC,PCP)/0.95]\times(1-LCF)+[c_{in}\times PCC/0.95\times HOR\times(1-CEF)]\}\times QPF_i\times PCF_i\times BTSF$$

其中：

—a_i是i（i=1—7）类国家适用的国家风险系数

—c_{in}是n类买方（n=SOV+，SOV/CCO，CC1-CC5）在i（i=1—7）类国家适用的买方风险系数

—b_i是i（i=1—7）类国家适用的国家风险常数

—HOR为风险期

—PCC为商业（买方）风险保障比例

—PCP为政治（国家）风险保障比例

—CEF为增信因子

—QPF_i为i（i=1—7）类国家适用的产品质量因子

—PCF_i为i（i=1—7）类国家适用的保障比例因子

—BTSF为优于主权因子

—LCF为当地币因子

适用的国家风险分类

根据《安排》第22条（e）款确定适用的国家风险分类，依据分类从下表获得国家风险系数a_i和常数b_i的值：

	1	2	3	4	5	6	7
a	0.090	0.200	0.350	0.550	0.740	0.900	1.100
b	0.350	0.350	0.350	0.350	0.750	1.200	1.800

买方风险分类选择

适用的买方风险分类从下表中选择，该表提供了国家风险分类和买方风险分类的组合，列明了CC1—CC5的买方风险分类与官方认可的信用评级机构做出的买方评级

分类的对应关系。对于买方风险分类（SOV + 至 CC5）的定性描述在附件 12 中列明，该定性描述有助于对债务人（和担保人）进行分类。

国家风险分类						
1	2	3	4	5	6	7
SOV +	SOV +	SOV +	SOV +	SOV +	SOV +	SOV +
SOV/CC0	SOV/CC0	SOV/CC0	SOV/CC0	SOV/CC0	SOV/CC0	SOV/CC0
CC1 AAA 至 AA −	CC1 A + 至 A −	CC1 BBB + 至 BBB −	CC1 BB + 至 BB	CC1 BB −	CC1 B +	CC1 B
CC2 A + 至 A −	CC2 BBB + 至 BBB −	CC2 BB + 至 BB	CC2 BB −	CC2 B +	CC2 B	CC2 B − 或更低
CC3 BBB + 至 BBB −	CC3 BB + 至 BB	CC3 BB −	CC3 B +	CC3 B	CC3 B − 或更低	
CC4 BB + 至 BB	CC4 BB −	CC4 B +	CC4 B	CC4 B − 或更低		
CC5 BB − 或更低	CC5 B + 或更低	CC5 B 或更低	CC5 B − 或更低			

适用的买方风险分类与国家风险分类的组合共同确定买方风险系数 $c_{in,}$ 该系数从下表获得：

买方风险分类	国家风险分类						
	1	2	3	4	5	6	7
SOV +	0. 000	0. 000	0. 000	0. 000	0. 000	0. 000	0. 000
SOV/CC0	0. 000	0. 000	0. 000	0. 000	0. 000	0. 000	0. 000
CC1	0. 110	0. 120	0. 110	0. 100	0. 100	0. 100	0. 125
CC2	0. 200	0. 212	0. 223	0. 234	0. 246	0. 258	0. 271
CC3	0. 270	0. 320	0. 320	0. 350	0. 380	0. 480	n/a
CC4	0. 405	0. 459	0. 495	0. 540	0. 621	n/a	n/a
CC5	0. 630	0. 675	0. 720	0. 810	n/a	n/a	n/a

风险期（HOR）

风险期（HOR）按下列公式计算：

标准还款方式（即每半年等额偿还本金）

$$HOR = (\text{提款期长度} \times 0.5) + \text{还款期长度}$$

非标准还款方式

HOR =（提款期长度 ×0.5）+（加权平均还款期 - 0.25)/0.5

在上述公式中，时间的单位为年。

商业（买方）风险保障比例（PCC）和政治（国家）风险保障比例（PCP）

保障比例（PCC 和 PCP）在最低风险费率公式中用小数表示（即 95% 表示为 0.95）。

买方增信因子（CEF）

对于没有采用任何买方增信措施的交易，增信因子（CEF）的值为 0。对于采用买方增信措施的交易的 CEF 值，在符合《安排》第 29 条（c）款且不超过 0.35 的情况下，按照附件 13 确定。

产品质量因子（QPF）

QPF 从下表中得到：

产品质量	国家风险分类						
	1	2	3	4	5	6	7
低于标准	0.9965	0.9935	0.9850	0.9825	0.9825	0.9800	0.9800
标准	1.0000	1.0000	1.0000	1.0000	1.0000	1.0000	1.0000
高于标准	1.0035	1.0065	1.0150	1.0175	1.0175	1.0200	1.0200

保障比例因子（PCF）

PCF 按照以下方法计算：

在 Max（PCC，PCP）≤0.95 的情况下，PCF = 1

在 Max（PCC，PCP）>0.95 的情况下，

PCF = 1 + [Max（PCC，PCP）- 0.95] /0.05 × 保障比例系数

保障比例系数如下表所示：

保障比例系数	国家风险分类						
	1	2	3	4	5	6	7
	0.00000	0.00337	0.00489	0.01639	0.03657	0.05878	0.08598

优于主权因子（BTSF）

当债务人被列为优于主权（SOV +）的买方风险分类时，BTSF = 0.9，否则，BTSF = 1。

当地币因子（LCF）

对于采用当地币缓释国家风险的交易，LCF 值不超过 0.2；对于其他情况，LCF 值为 0。

附件 10 市场基准交易适用的风险费基准

出口信贷中未被保障的部分或银团贷款中出口信用机构（ECA）未提供风险保障的部分

私人银行/机构对出口信贷中未被保障的部分（或银团贷款中 ECA 未提供风险保障的部分）给出的价格，可以是 ECA 保障部分价格的最佳匹配（**译者注：即两者定价保持了同一水平**）。针对这两部分的定价，仅在其按照商业融资条件提供时适用（例如：国际金融公司 IFI 融资的部分不适用）。

特定的公司债券

公司债券可以反映特定的信用风险，但应注意与 ECA 合同特点的匹配，如期限、计价货币以及增信措施。若有一级市场公司债券（即发行时的综合收益率）或二级市场公司债券（即通常在相关货币互换曲线基础上按照期权调整的收益率），债务人的上述债券应优先使用；若无法获得上述信息，可以使用关联方的一级或二级市场公司债券。

特定的信用违约互换

信用违约互换（CDS）是针对违约风险的一种保障形式。CDS 利差是 CDS 买方按照名义本金的比例每期支付的费用，通常以基点计量。CDS 买方通过在整个互换存续期内（或直到信用事件发生）向卖方支付费用，有效规避了违约风险。债务人的 CDS 曲线应优先使用，若无法获得上述信息，可使用关联方的 CDS 曲线。

贷款基准

贷款基准分为一级市场贷款基准（即贷款发行时的定价）或二级市场贷款基准（即从其他金融机构购买该贷款的金融机构预期的收益率）。对于一级市场贷款基准，需要了解所有的费用，以便计算出整体的收益率。若使用贷款基准，债务人的贷款基准应优先使用，若无法获得上述信息，可使用类似主体的贷款基准。

基准市场曲线

基准市场曲线反映了一个行业或一类买方整体的信用风险情况。当某特定信息不足时，可使用该类市场信息。通常来讲，信息的质量取决于其所在市场的流动性。在任何情况下，应寻找与 ECA 合同特点（例如日期、信用评级、期限、计价货币等）最匹配的市场工具。

附件 11 适用第三方还款担保以及多边或区域性机构分类的标准和条件

目的

本附件对《安排》第 22 条（e）款中所述的适用第三方还款担保以及经分类的多边或区域性机构还款担保应遵循的标准和条件作出了规定。本附件还提供了决定是否按照《安排》第 26 条对特定多边或区域性机构进行分类时的评估标准。

适用

情况 1：全额担保

当某主体对可能出险的金额（即本金和利息）提供全额担保时，在满足下列标准的情况下，可适用担保人的国家风险分类和买方风险分类：

——担保覆盖整个信贷期。

——担保是不可撤销、无条件和见索即付的。

——担保具有法律效力，并在担保人所在国管辖权内可执行。

——担保人具备与被担保债务规模匹配的信誉度。

——担保人受其所在国货币监管和汇款制度限制。

当经分类的多边或区域性机构作为担保人时，应满足下列标准：

——担保覆盖整个信贷期。

——担保是不可撤销、无条件和见索即付的。

——担保人对全额贷款承担合法的担保义务。

——直接向债权人还款。

如果担保人是被担保主体的子公司/母公司，参加国应逐案给予确定：（1）鉴于其与子公司/母公司之间的关系以及母公司承担法律义务的程度，该子公司/母公司是否在法律和财务上独立并能履行还款义务；（2）子公司/母公司是否会受到当地事件/法规或主权干涉的影响；(3) 在发生违约时，公司总部是否会认为自己应承担还款责任。

情况 2：有限额度担保

当某主体对可能出险的金额（即本金和利息）提供有限额度担保时，在满足情况 1 中其他标准的情况下，对于被担保的信贷部分，可适用担保人的国别风险分类和买方风险分类。

对于未被担保的信贷部分，适用债务人的国别风险分类和买方风险分类。

多边或区域性机构的分类

若多边或区域性机构通常不受其所在国的货币监管和汇款制度限制，应对该机构进行分类。这些机构应被划入国家风险 1－7 类的对应类别，根据逐案确定的原则，按照每个机构特点开展风险评估，并考虑以下因素：

——该机构是否具有法律上和财务上的独立性；

——该机构的全部资产是否免于国有化或征收；

——该机构是否有权自由汇兑资金；

——该机构是否不受所在国政府的干预；

——该机构是否享有税收豁免权；

——该机构的所有成员国是否有义务提供补充资金，使该机构履行其职责。

在风险评估的过程中，还应考虑机构所在国或债务人所在国、在发生国家信用风险违约时的历史还款记录，以及可以考虑的任何其他因素。

多边和区域性机构的风险分类列表是公开的，任一参加国均可要求对某一指定机构的分类情况根据上述因素进行重新审定。参加国应公开多边和区域性机构的分类情况。

附件 12　买方风险分类的定性描述

优于主权（SOV +）

这是一种特殊情况分类。获得此分类的主体具有极强的信用状况，即使在主权债务危机期间或主权违约的情况下，仍能履行其还款义务。国际信用评级机构定期发布报告，列出评级超过主权外币评级的公司及相应主体。除非通过主权风险评估方法（Sovereign Risk Assessment Methodology）确定的主权风险显著高于国别风险，参加国在推荐某主体获得优于主权的评级时，应引用优于主权的评级结果。如要获得优于所在国主权评级的分类，一个主体应具备以下几个或通常情况下绝大多数的特征或类似特征：

——信用状况强；

——与当前负债相比，外汇收入充足；

——具有海外生产设施及从境外分支或经营中创造现金流的能力，尤指注册在高评级国家境内的跨国公司；

——国外所有者或战略合作伙伴可以提供财务支持，即使在没有正式担保的情况下；

——有享受国家优惠待遇的记录，包括汇兑限制豁免、针对出口收入的豁免以及税收优惠；

——享有高评级国际银行承诺的信用额度，该信用额度不受重大不利变动（MAC）条款约束。MAC 条款使银行有权在主权危机或其他风险事件发生时，撤回已承诺的贷款额度；

——拥有离岸资产，尤其是流动资产，通常是按照有关规则允许出口方获取或持有的用于偿还债务的离岸现金结余。

通常情况下，SOV + 买方风险分类不适用于：

——公共主体或公共机构、次主权主体如部委、地方政府等；

——在主权国家管辖权内的金融机构；

——主要以本国货币向国内市场销售产品的主体。

主权（SOV）

主权债务人/担保人是经法律明确授权、代表主权国家承担债务偿还义务的主体，通常是一国的财政部或中央银行①。获得主权分类的特征是：

——债务人/担保人经法律授权，代表主权国家承担债务偿还义务，完全代表主权国家的信誉和信用；

——在主权风险重组的情况下，债务被纳入重组范围，且主权国家通过重组承担偿还债务的义务。

等同主权：信用质量极好（CC0）

“等同主权”分类包括两种类型的债务人/担保人：

——公共主体，其尽职调查显示，在追偿前景和违约风险方面，该买方具有隐含的主权国家的信誉、信用/支持，或者主权国家为其提供流动性和偿付支持的可能性很高。等同主权的非主权公共主体也包括政府拥有的在某个行业中有垄断或近乎垄断地位的公司（如电力、石油、天然气）。

——企业主体，在违约风险和追偿前景方面，拥有极强的信用状况，近似于主权风险。这类企业主体可以包括主权国家为其提供流动性和偿付支持可能性很高的大型蓝筹公司或非常重要的银行。

极好的信用质量指还款风险可忽略，以及还款能力很强且不易受到可预知事件的影响。这类信用质量的主体，通常同时具备以下全部或几个业务与财务方面的特征：

——创造现金流和收入的能力介于极强与很强之间；

——流动性水平介于极好与很好之间；

——杠杆率介于极低与很低之间；

——经营状况介于极好与很好之间，且可证明管理能力很强。

该主体的另一特点是其对财务及所有权状况的对外披露质量高，除非获得其母公司（其买方风险分类等于或优于该主体）或主权支持的可能性很高。

基于债务人/担保人所在国的风险分类，官方认可的信用评级机构可能会对风险分类为 CC0 的债务人/担保人，做出介于 AAA（第 1 类国家）和 B（第 7 类国家）之间的评级。

信用质量很好（CC1）

还款风险低或很低。债务人/担保人的还款能力很强，且不易受到可预知事件的影响，这类债务人/担保人受到外部环境和经济形势变化的负面影响有限或非常有限。这类信用质量的主体，通常同时具备以下全部或几个业务与财务方面的特征：

——创造现金流和收入的能力介于很强与强之间；

① 最典型的是基于中央银行或财政部的风险。若为中央政府体系内，除财政部以外的主体，应通过尽职调查来确认该主体是否完全代表该主权的信誉和信用。

——流动性水平介于很好与好之间；

——杠杆率介于很低与低之间；

——经营状况很好，且可证明管理能力很强。

该主体的另一特点是其对财务及所有权状况的对外披露质量高，除非获得其母公司（其买方风险分类等于或优于该主体）或主权支持的可能性很高。

基于债务人/担保人所在国的风险分类，官方认可的信用评级机构可能会对风险分类为 CC1 的债务人/担保人，做出介于 AAA（第 1 类国家）和 B（第 7 类国家）之间的评级。

信用质量介于好与较好之间，高于平均水平（CC2）

还款风险低。债务人/担保人的还款能力强或较强，且不易受到可预知事件的影响，这类债务人/担保人受到外部环境和经济形势变化的负面影响有限。这类信用质量的主体，通常同时具备以下全部或几个业务与财务方面的特征：

——创造现金流和收入的能力介于强与较强之间；

——流动性水平介于好与较好之间；

——杠杆率介于低与较低之间；

——经营状况较好，且可证明管理能力较强。

该主体的另一特点是其对财务及所有权状况的对外披露质量高，除非获得其母公司（其买方风险分类等于或优于该主体）或主权支持的可能性很高。

基于债务人/担保人所在国的风险分类，官方认可的信用评级机构可能会对风险分类为 CC2 的债务人/担保人，做出介于 A +（第 1 类国家）和 B - 或以下（第 7 类国家）之间的评级。

信用质量一般，平均水平（CC3）

还款风险一般或较低。债务人/担保人的还款能力一般或较强，当面临重大持续不稳定因素，或不利的商业、金融或经济形势时，其信用风险可能上升而不能按期偿还债务。但是，可能找到其他可替代的商业或财务解决办法，以继续履行偿债义务。这类信用质量的主体，通常同时具备以下全部或几个业务与财务方面的特征：

——创造现金流和收入的能力介于较强与一般之间；

——流动性水平介于较好与一般之间；

——杠杆率介于较低与一般之间；

——经营状况一般，且可证明管理能力一般。

该主体的另一特点是其对财务及所有权状况的对外披露质量充分，除非获得其母公司（其买方风险分类等于或优于该主体）或主权支持的可能性很高。

基于债务人/担保人所在国的风险分类，官方认可的信用评级机构可能会对风险分类为 CC3 的债务人/担保人，做出介于 BBB+（第 1 类国家）和 B-及以下（第 6 类国家）之间的评级。

信用质量较弱，低于平均水平（CC4）

还款风险较高。债务人/担保人的还款能力一般或较弱，当面临重大持续不稳定因素，或不利的商业、金融或经济形势时，其信用风险可能上升而不能按期偿还债务。但是，可能找到其他可替代的商业或财务解决办法，以继续履行偿债义务。这类信用质量的主体，通常同时具备以下全部或几个业务与财务方面的特征：

——创造现金流和收入的能力介于一般与较弱之间；

——流动性水平介于一般与较低之间；

——杠杆率介于一般与较高之间；

——经营状况较差，且证明管理能力的记录有限。

该主体的另一特点是其对财务及所有权状况的对外披露质量充分，除非获得其母公司（其买方风险分类等于或优于该主体）或主权支持的可能性很高。

基于债务人/担保人所在国的风险分类，官方认可的信用评级机构可能会对风险分类为 CC4 的债务人/担保人，做出介于 BB+（第 1 类国家）和 B-及以下（第 5 类国家）之间的评级。

信用质量弱（CC5）

还款风险高或很高。债务人/担保人的还款能力较弱或弱。当前有还款能力，但安全边际有限。由于债务人/担保人的持续还款能力有赖于可持续的、有利的商业和经济环境，不利的商业、金融或经济环境很有可能影响其还款能力或还款意愿，导致还款风险上升。这类信用质量的主体，通常同时具备以下全部或几个业务与财务方面的特征：

——创造现金流和收入的能力介于较弱与弱之间；

——流动性水平介于较低与低之间；

——杠杆率介于较高与高之间；

——经营状况差，证明管理能力的记录有限或无记录。

该主体的另一特点是其对财务及所有权状况的对外披露质量差，除非获得其母公司（其买方风险分类等于或优于该主体）或主权支持的可能性很高。

基于债务人/担保人所在国的风险分类，官方认可的信用评级机构可能会对风险分类为 CC5 的债务人/担保人，做出介于 BB-（第 1 类国家）和 B-及以下（第 4 类国家）之间的评级。

附件13 适用国家风险缓释措施和买方增信措施的标准和条件

目的

本附件对《安排》第28条（a）款的国家风险缓释措施和第29条（a）款的买方增信措施的运用做出详述，包括有关标准、条件和特殊情况，以及对最低风险费率（MPR）的影响。

国家风险缓释措施

1. 与离岸监管账户结合的未来离岸现金流结构安排

定义：

一份书面文件（如契约、声明或信托安排），由当事方签章并交由第三方（非该结构安排的当事方）保管，至特定条件满足后交付另一当事方生效。如果在考虑本附件所列附加因素的基础上满足了下列标准，该措施可以降低或消除汇款风险，尤其是对高风险分类的国别。

标准：

——监管账户与一个赚取外汇的项目相关联，且监管账户的流入资金由该项目本身和/或其他离岸出口应收账款产生。

——监管账户离岸建立，即位于项目所在国之外，该国的汇款风险及其他国别风险应是十分有限的（即在一个高收入OECD国家或高收入欧元区国家）。

——监管账户开立在一流银行，该银行不直接或间接地受债务人或债务人所在国的利益控制。

——账户的资金来源通过长期的或其他合适的合同来保证。

——流经监管账户的债务人各种收入来源（即由项目本身产生和/或其他来源产生）是硬通货，且可合理地被认为足以偿还整个贷款期内的债务。这些收入来自一个或多个信誉良好的国外客户，其所在国的风险状况优于项目所在国（即通常为高收入OECD国家或高收入欧元区国家）。

——债务人不可撤销地指示国外客户直接支付至监管账户（即付款不通过受债务人控制的账户，也不经过债务人所在国）。

——留存在监管账户中的资金应至少相当于6个月的偿债金额。如项目融资结构采用灵活的还款条件，则账户中应至少留存相当于6个月实际偿债金额的资金，此金额可随时根据偿债安排情况而变动。

——债务人不能随意动用监管账户（即只能在贷款清偿之后）。

——在整个信贷期内，存在监管账户内的资金权益转让给贷款人。

——监管账户的开立已经获得所有必要的当地的及任何其他有关当局的法律授权。

——在贷款期内，监管账户与合同安排不可以是有条件的，和/或可撤销的，和/或设置期限限制的。

需要考虑的附加因素：

本项缓释措施的应用要对上述标准进行逐案考虑，尤其考虑以下因素：

——国家、债务人（公共或私营）、行业、所涉商品或服务的易损性（包括它们在整个信贷期内的可获得性）、客户；

——法律结构，例如机制安排是否有效免受债务人或其所在国的影响；

——措施实施过程中受到政府干预、续期或收回的影响程度；

——账户是否充分规避了项目其他相关风险；

——拟流入账户的资金金额，以及确保资金持续流入的机制；

——有关巴黎俱乐部的情况（例如可能的债务豁免）；

——除汇款风险以外的其他可能的国家风险影响；

——是否与账户所在国风险相隔离；

——与客户订立的合同，包括性质与期限；以及

——与贷款总额相关的全球预期外汇收入。

对 MPR 的影响

本项国家风险缓释措施的应用可使交易适用的国家风险分类调升一个级别，适用第 1 类国家的交易除外。

2. 当地币融资

定义：

合同和融资以可兑换的当地币而非硬通货计量，并在当地融资以规避或降低汇款风险。以当地币计量的主要还款义务，原则上不会因发生前两项国家信用风险而受到影响。

标准：

——ECA 的责任和赔款，或者对直接贷款人的还款全部以当地币标记/支付。

——ECA 通常不承担汇款风险。

——通常情况下，无须将当地币存款兑换成硬通货币。

——借款人使用其本国货币在本国偿还贷款，是对债务的有效清偿。

——若借款人的收入为当地币，其不会受到不利汇率波动的影响。

——借款人所在国的汇款规定不应对借款人以当地币还款的义务产生任何影响。

需要考虑的附加因素：

针对经济状况较好国家的可自由汇兑的货币，可选择性应用本项缓释措施。若在参加国 ECA 承担责任之后，当地币变得"不可转移"或"不可兑换"，ECA 应以其本国货币履行赔偿义务（风险敞口由直接贷款人承担。）

对 MPR 的影响

本项风险缓释措施的应用可使 MPR 中国家信用风险部分获得不超过 20% 的折扣（即当地币因子 LCF 不超过 0.2）。

买方增信措施

下表列出了可以适用的买方增信措施的定义，以及其对适用 MPR 的最大影响。对于适用国家风险分类为 1－7 类 MPR 的交易，设定了用于 MPR 公式中的最大 CEF 值；对于市场基准交易，设定了对市场基准 MPR 的最大折扣率①。

增信措施	定义	最大 CEF 值（对于 1～7 类国别）	最大折扣（市场基准交易）
合同收益或应收账款的转让	当借款人与一家实力雄厚的采购方订立了合同，不论是离岸交易或是国内交易，有法律效力的合同权益转让，可以取得在贷款发生违约后执行借款人合同的权益，和/或代替借款人在主要合同项下作出决策的权利。与第三方的直接协议（在矿产或能源交易中与当地政府机构的直接协议），可使贷款人在遇到征收或合同违约事件时，有渠道向政府寻求救济和补偿。 一个处在艰难市场环境或行业的公司，可能对那些处于更稳定环境中的一家或多家公司进行产品销售，并持有对后者的应收账款，这些应收账款通常以硬通货计量，但可能不对应特定的合同关系。应收账款转让相当于在借款人的账户上设定了担保权益，使贷款人在借款人的现金流中享有一定优先受偿权。	0.10	N/A
资产抵押	控制一项财产，通过：（1）在可移动、具有价值的财产上设定抵押；且（2）财产本身具有完整价值。 资产抵押应考虑便于处置或获取的物品，如火车机车、医疗设备或建筑设备。当衡量抵押物的价值时，ECA 应考虑资产抵押在法律上的实现难度。换言之，若资产抵押能得到健全法律体制的保护，抵押权益更有价值；若对抵押物的获取存有疑问，抵押权益的价值就受到削弱。抵押物的准确价值由市场决定，这里的"市场"比本地市场的范畴更宽泛，因为抵押物可被移动至另一管辖区域。注意：如采用资产抵押作为买方增信措施，资产抵押权益通常在交易所在国境内持有。	0.25	15%

① 对于市场基准交易，采用买方增信措施的风险费率可以不低于适用的最低精算费率。

续表

增信措施	定义	最大CEF值（对于1～7类国别）	最大折扣（市场基准交易）
固定资产担保	固定资产抵押的通常是无法随意移动或拆除的组装设备，例如涡轮机或集成生产线上的生产机械。固定资产抵押的意图和价值在于，使ECA在资产的使用上有更多的话语权，从而在贷款违约时能够得到损失补偿。固定资产抵押的价值随经济、法律、市场和其他因素而变化。	0.15	10%
监管账户	监管账户是为保障贷款人的利益，由不受买方/债务人控制或与买方/债务人没有关联关系的第三方持有的偿债账户或其他形式的现金应收账款账户。监管资金必须预先存入或监管。监管账户应对现金账户中接近100%资金进行监管。监管账户对现金的控制力更强，确保资金在被随意支取之前能用于清偿债务。注意：如采用监管账户作为买方增信措施，监管账户通常都在交易所在国境内持有。现金担保显著降低了各期付款的违约风险。	监管金额占贷款额的百分比，最高不超0.10	监管金额占贷款额的百分比，最高不超10%

附件 14　开发性质量的检查清单

援助贷款项目开发性质量的检查清单

近年来，发展援助委员会（DAC）提出了若干标准，以确保接受全部或部分官方发展援助（ODA）融资的发展中国家的项目达到了促进本国发展的目的。这些标准主要包括在以下规定中：

1.《DAC 项目评估原则（1998）》；

2.《DAC 关于联合融资、约束性与部分非约束性官方发展援助的指导原则（1987）》；以及

3.《ODA 的合理采购方式（1986）》。其中，《DAC 项目评估原则》和《ODA 的合理采购方式》以及 DAC 制定的其他几项“原则”或“合理方式”于 1992 年共同出版在《发展援助手册——DAC 关于有效援助的原则》（DAM）中。

项目与受援国整体投资优先次序的一致性（项目选择）

项目是否属于受援国中央财政和规划当局已批准的投资和公共支出计划中的一部分？(具体指出涉及该项目的政策性文件，如受援国的公共投资计划)

项目是否由国际开发融资机构共同融资？

是否有证据显示，项目曾被一个国际开发融资机构或 DAC 的其他成员国考虑但因缺乏开发优先性被拒绝？

如果是私营项目，是否已通过受援国政府的批准？

项目是否被纳入援助国可在受援国开展范围更广的援助活动的政府间协议？

项目筹备和评估

项目是否按照 DAM 第 91—162 段的《DAC 项目评估原则》规定的一系列标准和条件进行筹备、设计和评估？与项目评估有关的原则如下：

（a）经济方面（DAM 第 120 段至第 128 段）。

（b）技术方面（DAM 第 112 段）。

（c）财务方面（DAM 第 113 段至第 119 段）。

如果是创收性项目，尤其是在竞争性市场上创造收入的情况，援助性融资的优惠部分是否传递给资金的最终使用者？(DAM 第 115 段)

（a）机构评估（DAM 第 130 段至第 134 段）。

（b）社会和分配分析（DAM 第 137 段至第 147 段）。

（c）环境评估（DAM 第 145 段至第 147 段）。

采购程序

应采用以下哪种采购模式？（定义参见 DAM 第 409—429 段的《ODA 的合理采购方式》中有关原则）

（a）国际竞标（DAM 第 411 段、419—429 段：有效国际竞标的最低条件）。

（b）国内竞标（DAM 第 412 段）。

（c）非正式竞标或议标（DAM 第 413—414 段）。

是否需要检查供货价格和质量？（DAM 第 153 段）

附件15 定义表

本《安排》中所称：

(a) **承诺**：以任何形式向接受国、买方、借款人、出口方或金融机构发出的声明，表示其提供官方支持的意愿或意向。

(b) **共同谅解**：参加国之间就特定交易或特定情况达成的谅解，同意对特殊的融资条款和条件提供官方支持。仅对适用的特定交易或特定情况，共同谅解中规则的效力高于《安排》中规则的效力。

(c) **约束性援助的优惠水平**：对于赠与，优惠水平是100%。对于贷款，优惠水平=（贷款名义金额-借款人未来偿还金额的贴现现值）/贷款名义金额。

(d) **停运**：核电站的关闭或拆除。

(e) **出口合同金额**：出口的货物和/或服务的购买者支付或代表购买者支付的全部金额，但不包括本表后面定义的当地费用；对于租赁，应扣除相当于利息的对应租金。

(f) **最终承诺**：对于一项出口信用交易（以单笔交易或信贷额度的方式），最终承诺是参加国通过互惠协议或单边行为承诺的明确和全面的融资条款和条件。

(g) **初始燃料装载**：初始燃料装载应仅包括初始安装的核芯及两次后续加载，总量不超过一个核芯的三分之二。

(h) **利率支持**：政府与银行或其他金融机构之间达成的安排，允许银行或其他金融机构以商业参考利率（CIRR）或高于CIRR的固定利率提供出口融资。

(i) **信贷额度**：无论何种形式，针对一系列交易提供出口信贷的框架性安排，这些交易无须一定与某个特定项目相关。

(j) **当地费用**：为执行出口合同或为完成项目（出口合同是该项目的一部分）所必需的，发生在买方所在国的商品或服务的费用。支付给买方所在国出口方代理人的佣金除外。

(k) **市场基准交易**：最终债务人/担保人在第0类国家、高收入OECD国家或高收入欧元区国家的交易。

(l) **最低精算风险费率**：基于给定评级和总期限（整笔交易的加权平均还款期）计算出的年化平均违约率（由官方认可的信用评级机构发布的累计违约率得出），并使用预估的违约损失率（LGD）和经各参加国同意的成本附加因子进行调整。

(m) **特定的债券或信用违约互换**：仅限于属于所支持交易中债务人/担保人的市场基准工具。

（n）**纯风险保障：**由政府或代表政府以出口信用担保或保险的形式提供的官方支持，不包括官方融资支持。

（o）**相关主体：**相关主体参考是针对所支持交易中的相关借款人（而不是借款人本人）的基准工具。在债务人没有债券及信用违约互换时，如其母公司、子公司或姊妹公司拥有特定的债券或信用违约互换，则按照《安排》第22条（c）款，在下列情况下，可将这些债券和信用违约互换视作由债务人自身发行：

（1）母公司、子公司或姊妹公司拥有和债务人/担保人相同的官方认可的信用评级机构给出的发行人评级结果；或

（2）满足下列所有标准：

i. 参加国对债务人/担保人的内部评级结果与官方认可的信用评级机构对相关主体的评级结果相一致。

ii. 债务人/担保人是母公司/集团的主要经营主体，是集团业务的关键组成部分。

iii. 官方认可的信用评级机构的评级结果是基于集团核心业务给出的。

iv. 债务人/担保人通过对核心客户提供集团核心产品/服务或拥有并经营母公司大部分的资产，为集团带来可观的收入。

v. 集团出售该债务人/担保人的可操作性很低，且该剥离会严重影响集团的整体格局。

vi. 债务人/担保人的违约将为集团带来巨大的声誉风险，影响其经营甚至威胁到生存。

vii. 管理和运营高度融合，通常由母公司或集团财务公司通过内部贷款的方式提供资本和运营资金，且母公司的支持非常可靠。

（p）**还款期：**自本附件定义的信贷起始日起，至合同约定的最后一笔本金偿还日止的期间。

（q）**信贷起始日：**

（1）零部件（中间产品），包括相关服务：对于部件或零件，信贷起始日是不迟于买方接收货物的实际日期或接收货物的加权平均日期（包括服务，若适用）；对于服务，信贷起始日是向客户提交发票之日或客户接受服务之日。

（2）半资本性货物，包括相关服务——通常是单价相对较低、用于工业生产或者其他生产性或商业用途的机械设备：对于半资本性货物，信贷起始日是不迟于买方接收货物的实际日期或接收货物的加权平均日期；在出口方有试运行义务的情况下，信贷起始日不迟于试运行之日。对于服务，信贷起

始日是向客户提交发票之日或客户接受服务之日；对于供货商有试运行义务的服务合同，信贷起始日不迟于试运行之日。

（3）资本性货物和项目服务——价值高、用于工业生产或者其他生产性或商业用途的机械设备：

——对于由具有独立用途的产品组成的资本性货物的销售合同，信贷起始日不迟于买方实际控制货物的日期，或买方实际控制货物的加权平均日期。

——对于用于成套设备或工厂的资本性设备的销售合同，在供货商没有试运行义务的情况下，信贷起始日不迟于买方实际控制合同项下提供的整套设备（不包括零配件）之日。

——如出口方有试运行义务，信贷起始日不迟于试运行之日。

——对于服务，信贷起始日不迟于向客户提交发票之日或客户接受服务之日。对于供货商有试运行义务的服务合同，信贷起始日不迟于试运行之日。

（4）成套设备或工厂——价值高、需要使用资本性货物的成套生产性设备：

——对于用于成套设备或工厂的资本性设备的销售合同，在供货商没有试运行义务的情况下，信贷起始日不迟于买方实际控制合同项下提供的整套设备（不包括零配件）之日。

——对于承包商没有试运行义务的工程建设合同，信贷起始日不迟于工程完工之日。

——对于供货商或承包商根据合同约定有试运行义务的合同，信贷起始日不迟于完成安装或建设并初步调试以保证可投入运营之日。无论根据合同条款当时货物是否已移交给买方，也无论供货商或承包商是否还有后续义务，例如保证有效运转或培训当地人员，上述信贷起始日的规定都适用。

——如果一个项目的各部分独立实施，信贷起始日为每个单独部分最晚的信贷起始日，或各信贷起始日的加权平均日期，或者，当供货商合同仅涉及项目关键部分而非整个项目时，其信贷起始日可以适用整个项目的信贷起始日。

——对于服务，信贷起始日不迟于向客户提交发票或客户接受服务之日。对于供货商有试运行义务的服务合同，信贷起始日不迟于试运行之日。

（r）**约束性援助**：与从援助国或其他指定国家采购货物和/或服务形成有效（在法

律或事实上）约束的援助；援助形式包括贷款、赠与或优惠水平大于零的联合融资安排。

该定义适用以下情形：受援国和援助国签署正式协议或任何形式的非正式谅解而形成约束；或者，融资安排中包括《安排》第 32 条列出的各种形式中不可以全部和自由地用于从受援国、绝大部分其他发展中国家以及参加国进行采购的部分；或者，发展援助委员会或参加国认为与约束性援助等同的实际操作。

（s）**非约束性援助：**援助（包括贷款或赠与）收入可以全部和自由地用于从任何国家进行采购。

（t）**加权平均还款期：**清偿一半贷款本金所需要的时间。计算方法是，将每笔本金到期还款日与信贷起始日之间的时间间隔乘以该笔本金占比，得出的每个乘积再相加得出的总和（以年为单位）。

附件 16　商业参考利率（CIRR）的约定

第一章　一般约定

1. 商业参考利率的确立

（a）每个希望确立 CIRR 的参加国应首先为其本国货币选择以下两种基准利率体系之一：

（1）还款期不超过 5 年（含 5 年）的信贷，适用 3 年期政府债券收益率；还款期在 5 年以上、不超过 8.5 年（含 8.5 年）的信贷，适用 5 年期政府债券收益率；还款期超过 8.5 年的信贷，适用 7 年期政府债券收益率。或

（2）各种信贷期限都适用 5 年期政府债券收益率。

对基准利率体系做出的例外安排应经过参加国同意。

（b）除非参加国另有约定，CIRR 应在各参加国基准利率上加 100 个基点的固定利差来确定。

（c）其他参加国如决定以某种货币提供融资，则应使用该种货币的 CIRR。

（d）参加国在提前 6 个月通知并与其他参加国协商后，可以变动基准利率体系。

（e）参加国或非参加国可要求针对非参加国的货币确立 CIRR。在与相关非参加国协商后，参加国或秘书处代表该非参加国可按照《安排》第 56 至第 61 条设定的共同谅解程序，提出为该货币构建 CIRR 的共同谅解提议。

2. 商业参考利率的有效期

单笔交易利率的固定期限不应超过 120 天。若官方融资支持的条件在合同签署日之前确定，则应在相关 CIRR 基础上加 20 个基点的利差。

3. 商业参考利率的应用

（a）在为浮动利率贷款提供官方融资支持的情况下，银行和其他融资机构不应在贷款期限内提供 CIRR（初始合同签订时）和短期市场利率中的较低者的选择。

（b）在自愿、提前全部或部分偿还贷款的情况下，借款人应向提供官方融资支持的政府机构赔偿因提前还款而产生的所有成本和损失，包括政府机构替换因提前还款而中断的固定利率现金流所产生的成本。

第二章 具体约定

4.《安排》附件 2 和附件 4 交易的商业参考利率的确立

（a）根据《核电站出口信贷的行业谅解》（附件 2）和《可再生能源、减缓和适应气候变化型和水资源项目出口信贷的行业谅解》（附件 4）提供官方融资支持时，适用的 CIRR 根据下表的基准利率和利差确立：

还款期（年）	新建核电站及附件 4 中建设期长的项目①		其他所有合同②	
	基准利率（政府债券）	利差（基点）	基准利率（政府债券）	利差（基点）
<11 年	按照本附件第一章第 1 条确定 CIRR			
11～12 年	7 年	100	7 年	100
13 年	8 年	120	7 年	120
14 年	9 年	120	8 年	120
15 年	9 年	120	8 年	120
16 年	10 年	125	9 年	120
17 年	10 年	130	9 年	120
18 年	10 年	130	10 年	120

（b）满足官方融资支持的货币是：可完全自由兑换，且可获得用于确立本条（a）款和本附件第 1 条（当还款期小于 11 年时）所述的最低利率的数据。

5.《安排》附件 5 和附件 7 交易的商业参考利率的确立

根据《铁路出口信贷的行业谅解》（附件 5）和《适用于项目融资交易的条款和条件》（附件 7），参加国为固定利率贷款提供官方融资支持时，最低利率应符合如下规则：

（a）还款期不超过 12 年（含 12 年）时，按照本附件第 1 条确立 CIRR。

（b）还款期超过 12 年时，无论何种币种，在按照本附件第 1 条确立的相应 CIRR 基础上，上浮 20 个基点。

第三章 最低利率的沟通约定

6. 最低利率的沟通

（a）按照本附件第一章确定的各种币种的 CIRR，应至少每月以即时通讯的方式报

① 对于新建核电站，指附件 2 第 1 条（a）款第（1）点所提到的。对于附件 4，主要包括大型新建水力项目、附录Ⅱ的 A 类项目以及附录Ⅲ的适应性项目。

② 对于新建核电站，指第 1 条（a）款第（2）至（4）点所提到的。对于附件 4，主要包括以上脚注①未提及的所有项目。

送秘书处一次，由秘书处发送所有参加国。

（b）这类通知应在每月结束后的5日内送达秘书处。秘书处应立即将适用利率告知所有参加国，并公开相关信息。

7. 利率应用的生效日

CIRR的任何变化应在每月结束后的第15日生效。

8. 利率的即时修改

当市场变化要求在某个月内对CIRR的修改进行通知时，修改后的利率应在秘书处收到修改通知10日后执行。

演进中的“君子协定”

——官方支持出口信贷国际规则的研究

关于官方支持出口信贷的安排

2020年1月版

（英文原文）

TAD/PG (2020)1

Unclassified **English-Or. English**

15 January 2020

TRADE AND AGRICULTURE DIRECTORATE

PARTICIPANTS TO THE ARRANGEMENT ON OFFICIALLY SUPPORTED EXPORT CREDITS

ARRANGEMENT ON OFFICIALLY SUPPORTED EXPORT CREDITS

January 2020

This version of the Arrangement on Officially Supported Export Credits replaces the January 2019 version [TAD/PG (2019) 1]. This revision of the Arrangement includes all modifications agreed to the Arrangement, including its Annexes, and is effective as of 1 January 2020.

Xcred Secretariat, Export Credits Division, Trade and Agriculture Directorate, OECD
Tel.: +33 (0)1 45 24 89 10; fax: +33 (0)1 44 30 61 58; e-mail: export-credits@oecd.org

JT03456738

Table of contents

CHAPTER I: GENERAL PROVISIONS

1. PURPOSE

i. The main purpose of the Arrangement on Officially Supported Export Credits, referred to throughout this document as the Arrangement, is to provide a framework for the orderly use of officially supported export credits.

ii. The Arrangement seeks to foster a level playing field for official support, as defined in Article 5 a), in order to encourage competition among exporters based on quality and price of goods and services exported rather than on the most favourable officially supported financial terms and conditions.

2. STATUS

The Arrangement, developed within the OECD framework, initially came into effect in April 1978 and is of indefinite duration. The Arrangement is a Gentlemen's Agreement among the Participants; it is not an OECD Act①, although it receives the administrative support of the OECD Secretariat (hereafter: "the Secretariat").

3. PARTICIPATION

The Participants to the Arrangement currently are: Australia, Canada, the European Union, Japan, Korea, New Zealand, Norway, Switzerland, Turkey and the United States. Other OECD Members and nonmembers may be invited to become Participants by the current Participants.

4. INFORMATION AVAILABLE TO NON-PARTICIPANTS

a) The Participants undertake to share information with non-Participants on notifications related to official support as set out in Article 5 a).

b) A Participant shall, on the basis of reciprocity, reply to a request from a nonParticipant in a competitive situation on the financial terms and conditions offered for its official support, as it would reply to a request from a Participant.

5. SCOPE OF APPLICATION

The Arrangement shall apply to all official support provided by or on behalf of a government for export of goods and/or services, including financial leases, which have a

① As defined in Article 5 of the OECD Convention.

repayment term of two years or more.

a) Official support may be provided in different forms:

1) Export credit guarantee or insurance (pure cover).

2) Official financing support:

- direct credit/financing and refinancing, or
- interest rate support.

3) Any combination of the above.

b) The Arrangement shall apply to tied aid; the procedures set out in Chapter IV shall also apply to trade-related untied aid.

c) The Arrangement does not apply to exports ofmilitary equipment and agricultural commodities.

d) Official support shall not be provided if there is clear evidence that the contract has been structured with a purchaser in a country which is not the final destination of the goods, primarily with the aim of obtaining more favourable repayment terms.

6. SECTOR UNDERSTANDINGS

a) The following Sector Understandings are part of the Arrangement:

- Ships (Annex I)
- Nuclear Power Plants (Annex II)
- Civil Aircraft (Annex III)
- Renewable Energy, Climate Change Mitigation and Adaptation, and Water Projects (Annex IV)
- Rail Infrastructure (Annex V)
- Coal-Fired Electricity Generation Projects (Annex VI).

b) A Participant to either Annex I, II, IV or V may apply the respective provisions for official support for export of goods and/or services covered by the relevant Sector Understandings. Where a Sector Understanding does not include a corresponding provision to that of the Arrangement, a Participant to that Sector Understanding shall apply the provision of the Arrangement.

c) For the export of goods and/or services covered by Annex III, the Participants that are also Participants to that Sector Understanding shall apply the provisions of that Sector Understanding.

d) For the export of goods and/or services covered by Annex VI, the corresponding provisions of that Annex shall be applied in lieu of those of the Arrangement. Where

Annex VI does not include a corresponding provision to that of the Arrangement, a Participant to that Sector Understanding shall apply the provisions of the Arrangement.

7. PROJECT FINANCE

a) The Participants may apply the terms and conditions set out in Annex VII to the export of goods and/or services for transactions that meet the criteria set out in Appendix 1 of Annex VII.

b) Paragrapha) above applies to the export of goods and services covered by the Sector Understanding on Export Credits for Nuclear Power Plants, the Sector Understanding on Export Credits for Renewable Energy, Climate Change Mitigation and Adaptation, and Water Projects, the Sector Understanding on Export Credits for Rail Infrastructure, and the Sector Understanding on Export Credits for Coal-Fired Electricity Generation Projects.

c) Paragrapha) above does not apply to the export of goods and services covered by the Sector Understanding on Export Credits for Civil Aircraft or the Sector Understanding on Export Credits for Ships.

8. WITHDRAWAL

A Participant may withdraw by notifying the Secretariat in writing by means of instant communication, *e. g.* using the electronic mail system that is maintained by the Secretariat to facilitate communications amongst Participants and the Secretariat. The withdrawal takes effect 180 calendar days after receipt of the notification by the Secretariat.

9. MONITORING

The Secretariat shall monitor the implementation of the Arrangement.

CHAPTER II: FINANCIAL TERMS AND CONDITIONS FOR EXPORT CREDITS

Financial terms and conditions for export credits encompass all the provisions set out in this Chapter which shall be read in conjunction one with the other. The Arrangement sets out limitations on terms and conditions that may be officially supported. The Participants recognise that more restrictive financial terms and conditions than those provided for by the Arrangement traditionally apply to certain trade or industrial sectors. The Participants shall continue to respect such customary financial terms and conditions, in particular the principle by which repayment terms do not exceed the useful life of the goods.

10. DOWN PAYMENT, MAXIMUM OFFICIAL SUPPORT AND LOCAL COSTS

a) The Participants shallrequire purchasers of goods and services, which are the subject of official support, to make down payments of a minimum of 15% of the export contract value at or before the starting point of credit as defined in Annex XV. For the assessment of down payments, the export contract value may be reduced proportionally if the transaction includes goods and services from a third country which are not officially supported. Financing/insurance of 100% of the premium is permissible. Premium may or may not be included in the export contract value. Retention payments made after the starting point of credit are not regarded as down payment in this context.

b) Official support for such down payments shall only take the form of insurance or guarantee against the usual pre-credit risks.

c) Except as provided for in paragraphs b) and d), the Participants shall not provide official support in excess of 85% of the export contract value, including third country supply but excluding local costs.

d) The Participants may provide official support for local costs, provided that:

1) Official support provided for local costs shall not exceed 30% of the export contract value.

2) It shall not be provided on terms more favourable/less restrictive than those agreed for the related exports.

3) Where official support for local cost exceeds 15% of the export contract value, such official support shall be subject to prior notification, pursuant to Article 46,

specifying the nature of the local costs being supported.

11. CLASSIFICATION OF COUNTRIES FOR MAXIMUM REPAYMENT TERMS

a) Category I countries are High Income[①] OECD countries. All other countries are in Category II.

b) The following operational criteria and procedures apply when classifying countries:

1) Classification for Arrangement purposes is determined by *per capita* GNI as calculated by the World Bank for the purposes of the World Bank classification of borrowing countries.

2) In cases where the World Bank does not have enough information to publish per capita GNI data, the World Bank shall be asked to estimate whether the country in question has *per capita* GNI above or below the current threshold. The country shall be classified according to the estimate unless the Participants decide to act otherwise.

3) If a country is reclassified in accordance with Article 11 a), the reclassification will take effect two weeks after the conclusions drawn from the above-mentioned data from the World Bank have been communicated to all Participants by the Secretariat.

4) In cases where the World Bank revises figures, such revisions shall be disregarded in relation to the Arrangement. Nevertheless, the classification of a country may be changed by way of a Common Line and Participants would favourably consider a change due to errors and omissions in the figures subsequently recognised in the same calendar year in which the figures were first distributed by the Secretariat.

c) A country will change category only after its World Bank category has remained unchanged for two consecutive years.

12. MAXIMUM REPAYMENT TERMS

Without prejudice to Article 13, the maximum repayment term varies according to the classification of the country of destination determined by the criteria in Article 11.

a) For Category I countries, the maximum repayment term is eight-and-a-half years.

b) For Category II countries, the maximum repayment term is ten years.

c) In the event of a contract involving more than one country of destination the Participants should seek to establish a Common Line in accordance with the

① Defined by the World Bank on an annual basis according to *per capita* GNI.

procedures in Articles 56 to 61 to reach agreement on appropriate terms.

13. REPAYMENT TERMS FOR NON-NUCLEAR POWER PLANTS

a) For non-nuclear power plants not covered by Annex VI, the maximum repayment term shall be 12 years. If a Participant intends to support a repayment term longer than that provided for in Article 12, the Participant shall give prior notification in accordance with the procedure in Article 46.

b) Non-nuclear power plants are complete power stations, or parts thereof, not fuelled by nuclear power; they include all components, equipment, materials and services (including the training of personnel) directly required for the construction and commissioning of such non-nuclear power stations. This does not include items for which the buyer is usually responsible, in particular costs associated with land development, roads, construction villages, power lines, and switchyard and water supply located outside the power plant site boundary, as well as costs arising in the buyer's country from official approval procedures (*e.g.* site permits, construction permit, fuel loading permits), except:

1) in cases where the buyer of the switchyard is the same as the buyer of the power plant, the maximum repayment term for the original switchyard shallbe the same as that for the nonnuclear power plant (*i.e.* 12 years); and

2) the maximum repayment term for sub-stations, transformers and transmission lines with a minimum voltage threshold of 100 kV shall be the same as that for the non-nuclear power plant.

14. REPAYMENT OF PRINCIPAL AND PAYMENT OF INTEREST

a) The principal sum of an export credit shall normally be repaid in equal instalments or, when appropriate (*e.g.* when support is provided for lease transactions or for the export of stand-alone machinery or equipment), equal repayments of principal and interest combined.

b) Principal shall be repaid and interest shall be paid no less frequently than every six months and the first instalment of principal and interest shall be made no later than six months after the starting point of credit.

c) On an exceptional and duly justified basis, export credits may be provided on terms other than those set out in paragraphs a) and b) above. The provision of such support shall be explained by an imbalance in the timing of the funds available to the obligor and the debt service profile available under an equal, semi-annual repayment schedule, and shall comply with the following criteria:

1) No single repayment of principal or series of principal payments within a six-month period shall exceed 25% of the principal sum of the credit.

2) Principal shall be repaid no less frequently than every 12 months. The first repayment of principal shall be made no later than 12 months after the starting point of credit and no less than 2% of the principal sum of the credit shall have been repaid 12 months after the starting point of credit.

3) Interest shall be paid no less frequently than every 12 months and the first interest payment shall be made no later than six months after the starting point of credit.

4) The maximum weighted average life of the repayment period shall not exceed:

- For transactions with sovereign buyers (or with a sovereign repayment guarantee), four and-a-half years for transactions in Category I Countries and five-and-a-quarter years for Category II Countries.
- For transactions with non-sovereign buyers (and with no sovereign repayment guarantee), five years for Category I Countries and six years for Category II Countries.
- Notwithstanding the provisions set out in the two previoustirets, for transactions involving support for non-nuclear power plants according to Article 13, six and a quarter years.

5) The Participant shall give prior notification in accordance with Article 46 that explains the reason for not providing support according to paragraphs a) through b) above.

d) Interest due after the starting point of credit shall not be capitalised.

15. INTEREST RATES, PREMIUM RATES AND OTHER FEES

a) Interest excludes:

1) any payment by way of premium or other charge for insuring or guaranteeing supplier credits or financial credits;

2) any payment by way of banking fees or commissions relating to the export credit other than annual or semi-annual bank charges that are payable throughout the repayment period; and

3) withholding taxes imposed by the importing country.

b) Where official support is provided by means of direct credits/financing or refinancing, the premium either may be added to the face value of the interest rate or may be a separate charge; both components are to be specified separately to the Participants.

16. VALIDITY PERIOD FOR EXPORT CREDITS

Financial terms and conditions for an individual export credit or line of credit, other than the validity period for the Commercial Interest Reference Rates (CIRRs) set out inAnnex XVI, shall not be fixed for a period exceeding six months prior to final commitment.

17. ACTION TO AVOID OR MINIMISE LOSSES

The Arrangement does not prevent export credit authorities or financing institutions from agreeing to less restrictive financial terms and conditions than those provided for by the Arrangement, if such action is taken after the contract award (when the export credit agreement and ancillary documents have already become effective) and is intended solely to avoid or minimise losses from events which could give rise to non-payment or claims.

18. MATCHING

Taking into account a Participant's international obligations and consistent with the purpose of the Arrangement, a Participant may match, according to the procedures set out in Article 43, financial terms and conditions offered by a Participant or a non-Participant. Financial terms and conditions provided in accordance with this Article are considered to be in conformity with the provisions of Chapters I, II and, when applicable, Annexes I, II, III, IV, V, VI and VII.

19. MINIMUM FIXED INTEREST RATES UNDER OFFICIAL FINANCING SUPPORT

a) The Participants providing official financing support for fixed rate loans shall apply the relevant CIRRs as minimum interest rates. CIRRs are interest rates established according to the following principles:

1) CIRRs should represent final commercial lending interest rates in the domestic market of the currency concerned;

2) CIRRs should closely correspond to the rate for first class domestic borrowers;

3) CIRRs should be based on the funding cost of fixed interest rate finance;

4) CIRRs should not distort domestic competitive conditions; and

5) CIRRs should closely correspond to a rate available to first class foreign borrowers.

b) The provision of official financing support shall not offset or compensate, in part or in full, for the appropriate credit risk premium to be charged for the risk of non-repayment pursuant to the provisions of Article 21.

20. CONSTRUCTION AND APPLICATION OF CIRRs

The CIRR for official financing support provided under the Arrangement and all of its

Annexes other than the Sector Understanding on Export Credits for Civil Aircraft (Annex III) is determined and applied according to the provisions of Annex XVI.

21. PREMIUM FOR CREDIT RISK

The Participants shall charge premium, in addition to interest charges, to cover the risk of non-repayment of export credits. The premium rates charged by the Participants shall be risk-based, shall converge and shall not be inadequate to cover long-term operating costs and losses.

22. MINIMUM PREMIUM RATES FOR CREDIT RISK

The Participants shall charge no less than the applicable Minimum Premium Rate (MPR) for Credit Risk.

a) The applicable MPR is determined according to the following factors:

- the applicable country risk classification;
- the time at risk (i. e. the Horizon of Risk or HOR);
- the selected buyer risk category of the obligor;
- the percentage of political and commercial risk cover and quality of official export credit product provided;
- any country risk mitigation technique applied; and
- any buyer risk credit enhancements that have been applied.

b) MPRs are expressed in percentages of the principal value of the credit as if premium were collected in full at the date of the first drawdown of the credit. An explanation of how to calculate the MPRs, including the mathematical formula, is provided in Annex IX.

c) Irrespective of the destination country, the premium rates charged by Participants for Market Benchmark transactions, i. e. , involving ultimate obligors/guarantors (i. e. credit risk entities) in Category 0 Countries, High Income OECD Countries and High Income Euro Area Countries① shall be determined on a case-by-case basis. In order to

---

① The status of a country in terms of: (1) whether it is a High Income country (as defined by the World Bank on an annual basis according to per capita GNI), (2) membership in the OECD and (3) whether it is part of the Euro Area is reviewed on an annual basis. The designation of a country under Article 23 c) as a High Income OECD country or a High Income Euro Area country as well as the removal of such designation will only come into effect after the country's income classification (High Income or otherwise) has remained unchanged for two consecutive years. A change in a country's designation as a High Income OECD country or a High Income Euro Area country as well as the removal of such designation related to a change in OECD membership or being part of the Euro Area will come into effect immediately at the time of the annual review of countries' status.

ensure that the premium rates charged for transactions involving obligors, and where appropriate guarantors, in such countries do not undercut private market pricing, the Participants shall adhere to the following procedures, using agreed conventions to translate the relevant benchmark pricing into premium rates:

1) Where a Participant provides official support as part of a syndicated loan package that is structured as either an asset-backed① or project finance② transaction, then:

- the all-in cost of the direct lending portion shall be no less than the all-in cost charged by the commercial market participant(s) in the syndicate;
- the premium charged for pure cover shall be no less than the translated equivalent premium rate charged by the commercial market participant(s) and no less than the applicable Minimum Actuarial Premium rate.

To qualify as a syndicated loan package, all of the following conditions must be met:

- At least 25%③ of the syndicate is commercial market loan(s)/guarantee(s), without any bilateral or multilateral support (*e. g.*, ECA, DFI, IFI or MDB)④, where all parties to the financing are on pari passu terms on all financial terms and conditions, including security package; and
- The transaction financial terms and conditions are fully compliant with the Arrangement, as modified by these provisions of Market Benchmark pricing in syndicated loans/guarantees transactions.

2) For all other Market Benchmark Transactions, the following procedures shall apply:

- Taking into consideration the availability of market information and the characteristics of the underlying transaction, Participants shall determine the premium rate to be applied by benchmarking against one or more of the market benchmarks set forth in Annex X, choosing the benchmark(s) deemed most

---

① To qualify as an asset-backed transaction, there must be a first priority security interest on the asset being financed; and, in the case of a lease structure, assignment and/or a first priority security interest in connection with the lease payments.

② To qualify as a project finance transaction, the transaction must meet the Basic Criteria set forth in Appendix 1 to Annex VII of the Arrangement.

③ Notwithstanding this threshold, for transactions in Market Benchmark countries using terms and conditions provided under Annex V (rail) or Annex VII (project finance), the relevant minimum commercial loan participation rules applicable under those Annexes shall apply.

④ This portion of the 25% criterion may be met where the non-cash payment portion of a transaction involving a single bank receiving ECA cover includes an uncovered portion of at least 25%. Such transactions must meet all of the other criteria of subparagraph 1, including the pari passu provisions of this tiret.

appropriate for the specific transaction.

- Notwithstanding the preceding paragraph, Participants may not charge a premium rate that is lower than the corresponding premium determined by the Through the Cycle Market Benchmark (TCMB) model, based on the risk classification and total term (WAL of the whole transaction) of the transaction unless the market benchmark is derived from a NameSpecific or Related Entity (i) secondary market bond or (ii) Credit Default Swap (CDS). A Participant charging a premium rate lower than the corresponding premium determined by the TCMB model, based on the Accredited Credit Rating Agency① (CRA) rating of the Name-Specific market benchmark② shall give prior notification in accordance with Article 46. However, the premium charged may not be less than the corresponding Minimum Actuarial Premium.
- In determining the premium rate, a Participant shall determine a risk rating for the ultimate obligor/guarantor, including whether the obligor/guarantor is rated by an Accredited CRA. A Participant may set a rating one notch better (on the Accredited CRA's scale) than that provided by an Accredited CRA. If there is no Accredited CRA rating, the risk classification may not exceed (be more favourable than) the CRA rating of the sovereign in the obligor/guarantor's domicile by more than two notches. Participants must give prior notification in accordance with Article 46 in the following scenarios:
    - Where a Participant classifies the obligor/guarantor as better than the best rating from an Accredited CRA, or
    - If there is no Accredited CRA rating, where a Participant classifies a transaction as CC2 or better, or a credit rating letter equivalent to AAA to A-, or equal to or more favourable than the best Accredited CRA rating of the sovereign in the obligor's/guarantor's domicile.

d) The "highest risk" countries in Category 7 shall, in principle, be subject to premium rates in excess of the MPRs established for that Category; these premium rates shall be

① Where the obligor/guarantor is rated by more than one Accredited CRA, the CRA rating is the best available foreign currency rating on a senior unsecured basis for the obligor (or guarantor). The Secretariat shall compile and maintain a list of such accredited CRAs.

② In the event that a relevant Name-Specific market pricing entity is not rated by an Accredited CRA, then the resulting market pricing shall be considered to be below the corresponding TCMB rate and be subject to prior notification in accordance with Article 46.

determined by the Participant providing official support.

e) In calculating the MPR for a transaction, the applicable country risk classification shall be the classification of the obligor's country and the applicable buyer risk classification shall be the classification of the obligor[①], unless:

- security in the form of an irrevocable, unconditional, on-demand, legally valid and enforceable guarantee of the total debt repayment obligation for the entire duration of the credit is provided by a third party that is creditworthy in relation to the size of the guaranteed debt. In the case of a third party guarantee, a Participant may choose to apply the country risk classification of the country in which the guarantor is located and the buyer risk category of the guarantor[②]; or
- a Multilateral or Regional Institution as set out in Article 26 is acting either as borrower or guarantor for the transaction, in which case the applicable Country Risk Classification and buyer risk category may be that of the specific Multilateral or Regional Institution involved.

f) The criteria and conditions relating to the application of a third party guarantee according to the situations described in the first and second tirets of paragraph e) above are set out in Annex XI.

g) The HOR convention used in the calculation of an MPR is one-half of the disbursement period plus the entire repayment period and assumes a regular export credit repayment profile, i. e. repayment in equal semi-annual instalments of principal plus accrued interest beginning six months after the starting point of credit. For export credits with non-standard repayment profiles, the equivalent repayment period (expressed in terms of equal, semi-annual instalments) is calculated using the following formula: equivalent repayment period = (average weighted life of the repayment period −0. 25) / 0. 5.

h) The Participant choosing to apply an MPR associated with a third party guarantor located in a country other than that of the obligor shall give prior notification according to Article 45.

① The premium rates charged for transactions with a third party guarantee provided by an obligor in a High Income OECD country or a High Income Euro Area country are subject to the requirements set out in Article 22 c).

② In the case of a third party guarantee, the applicable country risk classification and buyer risk category must be related to the same entity, i. e. either the obligor or the guarantor.

23. COUNTRY RISK CLASSIFICATION

With the exception of High Income OECD countries and High Income Euro Area countries, countries shall be classified according to the likelihood of whether they will service their external debts (i. e. country credit risk).

a) The five elements of country credit risk are:

- general moratorium on repayments decreed by the obligor's/guarantor's government or by that agency of a country through which repayment is effected;
- political events and/or economic difficulties arising outside the country of the notifying Participant or legislative/administrative measures taken outside the country of the notifying Participant which prevent or delay the transfer of funds paid in respect of the credit;
- legal provisions adopted in the obligor's/guarantor's country declaring repayments made in local currency to be a valid discharge of the debt, notwithstanding that, as a result of fluctuations in exchange rates, such repayments, when converted into the currency of the credit, no longer cover the amount of the debt at the date of the transfer of funds;
- any other measure or decision of the government of a foreign country which prevents repayment under a credit; and
- cases of force majeure occurring outside the country of the notifying Participant, i. e. war (including civil war), expropriation, revolution, riot, civil disturbances, cyclones, floods, earthquakes, eruptions, tidal waves and nuclear accidents.

b) Countries are classified into one of eight Country Risk Categories (0-7). MPRs havebeen established for Categories 1 through 7, but not for Category 0, as the level of country risk is considered to be negligible for countries in this Category. The credit risk associated with transactions in Category 0 countries is predominantly related to the risk of the obligor/guarantor.

c) The classification of countries[①] is achieved through the Country Risk Classification Methodology, which is comprised of:

- The Country Risk Assessment Model (the Model), which produces a quantitative assessment of country creditrisk which is based, for each country, on three groups

① For administrative purposes, some countries that are eligible to be classified into one of the eight Country Risk Categories may not be classified if they do not generally receive officially supported export credits. For such non-classified countries, Participants are free to apply the country risk classification which they deem appropriate.

of risk indicators: the payment experience of the Participants, the financial situation and the economic situation. The methodology of the Model consists of different steps including the assessment of the three groups of risk indicators, and the combination and flexible weighting of the risk indicator groups.

- The qualitative assessment of the Model results, considered country-by-country to integrate the political risk and/or other risk factors not taken into account in full or in part by the Model. If appropriate, this may lead to an adjustment to the quantitative Model assessment to reflect the final assessment of the country credit risk.

d) Country Risk Classifications shall be monitored on an on-going basis and reviewed at least annually and changes resulting from the Country Risk Classification Methodology shall be immediately communicated by the Secretariat. When a country is re-classified in a lower or higher Country Risk Category, the Participants shall, no later than five working days after the re classification has been communicated by the Secretariat, charge premium rates at or above the MPRs associated with the new Country Risk Category.

e) The country risk classifications shall be made public by the Secretariat.

24. SOVEREIGN RISK ASSESSMENT

a) For all countries classified through the Country Risk Classification Methodology according to Article 23 d), the risk of the sovereign shall be assessed in order to identify, on an exceptional basis, those sovereigns:

- that are not the lowest-risk obligor in the country and;
- whose credit risk is significantly higher than country risk.

b) The identification of sovereigns meeting the criteria listed in paragraph a) above shall be undertaken according to the Sovereign Risk Assessment Methodology that has been developed and agreed by the Participants.

c) The list of sovereigns identified as meeting the criteria listed in paragraph a) above shall be monitored on an on-going basis and reviewed at least annually and changes resulting from the Sovereign Risk Assessment Methodology shall be immediately communicated by the Secretariat.

d) The list of sovereigns identified under paragraph b) above shall be made public by the Secretariat.

25. BUYER RISK CLASSIFICATION

Obligors and, as appropriate, guarantors in countries classified in Country Risk Categories 1-7 shall be classified into one of the buyer risk categories that have been established in relation to the country of the obligor/guarantor①. The matrix of buyer risk categories into which obligors and guarantors shall be classified is provided in Annex IX. Qualitative descriptions of the buyer risk categories are provided in Annex XII.

a) Buyer-risk classifications shall be based on the senior unsecured credit rating of the obligor/guarantor as determined by the Participant.

b) Notwithstanding paragraph a) above, transactions supported according to the terms and conditions of Annex VII and transactions having a credit value of SDR 5 million or less may be classified on a transaction basis, i. e. after the application of any buyer risk credit enhancements; however, such transactions, regardless of how they are classified, are not eligible for any discounts for the application of buyer risk credit enhancements.

c) Sovereign obligors and guarantors are classified in buyer risk category SOV/CC0.

d) On an exceptional basis, non-sovereign obligors and guarantors may be classified in the "Better than Sovereign" (SOV +) buyer risk category if②:

- the obligor/guarantor has a foreign currency rating from an Accredited CRA that is better than the foreign currency rating (from the same CRA) of their respective sovereign, or
- the obligor/guarantor's is located in a country in which sovereign risk has been identified as being significantly higher than country risk.

e) The Participants shall give prior notification according to Article 46 for transactions:

- with a non-sovereign obligor/guarantor where the premium charged is below that set by Buyer Risk Category CC1, *i. e.* CC0 or SOV + ;
- with a non-sovereign obligor/guarantor where a Participant assesses a buyer risk rating for a non-sovereign obligor/guarantor that is rated by an Accredited CRA, and the buyer risk rating assessed is better than the Accredited CRA rating③.

---

① Rules related to the classification of buyers should be understood to stipulate the most favourable classification that can be applied, *e. g.* a sovereign buyer may be classified in a less favourable buyer risk classification.

② The MPRs associated with the Better than Sovereign (SOV +) buyer risk category are 10% lower than the MPRs associated with the Sovereign (CC0) buyer risk category.

③ Where the non-sovereign borrower is rated by more than one accredited CRA, notification is only required where the buyer risk rating is more favourable than the most favourable of the CRA ratings.

f) In the event of competition for a specific transaction, whereby the obligor/guarantor has been classified by competing Participants in different buyer risk categories, the competing Participants shall seek to arrive at a common buyer risk classification. If agreement on a common classification is not reached, the Participant(s) having classified the obligor/guarantor in a higher buyer risk classification are not prohibited from applying the lower buyer risk classification.

26. CLASSIFICATION OF MULTILATERAL AND REGIONAL INSTITUTIONS

Multilateral and Regional Institutions shall be classified into one of eight Country Risk Categories (07)① and reviewed as appropriate; such applicable classifications shall be made public by the Secretariat.

27. PERCENTAGE AND QUALITY OF OFFICIAL EXPORT CREDIT COVER

The MPRs are differentiated to take account of the differing quality of export credit products and percentage of cover provided by the Participants as set out in Annex IX. The differentiation is based on the exporter's perspective (*i. e.* to neutralise the competitive effect arising from the differing qualities of product provided to the exporter/financial institution).

a) The quality of an export credit product is a function of whether the product is insurance, guarantee or direct credit/financing, and for insurance products whether cover of interest during the claims waiting period (*i. e.* the period between the due date of payment by the obligor and the date that the insurer is liable to reimburse the exporter/financial institution) is provided without a surcharge.

b) All existing export credit products offered by the Participants shall be classified into one of the three product categories which are:

- Below standard product, *i. e.* insurance without cover of interest during the claims waiting period and insurance with cover of interest during the claims waiting period with an appropriate premium surcharge;
- Standard product, *i. e.* insurance with cover of interest during the claims waiting period without an appropriate premium surcharge and direct credit/financing; and
- Above standard product, *i. e.* guarantees.

28. COUNTRY RISK MITIGATION TECHNIQUES

a) The Participants may apply the following country risk mitigation techniques, the

① With respect to buyer risk, classified multilateral and regional institutions shall be classified in Buyer Risk Category SOV/CC0.

specific application of which is set out in Annex XIII:

- Offshore Future Flow Structure Combined with Offshore Escrow Account
- Local Currency Financing

b) The Participant applying an MPR reflecting the use of country risk mitigation shall give prior notification according to Article 45.

c) No country risk mitigation shall be applied to Market Benchmark transactions.

29. BUYER RISK CREDIT ENHANCEMENTS

a) The Participants may apply the following buyer risk credit enhancements (BRCE) which allow for the application of a Credit Enhancement Factor (CEF) greater than 0:

- Assignment of Contract Proceeds or Receivables
- Asset Based Security
- Fixed Asset Security
- Escrow Account

b) Definitions of the BRCE and maximum CEF values for both Category 1-7 obligors as well as Market Benchmark obligors are set out in Annex XIII.

c) BRCEs may be used alone or in combination with the following restrictions:

- The maximum CEF that can be achieved through the use of the BRCEs is 0. 35 for Category 1-7 transactions. For Market Benchmark transactions, a maximum discount of 25% may be applied to the Market Benchmark MPR, but the premium charged may not be lower than the applicable Minimum Actuarial Premium rate.
- "Asset Based Security" and "Fixed Asset Security" cannot be used together in one transaction.
- In a Category 1-7 transaction where the applicable country risk classification has been improved through the use of "Offshore Future Flow Structure Combined with Offshore Escrow Account", no BRCEs may be applied.

d) The Participants shall give prior notification according to Article 46 for transactions with a nonsovereign obligor/guarantor where BRCEs result in the application of a CEF of greater than 0, or whenever BRCEs are used in a Market Benchmark transaction that result in pricing below the corresponding TCMB MPR.

30. REVIEW OF THE VALIDITY OF THE MINIMUM PREMIUM RATES FOR CREDIT RISK

a) To assess the adequacy of MPRs and to allow, if necessary, for adjustments, either upwards or downwards, Premium Feedback Tools (PFTs), shall be used in parallel to monitor and adjust the MPRs on a regular basis.

b) The PFTs shall assess the adequacy of the MPRs in terms of both the actual experience of institutions providing official export credits as well as private market information on the pricing of credit risk.

c) A comprehensive review of all aspects of the premium rules of the Arrangement, with a special emphasis on the Market Benchmark Pricing Rules, shall take place no later than 31 December 2019[①].

① The review is ongoing.

CHAPTER III: PROVISIONS FOR TIED AID

31. GENERAL PRINCIPLES

a) The Participants have agreed to have complementary policies for export credits and tied aid. Export credit policies should be based on open competition and the free play of market forces. Tied aid policies should provide needed external resources to countries, sectors or projects with little or no access to market financing. Tied aid policies should ensure best value for money, minimise trade distortion, and contribute to developmentally effective use of these resources.

b) The tied aid provisions of the Arrangement do not apply to the aid programmes of multilateral or regional institutions.

c) These principles do not prejudge the views of the Development Assistance Committee (DAC) on the quality of tied and untied aid.

d) A Participant may request additional information relevant to the tying status of any form of aid. If there is uncertainty as to whether a certain financing practice falls within the scope of the definition of tied aid set out in Annex XV, the donor country shall furnish evidence in support of any claim to the effect that the aid is in fact "untied" in accordance with the definition in Annex XV.

32. FORMS OF TIED AID

Tied aid can take the form of:

a) Official Development Assistance (ODA) loans as defined in the "DAC Guiding Principles for Associated Financing and Tied and Partially Untied Official Development Assistance (1987)";

b) ODA grants as defined in the "DAC Guiding Principles for Associated Financing and Tied and Partially Untied Official Development Assistance (1987)"; and

c) Other Official Flows (OOF), which includes grants and loans but excludes officially supported export credits that are in conformity with the Arrangement; or

d) Any association, *e. g.* mixture, in law or in fact, within the control of the donor, the lender or the borrower involving two or more of the preceding, and/or the following financing components:

1) an export credit that is officially supported by way of direct credit/financing,

refinancing, interest rate support, guarantee or insurance to which the Arrangement applies; and

2) other funds at or near market terms, or down payment from the purchaser.

33. ASSOCIATED FINANCING

a) Associated financing may take various forms including mixed credits, mixed financing, joint financing, parallel financing or single integrated transactions. The main characteristics are that they all feature:

- a concessional component that is linked in law or in fact to the nonconcessional component;
- either a single part or all of the financing package that is, in effect, tied aid; and
- concessional funds those are available only if the linked nonconcessional component is accepted by the recipient.

b) Association or linkage "in fact" is determined by such factors as:

- the existence of informal understandings between the recipient and the donor authorities;
- the intention by the donor to facilitate the acceptability of a financing package through the use of ODA;
- the effective tying of the whole financing package to procurement in the donor country;
- the tying status of ODA and the means of tendering for or contracting of each financing transaction; or
- any other practice, identified by the DAC or the Participants in which a de facto liaison exists between two or more financing components.

c) The following practices shall not prevent the determination of an association or linkage "in fact":

- contract splitting through the separate notification of the component parts of one contract;
- splitting of contracts financed in several stages;
- non notification of interdependent parts of a contract; and/or
- non notification because part of the financing package is untied.

34. COUNTRY ELIGIBILITY FOR TIED AID

a) There shall be no tied aid to countries whose per capita GNI, according to the World Bank data, is above the upper limit for lower middle income countries. The World

Bank recalculates this threshold on an annual basis[①]. A country will be reclassified only after its World Bank category has been unchanged for two consecutive years.

b) The following operational criteria and procedures apply when classifying countries:

1) Classification for Arrangement purposes is determined by per capita GNI as calculated by the World Bank for the purposes of the World Bank classification of borrowing countries; this classification shall be made public by the Secretariat.

2) In cases where the World Bank does not have enough information to publish per capita GNI data, the World Bank shall be asked to estimate whether the country in question has per capita GNI above or below the current threshold. The country shall be classified according to the estimate unless the Participants decide to act otherwise.

3) If a country's eligibility for tied aid does change in accordance with paragraph a) above, the reclassification shall take effect two weeks after the conclusions drawn from the above mentioned World Bank data have been communicated to all Participants by the Secretariat. Before the effective date of reclassification, no tied aid financing for a newly eligible country may be notified; after that date, no tied aid financing for a newly promoted country may be notified, except that individual transactions covered under a prior committed credit line may be notified until the expiry of the credit line (which shall be no more than one year from the effective date).

4) In cases where the World Bank revises figures such revisions shall be disregarded in relation to the Arrangement. Nevertheless, the classification of a country may be changed by way of a Common Line, in accordance with the appropriate procedures in Articles 56 to 61, and the Participants would favourably consider a change due to errors and omissions in the figures subsequently recognised in the same calendar year as the figures that were first distributed by the Secretariat.

35. PROJECT ELIGIBILITY

a) Tied aid shall not be extended to public or private projects that normally should be commercially viable if financed on market or Arrangement terms.

b) The key tests for such aid eligibility are:

---

① Based on the annual review by the World Bank of its country classification, a per capita Gross National Income (GNI) threshold will be used for the purpose of tied aid eligibility; such threshold is available on the OECD website (http://www.oecd.org/trade/xcred/country-classification.htm).

- whether the project is financially non-viable, i. e. does the project lack capacity with appropriate pricing determined on market principles, to generate cash flow sufficient to cover the project's operating costs and to service the capital employed, i. e. the first key test; or
- whether it is reasonable to conclude, based on communication with other Participants, that it is unlikely that the project can be financed on market or Arrangement terms, i. e. the second key test. In respect of projects larger than SDR 50 million special weight shall be given to the expected availability of financing at market or Arrangement terms when considering the appropriateness of such aid.

c) The key tests under paragraph b) above are intended to describe how a project should be evaluated to determine whether it should be financed with such aid or with export credits on market or Arrangement terms. Through the consultation process described in Articles49 to 51, a body of experience is expected to develop over time that will more precisely define, for both export credit and aid agencies, ex ante guidance as to the line between the two categories of projects.

36. MINIMUM CONCESSIONALITY LEVEL

The Participants shall not provide tied aid that has a concessionality level of less than 35%, or 50% if the beneficiary country is a Least Developed Country (LDC), except for the cases set out below, which are also exempt from the notification procedures set out in Articles 47 a) and 48 a):

a) Technical assistance: tied aid where the official development aid component consists solely of technical co-operation that is less than either 3% of the totalvalue of the transaction or SDR 1 million, whichever is lower; and

b) Small projects: capital projects of less than SDR 1 million that are funded entirely by development assistance grants.

37. EXEMPTIONS FROM COUNTRY OR PROJECT ELIGIBILITY FOR TIED AID

a) The provisions of Articles 34 and 35 do not apply to tied aid where the concessionality level is 80% or more except for tied aid that forms part of an associated financing package, described in Article 33.

b) The provisions of Article35 do not apply to tied aid with a value of less than SDR 2 million except for tied aid that forms part of an associated financing package, described in Article 33.

c) Tied aid for LDCs as defined by the United Nations is not subject to the provisions of Articles 34 and 35.

d) The Participants shall give favourable consideration to an acceleration of tied aid procedures in line with the specific circumstances:

- a nuclear or major industrial accident that causes serious transfrontier pollution, where any affected Participant wishes to provide tied aid to eliminate or mitigate its effects, or
- the existence of a significant risk that such an accident may occur, where any potentially affected Participant wishes to provide tied aid to prevent its occurrence.

e) Notwithstanding Articles 34 and 35, a Participant may, exceptionally, provide support by one of the following means:

- the Common Line procedure as defined in Annex XV and described in Articles 56 to 61; or
- the justification on aid grounds through support by a substantial body of the Participants as described in Articles49 and 50; or
- a letter to the OECD Secretary-General, in accordance with the procedures in Article 51, which the Participants expect will be unusual and infrequent.

38. CALCULATION OF CONCESSIONALITY LEVEL OF TIED AID

The concessionality level of tied aid is calculated using the same method as for the grant element used by the DAC, except that:

a) The discount rate used to calculate the concessionality level of a loan in a given currency, i. e. the Differentiated Discount Rate (DDR), is subject to annual change on 15 January and is calculated as follows:

- The average of the CIRR + Margin

  Margin (M) depends on the repayment term (R) as follows:

R	M
less than 15 years	0.75
from 15 years up to, but not including 20 years	1.00
from 20 years up to but not including 30 years	1.15
from 30 years and above	1.25

- For all currencies the average of the CIRR is calculated taking an average of the monthly CIRRs valid duringthe sixmonth period between 15 August of the previous year and 14 February of the current year, as determined according to the provisions of Annex XVI. The calculated rate, including the Margin, is rounded to the nearest ten basis points. If there is more than one CIRR for the currency, the CIRR for the longest maturity as set out in Annex XVI, shall be used for this calculation.

b) The base date for the calculation of the concessionality level is the starting point of credit as set out in Annex XV.

c) For the purpose of calculating the overall concessionality level of an associated financing package, the concessionality levels of the following credits, funds and payments are considered to be zero:

- export credits that are in conformity with the Arrangement;
- other funds at or near market rates;
- other official funds with a concessionality level of less than the minimum permitted under Article 36 except in cases of matching; and
- down payment from the purchaser.

Payments on or before the starting point of credit that are not considered down payment shall be included in the calculation of the concessionality level.

d) The discount rate in matching: in matching aid, identical matching means matching with an identical concessionality level that is recalculated with the discount rate in force at the time of matching.

e) Local costs and third country procurement shall be included in the calculation of concessionality level only if they are financed by the donor country.

f) The overall concessionality level of a package is determined by multiplying the nominal value of each component of the package by the respective concessionality level of each component, adding the results, and dividing this total by the aggregate nominal value of the components.

g) The discount rate for a given aid loan is the rate in effect at the time of notification. However, in cases of prompt notification, the discount rate is the one in effect at the time when the terms and conditions of the aid loan were fixed. A change in the discount rate during the life of a loan does not change its concessionality level.

h) If a change of currency is made before the contract is concluded, the notification shall be revised. The discount rate used to calculate the concessionality level will be the one applicable at the date of revision. A revision is not necessary if the alternative currency and all the necessary information for calculation of the concessionality level are indicated in the original notification.

i) Notwithstanding paragraph g) above, the discount rate used to calculate the concessionality level of individual transactions initiated under an aid credit line shall be the rate that was originally notified for the credit line.

39. VALIDITY PERIOD FOR TIED AID

a) The Participants shall not fix terms and conditions for tied aid, whether this relates to the financing of individual transactions or to an aid protocol, an aid credit line or to a similar agreement, for more than two years. In the case of an aid protocol, an aid credit line or similar agreement, the validity period shall commence at the date of its signature, to be notified in accordance with Article48; the extension of a credit line shall be notified as if it were a new transaction with a note explaining that it is an extension and that it is renewed at terms allowed at the time of the notification of the extension. In the case of individual transactions, including those notified under an aid protocol, an aid credit line or similar agreement, the validity period shall commence at the date of notification of the commitment in accordance with Article 47 or 48, as appropriate.

b) When a country has become ineligible for 17-year World Bank Loans for the first time, the validity period of existing and new tied aid protocols and credit lines notified shall be restricted to one year after the date of the potential reclassification in accordance with procedures in Article 34 b).

c) Renewal of such protocols and credit lines is possible only on terms which are in accordance with the provisions of Articles 34 and 35 of the Arrangement following:

- the reclassification of countries; and
- a change in the provisions of the Arrangement.

In these circumstances, the existing terms and conditions can be maintained notwithstanding a change in the discount rate set out in Article38.

40. MATCHING

Taking into account a Participant's international obligations and consistent with the purpose of the Arrangement, a Participant may match, according to the procedures set out in Article 43, financial terms and conditions offered by a Participant or a non-Participant.

CHAPTER IV: PROCEDURES

SECTION 1: COMMON PROCEDURES FOR EXPORT CREDITS AND TRADERELATED AID

41. NOTIFICATIONS

The notifications set out by the procedures in the Arrangement shall be made in accordance with, and include the information contained in Annex VIII, and shall be copied to the Secretariat.

42. INFORMATION ON OFFICIAL SUPPORT

a) As soon as a Participant commits the official support which it has notified in accordance with the procedures in Articles 45 to 48, it shall inform all other Participants accordingly by including the notification reference number on the relevant reporting form.

b) In an exchange of information in accordance with Articles 53 to 55, a Participant shall inform the other Participants of the credit terms and conditions that it envisages supporting for a particular transaction and may request similar information from the other Participants.

43. PROCEDURES FOR MATCHING

a) Before matching financial terms and conditions assumed to be offered by a Participant or a nonParticipant pursuant to Articles 16 and 40, a Participant shall make every reasonable effort, including as appropriate by use of the face-to-face consultations described in Article 55, to verify that these terms and conditions are officially supported and shall comply with the following:

1) The Participant shall notify all other Participants of the terms and conditions it intends to support following the same notification procedures required for the matched terms and conditions. In the case of matching a non-Participant, the matching Participant shall follow the same notification procedures that would have been required had the matched terms been offered by a Participant.

2) Notwithstanding sub-paragraph 1) above, if the applicable notification procedure would require the matching Participant to withhold its commitment beyond the final bid closing date, then the matching Participant shall give notice of its intention to

match as early as possible.

3) If the initiating Participant moderates or withdraws its intention to support the notified terms and conditions, it shall immediately inform all other Participants accordingly.

b) A Participant intending to offer identical financial terms and conditions to those notified according to Articles 45 and 46 may do so once the waiting period stipulated therein has expired. This Participant shall give notification of its intention as early as possible.

44. SPECIAL CONSULTATIONS

a) A Participant that has reasonable grounds to believe that financial terms and conditions offered by another Participant (the initiating Participant) are more generous than those provided for in the Arrangement shall inform the Secretariat; the Secretariat shall immediately make available such information.

b) The initiating Participant shall clarify the financial terms and conditions of its offer within two working days following the issue of the information from the Secretariat.

c) Following clarification by the initiating Participant, any Participant may request that a special consultation meeting of the Participants be organised by the Secretariat within five working days to discuss the issue.

d) Pending the outcome of the special consultation meeting of the Participants, financial terms and conditions benefiting from official support shall not become effective.

SECTION 2: PROCEDURES FOR EXPORT CREDITS

45. PRIOR NOTIFICATION WITH DISCUSSION

a) A Participant shall notify all other Participants at least ten calendar days before issuing any commitment with a credit value of greater than SDR 2 million in accordance with Annex VIII if:

- the applicable country risk classification and buyer risk category used to calculate the MPR is that of a third party guarantor located outside of the obligor's country [i. e. determined according to the first tiret of Article 22 e)];
- the applicable MPR has been decreased through the application of a country risk mitigation technique listed in Article28; or
- it intends to provide support in accordance with Article8 a) 2) or d) of Annex IV.
- it intends to provide support in accordance with Article4 a) of Annex V.

b) If any other Participant requests a discussion during this period, the initiating Participant shall wait an additional ten calendar days.

c) A Participant shall inform all other Participants of its final decision following a discussion to facilitate the review of the body of experience in accordance with Article 64. The Participants shall maintain records of their experience with regard to premium rates notified in accordance with paragraph a) above.

46. PRIOR NOTIFICATION

a) A Participantshall, in accordance with Annex VIII, notify all other Participants at least ten calendar days before issuing any commitment with a credit value of greater than SDR 2 million if it intends to:

1) Provide support in accordance with Article 10 d) 3).

2) Provide support in accordance with Article 13 a).

3) Provide support in accordance with Article 14 c).

4) Apply a premium rate in accordance with the provisions of Article 22 c) 1) when participating as part of a syndicated loan package.

5) Apply a premium rate lower than the corresponding premium determined by the TCMB model, in accordance with the second *tiret* of Article 22 c) 2).

6) Provide support in Market Benchmark transactions, where a Participant classifies the obligor/guarantor as better than the best rating from an Accredited CRA; or if there is no rating from an Accredited CRA, where a Participant classifies a transaction as CC2 or better, or a credit rating letter equivalent to AAA to A-, or equal to or more favourable than the best Accredited CRA rating of the sovereign in the obligor's/guarantor's domicile.

7) Apply a premium rate in accordance with Article 25 e) whereby the selected buyer risk category used to calculate the MPR for a transaction:

- with a non-sovereign obligor/guarantor is lower than CC1 (i. e. CC0 or SOV +);
- with a non-sovereign obligor/guarantor is better than the Accredited CRA rating.

8) Apply a premium rate in accordance with Article29 a) for transactions with a non-sovereign obligor/guarantor, whereby the use of buyer risk credit enhancements results in the application of a CEF of greater than 0, or whenever BRCEs are used in a Market Benchmark transaction that result in pricing below the corresponding TCMB MPR.

9) Provide support in accordance with Article6 a) of Annex II.

10) Provide support in accordance with Article8 a) 1) of Annex IV.

11) Provide support in accordance with Article4 b) of Annex V.

12) Provide support in accordance with Article 4 a) of Annex VI

b) If the initiating Participant moderates or withdraws its intention to provide support for such transaction, it shall immediately inform all other Participants.

SECTION 3: PROCEDURES FOR TRADE-RELATED AID

47. PRIOR NOTIFICATION

a) A Participant shall give prior notification in accordance with Annex VIII if it intends to provide official support for:

- Trade-related untied aid with a value of SDR 2 million or more, and a concessionality level of less than 80%;
- Trade-related untied aid with a value of less than SDR 2 million and a grant element (as defined by the DAC) of less than 50%;
- Trade-related tied aid with a value of SDR 2 million or more and a concessionality level of less than 80%; or
- Trade-related tied aid with a value of less than SDR 2 million and a concessionality level of less than 50%, except for the cases set out in Articles 36 a) and b).
- Tied aid in accordance with Article 37 d).

b) Prior notification shall be made at the latest 30 working days before the bid closing or commitment date, whichever is the earlier.

c) If the initiating Participant moderates or withdraws its intention to support the notified terms and conditions, it shall immediately inform all other Participants accordingly.

d) The provision of this Article shall apply to tied aid that forms part of an associated financing package, as described in Article 33.

48. PROMPT NOTIFICATION

a) A Participant shall promptly notify all other Participants, i. e. within two working days of the commitment, in accordance with Annex VIII, if it provides official support for tied aid with a value of either:

- SDR 2 million or more and a concessionality level of 80% or more; or
- less than SDR 2 million and a concessionality level of 50% or more except for the cases set out in Articles 36 a) and b).

b) A Participant shall also promptly notify all other Participants when an aid protocol, credit line or similar agreement is signed.

c) Prior notification need not be given if a Participant intends to match financial terms and conditions that were subject to a prompt notification.

SECTION 4: CONSULTATION PROCEDURES FOR TIED AID

49. PURPOSE OF CONSULTATIONS

a) A Participant seeking clarification about possible trade motivation for tied aid may request that a full Aid Quality Assessment (detailed in Annex XIV) be supplied.

b) Furthermore, a Participant may request consultations with other Participants, in accordance with Article 50. These include face-to-face consultations as outlined in Article 55 in order to discuss:

- first, whether an aid offer meets the requirements of Articles 34 and 35; and
- if necessary, whether an aid offer is justified even if the requirements of Articles 34 and 35 are not met.

50. SCOPE AND TIMING OF CONSULTATIONS

a) During consultations, a Participant may request, among other items, the following information:

- the assessment of a detailed feasibility study/project appraisal;
- whether there is a competing offer with nonconcessional or aid financing;
- the expectation of the project generating or saving foreign currency;
- whether there is cooperation with multilateral organisations such as the World Bank;
- the presence of International Competitive Bidding (ICB), in particular if the donor country's supplier is the lowest evaluated bid;
- the environmental implications;
- any private sector participation; and
- the timing of the notifications (*e. g.* six months prior to bid closing or commitment date) of concessional or aid credits.

b) The consultation shall be completed and the findings on both questions in Article49 notified by the Secretariat to all Participants at least ten working days before the bid closing date or commitment date, whichever comes first. If there is disagreement among the consulting parties, the Secretariat shall invite other Participants to express their views within five working days. It shall report these views to the notifying Participant, which should reconsider going forward if there appears to be no substantial support for an aid offer.

51. OUTCOME OF CONSULTATIONS

a) Adonor that wishes to proceed with a project despite the lack of substantial support shall provide prior notification of its intentions to other Participants, no later than 60 calendar days after the completion of the Consultation, i. e. acceptance of the Chairman's conclusion. The donor shall also write a letter to the Secretary-General of the OECD outlining the results of the consultations and explaining the overriding non-trade related national interest that forces this action. The Participants expect that such an occurrence will be unusual and infrequent.

b) The donor shall immediately notify the Participants that it has sent a letter to the Secretary General of the OECD, a copy of which shall be included with the notification. Neither the donor nor any other Participant shall make a tied aid commitment until ten working days after this notification to Participants has been issued. For projects for which competing commercial offers were identified during the consultation process, the aforementioned ten working-day period shall be extended to 15 days.

c) The Secretariat shall monitor the progress and results of consultations.

SECTION 5: INFORMATION EXCHANGE FOR EXPORT CREDITS AND TRADERELATED AID

52. CONTACT POINTS

All communications shall be made between the designated contact points in each country by means of instant communication, *e. g.* electronic mail, and shall be treated in confidence.

53. SCOPE OF ENQUIRIES

a) A Participant may ask another Participant about the attitude it takes with respect to a third country, an institution in a third country or a particular method of doing business.

b) A Participantthat has received an application for official support may address an enquiry to another Participant, giving the most favourable credit terms and conditions that the enquiring Participant would be willing to support.

c) If an enquiry is made to more than one Participant, it shall contain a list of addressees.

d) A copy of all enquiries shall be sent to the Secretariat.

54. SCOPE OF RESPONSES

a) The Participant to which an enquiry is addressed shall respond within seven calendar days and provide as much information as possible. The reply shall include the best indication that the Participant can give of the decision it is likely to take. If necessary, the full reply shall follow as soon as possible. Copies shall be sent to the other addressees of the enquiry and to the Secretariat.

b) If an answer to an enquiry subsequently becomes invalid for any reason, because for example:

- an application has been made, changed or withdrawn, or
- other terms are being considered,

a reply shall be made without delay and copied to all other addressees of the enquiry and to the Secretariat.

55. FACE-TO-FACE CONSULTATIONS

a) A Participant shall agree within ten working days to requests for face-to-face consultations.

b) A request for face-to-face consultations shall be made available to Participants and nonParticipants. The consultations shall take place as soon as possible after the expiry of the ten working-day period.

c) The Chairman of the Participants shall co-ordinate with the Secretariat on any necessary follow up action, *e. g.* a Common Line. The Secretariat shall promptly make available the outcome of the consultation.

56. PROCEDURES AND FORMAT OF COMMON LINES

a) Common Line proposals are addressed only to the Secretariat. A proposal for a Common Line shall be sent to all Participants and, where tied aid is involved, all DAC contact points by the Secretariat. The identity of the initiator is not revealed on the Common Line Register on theelectronic Bulletin Board maintained by the Secretariat on the OECD Network Environment. However, the Secretariat may orally reveal the identity of the initiator to a Participant or DAC member on demand. The Secretariat shall keep a record of such requests.

b) The Common Line proposal shall be dated and shall be in the following format:

- Reference number, followed by “Common Line”.
- Name of the importing country and buyer.
- Name or description of the project as precise as possible to clearly identify the project.
- Terms and conditions foreseen by the initiating country.

- Common Line proposal.
- Nationality and names of known competing bidders.
- Commercial and financial bid closing date and tender number to the extent it is known.
- Other relevant information, including reasons for proposing the Common Line, availability of studies of the project and/or special circumstances.

c) A Common Line proposal put forward in accordance with Article 34 b) 4) shall be addressed to the Secretariat and copied to other Participants. The Participant making the Common Line proposal shall provide a full explanation of the reasons why it considers that the classification of a country should differ from the procedure set out in Article 34 b).

d) The Secretariat shall make publicly available the agreed Common Lines.

57. RESPONSES TO COMMON LINE PROPOSALS

a) Responses shall be made within 20 calendar days, although the Participants are encouraged to respond to a Common Line proposal as quickly as possible.

b) A response may be a request for additional information, acceptance, and rejection, a proposal for modification of the Common Line or an alternative Common Line proposal.

c) A Participantthat advises that it has no position because it has not been approached by an exporter, or by the authorities in the recipient country in case of aid for the project, shall be deemed to have accepted the Common Line proposal.

58. ACCEPTANCE OF COMMON LINES

a) After a period of 20 calendar days, the Secretariat shall inform all Participants of the status of the Common Line proposal. If not all Participants have accepted the Common Line, but no Participant has rejected it, the proposal shall be left open for a further period of eight calendar days.

b) After this further period, aParticipant that has not explicitly rejected the Common Line proposal shall be deemed to have accepted the Common Line. Nevertheless, a Participant, including the initiating Participant, may make its acceptance of the Common Line conditional on the explicit acceptance by one or more Participants.

c) If a Participant does not accept one or more elements of a Common Line it implicitly accepts all other elements of the Common Line. It is understood that such a partial acceptance may lead other Participants to change their attitude towards a proposed Common Line. All Participants are free to offer or match terms and conditions not covered by a Common Line.

d) A Common Linethat has not been accepted may be reconsidered using the procedures in Articles 56 and 57. In these circumstances, the Participants are not bound by their original decision.

59. DISAGREEMENT ON COMMON LINES

If the initiating Participant and a Participant which has proposed a modification or alternative cannot agree on a Common Line within the additional eight-calendar day period, this period can be extended by their mutual consent. The Secretariat shall inform all Participants of any such extension.

60. EFFECTIVE DATE OF COMMON LINE

The Secretariat shall inform all Participants either that the Common Line will go into effect or that it has been rejected; the Common Line will take effect three calendar days after this announcement. The Secretariat shall make available onthe electronic bulletin board a permanently updated record of all Common Lines that have been agreed or are undecided.

61. VALIDITY OF COMMON LINES

a) A Common Line, once agreed, shall be valid for a period of two years from its effective date, unless the Secretariat is informed that it is no longer of interest, and that this is accepted by all Participants. A Common Line shall remain valid for a further two-year period if a Participant seeks an extension within 14 calendar days of the original date of expiry. Subsequent extensions may be agreed through the same procedure. A Common Line agreed in accordance with Article 34 b) 4) shall be valid until World Bank data for the following year is available.

b) The Secretariat shall monitor the status of Common Lines and shall keep the Participants informed accordingly, through the maintenance of the listing "The Status of Valid Common Lines" on the electronic bulletin board. Accordingly, the Secretariat, inter alia, shall:

- Add new Common Lines when these have been accepted by the Participants.
- Update the expiry date when a Participant requests an extension.
- Delete CommonLines that have expired.
- Issue, on a quarterly basis, a list of Common Lines due to expire in the following quarter.

SECTION6: REVIEWS

62. REGULAR REVIEW OF THE ARRANGEMENT

a) The Participants shall review regularly the functioning of the Arrangement. In the review, the Participants shall examine, inter alia, notification procedures, implementation and operation of the DDR system, rules and procedures on tied aid, questions of matching, prior commitments and possibilities of wider participation in the Arrangement.

b) This review shall be based on information of the Participants' experience and on their suggestions for improving the operation and efficacy of the Arrangement. The Participants shall take into account the objectives of the Arrangement and the prevailing economic and monetary situation. The information and suggestions that Participants wish to put forward for this review shall reach the Secretariat no later than 45 calendar days before the date of review.

63. REVIEW OF MINIMUM INTEREST RATES

a) The Participants shall periodically review the system for setting CIRRs in order to ensure that the notified rates reflect current market conditions and meet the aims underlying the establishment of the rates in operation. Such reviews shall also cover the margin to be added when these rates are applied.

b) A Participant may submit to the Chairman of the Participants a substantiated request for an extraordinary review in case this Participant considers that the CIRR for one or more than one currency no longer reflect current market conditions.

64. REVIEW OF MINIMUM PREMIUM RATES AND RELATED ISSUES

The Participants shall regularly monitor and review all aspects of the premium rules and procedures. This shall include:

a) The Country Risk Classification and Sovereign Risk Assessment Methodologies to review their validity in the light of experience;

b) The level of the MPRs to ensure that they remain an accurate measure of credit risk, taking into account both the actual experience of institutions providing official export credits as well as private market information on the pricing of credit risk;

c) The differentiations in the MPRs which take account of the differing quality of export credit products and percentage of cover provided; and

d) The body of experience related to the use of country risk mitigation and buyer risk credit enhancements and the continued validity and appropriateness of their specific impact on the MPRs.

ANNEX I: SECTOR UNDERSTANDING ON EXPORT CREDITS FOR SHIPS

CHAPTER I: SCOPE OF THE SECTOR UNDERSTANDING

1. PARTICIPATION

The Participants to the Sector Understanding are: Australia, the European Union, Japan, Korea, New Zealand and Norway.

2. SCOPE OF APPLICATION

This Sector Understanding, which complements the Arrangement, sets out specific guidelines for officially supported export credits relating to export contracts of:

a) Any new sea-going vessel of 100 gt and above used for the transportation of goods or persons, or for the performance of a specialised service (for example, fishing vessels, fish factory ships, ice breakers and as dredgers, that present in a permanent way by their means of propulsion and direction (steering) all the characteristics of self-navigability in the high sea), tugs of 365 kw and over and to unfinished shells of ships that are afloat and mobile. The Sector Understanding does not cover military vessels. Floating docks and mobile offshore units are not covered by the Sector Understanding, but should problems arise in connection with export credits for such structures, the Participants to the Sector Understanding (hereinafter the "Participants"), after consideration of substantiated requests by any Participant, may decide that they shall be covered.

b) Any conversion of a ship. Ship conversion means any conversion of sea-going vessels of more than 1 000 gt on condition that conversion operations entail radical alterations to the cargo plan, the hull or the propulsion system.

c) 1) Although hovercraft-type vessels are not included in the Sector Understanding, Participants are allowed to grant export credits for hovercraft vessels on equivalent conditions to those prevailing in the Sector Understanding. They commit themselves to apply this possibility moderately and not to grant such credit conditions to hovercraft vessels in cases where it is established that no competition is offered under the conditions of the Sector Understanding.

2) In the Sector Understanding, the term "hovercraft" is defined as follows: an amphibious vehicle of at least 100 tons designed to be supported wholly by air expelled from the vehicle forming a plenum contained within a flexible skirt around the periphery of the vehicle and the ground or water surface beneath the vehicle, and capable of being propelled and controlled by airscrews or ducted air from fans or similar devices.

3) It is understood that the granting of export credits at conditions equivalent to those prevailing in this Sector Understanding should be limited to those hovercraft vessels used on maritime routes and non-land routes, except for reaching terminal facilities standing at a maximum distance of one kilometre from the water.

CHAPTER II: PROVISIONS FOR EXPORT CREDITS AND TIED AID

3. MAXIMUM REPAYMENT TERM

The maximum repayment term, irrespective of country classification, is 12 years after delivery.

4. CASH PAYMENT

The Participants shall require a minimum cash payment of 20% of the contract price by delivery.

5. REPAYMENT OF PRINCIPAL AND PAYMENT OF INTEREST

a) The principal sum of an export credit shall be repaid in equal instalments at regular intervals of normally six months and a maximum of 12 months.

b) Interest shall be paid no less frequently than every six months and the first payment of interest shall be made no later than six months after the starting point of credit.

c) For export credits provided in support of lease transactions, equal repayments of principal and interest combined may be applied in lieu of equal repayments of principal as set out in paragraph a).

d) Interest due after the starting point of credit shall not be capitalised.

e) A Participant to this Sector Understanding intending to support a payment of interest on different terms than those set out in paragraph b) shall give prior notification at least ten calendar days before issuing any commitment, in accordance with Annex VIII of the Arrangement.

6. MINIMUM PREMIUM

The provisions of the Arrangement in relation to minimum premium benchmarks shall not be applied until such provisions have been further reviewed by the Participants to this Sector Understanding.

7. PROJECT FINANCE

The provisions of Article 7 and of AnnexVII to the Arrangement shall not be applied until such provisions have been further reviewed by the Participants to this Sector Understanding.

8. AID

Any Participant desiring to provide aid must, in addition to the provisions of the Arrangement, confirm that the ship is not operated under an open registry during the repayment term and that appropriate assurance has been obtained that the ultimate owner resides in the receiving country, is not a nonoperational subsidiary of a foreign interest and has undertaken not to sell the ship without his government's approval.

CHAPTER III: PROCEDURES

9. NOTIFICATION

For the purpose of transparency each Participant shall, in addition to the provisions of the Arrangement and the IBRD/Berne Union/OECD Creditor Reporting System, provide annually information on its system for the provision of official support and of the means of implementation of this Sector Understanding, including the schemes in force.

10. REVIEW

a) The Sector Understanding shall be reviewed annually or upon request by any Participant within the context of the OECD Working Party on Shipbuilding, and a report made to the Participants to the Arrangement.

b) To facilitate coherence and consistency between the Arrangement and this Sector Understanding and taking into account the nature of the shipbuilding industry, the Participants to this Sector Understanding and to the Arrangement will consult and co-ordinate as appropriate.

c) Upon a decision by the Participants to the Arrangement to change the Arrangement, the Participants to this Sector Understanding (the Participants) will examine such a decision and consider its relevance to this Sector Understanding. Pending such consideration the amendments to the Arrangement will not apply to this Sector Understanding. In case the Participants can accept the amendments to the Arrangement they shall report this in writing to the Participants to the Arrangement. In case the Participants cannot accept the amendments to the Arrangement as far as their application to shipbuilding is concerned they shall inform the Participants to the Arrangement of their objections and enter into consultations with them with a view to seeking a resolution of the issues. In case no agreement can be reached between the two groups, the views of the Participants as regards the application of the amendments to shipbuilding shall prevail.

ATTACHMENT: COMMITMENTS FOR FUTURE WORK

In addition to the Future Work of the Arrangement, the Participants to this Sector Understanding agree:

a) To develop an illustrative list of types of ships which are generally considered noncommercially viable, taking into account the disciplines on tied aid set out in the Arrangement.

b) To review the provisions of the Arrangement in relation to minimum premium benchmarks with a view to incorporating them into this Sector Understanding.

c) To discuss, subject to the developments in relevant international negotiations, the inclusion of other disciplines on minimum interest rates including a special CIRR and floating rates.

d) To review the applicability to this Sector Understanding of provisions of the Arrangement in relation to Project Finance.

e) To discuss whether:

- the date of the first instalment of principal;
- the Weighted Average Life concept

may be used in relation to the repayment profile contained in Article 5 of this Sector Understanding.

ANNEX II: SECTOR UNDERSTANDING ON EXPORT CREDITS FOR NUCLEAR POWER PLANTS

CHAPTER I: SCOPE OF THE SECTOR UNDERSTANDING

1. SCOPE OF APPLICATION

a) This Sector Understanding sets out the provisions which apply to officially supported export credits relating to contracts for:

1) The export of complete nuclear power stations or parts thereof, comprising all components, equipment, materials and services, including the training of personnel directly required for the construction and commissioning of such nuclear power stations.

2) The modernisation of existing nuclear power plants in cases where both the overall value of the modernisation is at or above SDR 80 million and the economic life of the plant is likely to be extended by at least the repayment period to be awarded. If either of these criteria is not met, the terms of the Arrangement apply.

3) The supply of nuclear fuel and enrichment.

4) The provision of spent fuel management.

b) This Sector Understanding does not apply to:

1) Items located outside the nuclear power plant site boundary for which the buyer is usually responsible, in particular costs associated with land development, roads, construction village, power lines, switchyard① and water supply, as well as costs arising in the buyer's country from official approval procedures (*e. g.* site permit, construction permit, fuel loading permit).

2) Sub-stations, transformers and transmission lines located outside the nuclear power plant site boundary.

3) Official support provided for the decommissioning of a nuclear power plant.

① However, in cases where the buyer of the switchyard is the same as the buyer of the power plant and the contract is concluded in relation to the original switchyard for that power plant, the terms and conditions for the original switchyard shall not be more generous than those for the nuclear power plant.

CHAPTER II: PROVISIONS FOR EXPORT CREDITS AND TRADERELATED AID

2. MAXIMUM REPAYMENT TERMS

a) The maximum repayment term for goods and services included in the provisions of Articles 1 a) 1) and 2) of this Sector Understanding is 18 years.

b) The maximum repayment term for the initial fuel load is four years from delivery. The maximum repayment term for subsequent reloads of nuclear fuel is two years from delivery.

c) The maximum repayment term for spent fuel disposal is two years.

d) The maximum repayment term for enrichment and spent fuel management is five years.

3. REPAYMENT OF PRINCIPAL AND PAYMENT OF INTEREST

a) The Participants shall apply a profile of repayment of principal and payment of interest as specified in sub-paragraph 1) or 2) below:

1) Repayment of principal shall be made in equal instalments.

2) Repayment of principal and payment of interest combined shall be made in equal instalments.

b) Principal shall be repaid and interest shall be paid no less frequently than every six months and the first instalment of principal and interest shall be made no later than six months after the starting point of credit.

c) On an exceptional and duly justified basis, official support for goods and services mentioned in Articles 1) a) 1) and 2) of this Understanding may be provided on terms other than those set out in paragraphs a) and b) above. The provision of such support shall be explained by an imbalance in the timing of the funds available to the obligor and the debt service profile available under an equal, semi-annual repayment schedule, and shall comply with the following criteria:

1) The maximum repayment term shall be 15 years.

2) No single repayment of principal or series of principal payments within a six-month period shall exceed 25% of the principal sum of the credit.

3) Principal shall be repaid no less frequently than every 12 months. The first repayment of principal shall be made no later than 12 months after the starting point of credit and no less than 2% of the principal sum of the credit shall have been repaid 12 months after the starting point of credit.

4) Interest shall be paid no less frequently than every 12 months and the first interest payment shall be made no later than six months after the starting point of credit.

5) The maximum weighted average life of the repayment period shall not exceed nine years.

d) Interest due after the starting point of credit shall not be capitalised.

4. OFFICIAL SUPPORT FOR NUCLEAR FUEL AND FOR NUCLEAR FUEL RELATED SERVICES

Without prejudice to the provisions of Article5 of this Sector Understanding, the Participants shall not provide free nuclear fuel or services.

5. AID

The Participants shall not provide aid support.

CHAPTER III: PROCEDURES

6. PRIOR NOTIFICATION

a) A Participant shall give prior notification in accordance with Article 46 of the Arrangement at least ten calendar days before issuing any commitment if it intends to provide support in accordance with the provisions of this Sector Understanding.

b) If the notifying Participant intends to provide support with a repayment term in excess of 15 years and/or in accordance with Article 3 c) of this Sector Understanding, it shall wait an additional ten calendar days if any other Participant requests a discussion during the initial ten calendar days.

c) A Participant shall inform all other Participants of its final decision following a discussion, to facilitate the review of the body of experience.

CHAPTER IV: REVIEW

7. FUTURE WORK

The Participants agree to examine the following issues:

a) A minimum floating interest rate regime.

b) The maximum amount of official support for local costs.

8. REVIEW AND MONITORING

The Participants shall review regularly the provisions of the Sector Understanding and at the latest by the end of 2020.

ANNEX III: SECTOR UNDERSTANDING ON EXPORT CREDITS FOR CIVIL AIRCRAFT

PART 1: GENERAL PROVISIONS

1. PURPOSE

a) The purpose of this Sector Understanding is to provide a framework for the predictable, consistent and transparent use of officially supported export credits for the sale or lease of aircraft and other goods and services specified in Article 4 a) below. This Sector Understanding seeks to foster a level playing field for such export credits, in order to encourage competition among exporters based on quality and price of goods and services exported rather than on the most favourable officially supported financial terms and conditions.

b) This Sector Understanding sets out the most favourable terms and conditions on which officially supported export credits may be provided.

c) To this aim, this Sector Understanding seeks to establish a balanced equilibrium that, on all markets:

1) Equalises competitive financial conditions between the Participants,

2) Neutralises official support among the Participants as a factor in the choice among competing goods and services specified in Article 4 a) below, and

3) Avoids distortion of competition among the Participants to this Sector Understanding and any other sources of financing.

d) The Participants to this Sector Understanding (the Participants) acknowledge that the provisions included in this Sector Understanding have been developed for the sole purpose of this Sector Understanding and such provisions do not prejudice the other parts of the Arrangement on Officially Supported Export Credits (the Arrangement) and their evolution.

2. STATUS

This Sector Understanding is a Gentlemen's Agreement among its Participants and is Annex III to the Arrangement; it forms an integral part of the Arrangement and it succeeds the SectorUnderstanding, which came into effect in July 2007.

3. PARTICIPATION

The Participants currently are: Australia, Brazil, Canada, the European Union, Japan, Korea, New Zealand, Norway, Switzerland and the United States. Any non-Participant may become a Participant in accordance with the procedures set out in Appendix I.

4. SCOPE OF APPLICATION

a) This Sector Understanding shall apply to all official support provided by or on behalf of a government, and which has a repayment term of two years or more, for the export of:

1) New civil aircraft and engines installed thereon, including buyer furnished equipment.
2) Used, converted, and refurbished civil aircraft and engines installed thereon, including, in each case, buyer furnished equipment.
3) Spare engines.
4) Spare parts for civil aircraft and engines.
5) Maintenance and service contracts for civil aircraft and engines.
6) Conversion, major modifications and refurbishment of civil aircraft.
7) Engine kits.

b) Official support may be provided in different forms:

1) Export credit guarantee or insurance (pure cover).
2) Official financing support:
   - direct credit/financing and refinancing or
   - interest rate support.
3) Any combination of the above.

c) This Sector Understanding shall not apply to official support for:

1) The exports of new or used military aircraft and related goods and services listed in paragraph a) above, including when used for military purposes.
2) New or used flight simulators.

5. INFORMATION AVAILABLE TO NON-PARTICIPANTS

A Participant shall, on the basis of reciprocity, reply to a request from a non-Participant in a competitive situation on the financial terms and conditions offered for its official support as it would reply to a request from a Participant.

6. AID SUPPORT

The Participants shall not provide aid support, except for humanitarian purposes, through a Common Line procedure.

7. ACTIONS TO AVOID OR MINIMISE LOSSES

This Sector Understanding does not prevent its Participants from agreeing to less restrictive financial terms and conditions than those provided for by this Sector Understanding, if such action is taken after the export credit agreement and ancillary documents have already become effective and is intended solely to avoid or minimise losses from events which could give rise to non-payment or claims. A Participant shall notify all other Participants and the OECD Secretariat (the Secretariat), within 20 working days following the Participant's agreement with the buyer/borrower, of the modified financial terms and conditions. The notification shall contain information, including the motivation, on the new financial terms and conditions, using the reporting form set out in Appendix IV.

PART 2: NEW AIRCRAFT

CHAPTER I: COVERAGE

8. NEW AIRCRAFT

a) For the purpose of this Sector Understanding, a new aircraft is:

  1) An aircraft, including buyer furnished equipment, and the engines installed on such aircraft owned by the manufacturer and not delivered nor previously used for its intended purpose of carrying passengers and/or freight and

  2) Spare engines and spare parts when contemplated as part of the original aircraft order in accordance with the provisions of Article 20 a) below.

b) Notwithstanding the provisions of paragraph a) above, a Participant may support terms appropriate to new aircraft for transactions where, with the prior knowledge of that Participant, interim financing arrangements had been put in place because the provision of official support had been delayed; such delay shall not be longer than 18 months. In such cases, the repayment term and the final repayment date shall be the same as if the sale or lease of the aircraft would have been officially supported from the date the aircraft was originally delivered.

CHAPTER II: FINANCIAL TERMS AND CONDITIONS

Financial terms and conditions for export credits encompass all the provisions set out in this Chapter, which shall be read in conjunction one with the other.

9. ELIGIBLE CURRENCIES

The currencies, which are eligible for official financing support, are euro, Japanese yen, UK pound sterling, US dollar, and other fully convertible currencies for which data are available to construct the minimum interest rates mentioned in Appendix III.

10. DOWN PAYMENT AND MAXIMUM OFFICIAL SUPPORT

a) For transactions with buyers/borrowers classified in Risk Category 1 (as per Table 1 of Appendix II), the Participants shall:

1) Require a minimum down payment of 20% of the net price of the aircraft at or before the starting point of credit;

2) Not provide official support in excess of 80% of the net price of the aircraft.

b) For transactions with buyers/borrowers classified in Risk Categories 2 to 8 (as per Table 1 of Appendix II), the Participants shall:

1) Require a minimum down payment of 15% of the net price of the aircraft at or before the starting point of credit;

2) Not provide official support in excess of 85% of the net price of the aircraft.

c) A Participant which applies Article 8 b) above shall reduce the maximum amount of official support by the amount of principal of the instalments deemed due from the starting point of the credit so as to ensure that, at the time of disbursement, the amount outstanding is the same as if such an officially supported export credit was provided at the time of delivery. In such circumstances, prior to delivery the Participant shall have received an application for official support.

11. MINIMUM PREMIUM RATES

a) The Participants providing official support shall charge, for the credit amount officially supported, no less than the minimum premium rate set out in accordance with Appendix II.

b) The Participants shall use, whenever necessary, the agreed premium rate conversion model to convert between per annum spreads calculated on the outstanding amount of the official support and single up-front premium rates calculated on the original amount of the official support.

12. MAXIMUM REPAYMENT TERM

a) The maximum repayment term shall be 12 years for all new aircraft.

b) On an exceptional basis, and with a prior notification, a maximum repayment term of up to 15 years shall be allowed. In this case, a surcharge of 35% to the minimum premium rates calculated in accordance with Appendix II shall apply.

c) There shall be no extension of the repayment term by way of sharing of rights in the security on apari passu basis with commercial lenders for the officially supported export credit.

13. REPAYMENT OF PRINCIPAL AND PAYMENT OF INTEREST

a) The Participants shall apply a profile of repayment of principal and payment of interest as specified in sub-paragraph 1) or 2) below.

1) Repayment of principal and payment of interest combined shall be made in equal instalments:

- Instalments shall be made no less frequently than every three months and the first instalment shall be made no later than three months after the starting point of credit.
- Alternatively, and subject to a prior notification (unless it is a de minimis transaction①), instalments shall be made every six months and the first instalment shall be made no later than six months after the starting point of credit. In this case, a surcharge of 15% to the minimum premium rates calculated in accordance with Appendix II shall apply.
- In the case of a floating rate transaction, the principal amortising profile shall be set for the entire term, no more than five business days prior to the disbursement date, based on the floating or swap rate at that time.

2) Repayment of principal shall be made in equal instalments with interest payable on declining balances:

- Instalments shall be made no less frequently than every three months and the first instalment shall be made no later than three months after the starting point of credit.
- Alternatively, and subject to a prior notification (unless it is a de minimis transaction), instalments shall be made every six months and the first instalment shall be made no later than six months after the starting point of credit. In this case, a surcharge of 15% to the minimum premium rates calculated in accordance with Appendix II shall apply.

---

① Ex-ante semi-annual repayment reporting requirement does not apply to small aircraft transactions with a total financed amount of less than USD 5 million (i. e., de minimis transactions).

b) Notwithstanding paragraph a) above, and subject to a prior notification, the repayment of principal may be structured to include a final payment of all outstanding amounts on a specified date. In such case, repayments of principal prior to the final payment will be structured as set out in paragraph a) above, based on an amortization period not greater than the maximum repayment term allowed for the goods and services being supported.

c) Notwithstanding paragraph a) above, repayment of principal may be structured on terms less favourable to the obligor.

d) Interest due after the starting point of credit shall not be capitalised.

14. MINIMUM INTEREST RATES

a) The Participants providing official financing support shall apply either a minimum floating interest rate or a minimum fixed interest rate, in accordancewith the provisions of Appendix III.

b) For jet aircraft of a net price of at least USD 35 million, official financing support on CIRR basis shall only be provided in exceptional circumstances. A Participant intending to provide such support shall notify all other Participants at least 20 calendar days before final commitment, identifying the borrower.

c) Interest rate excludes any payment by way of premium referred to in Article 11 above, and fees referred to in Article 16 below.

15. INTEREST RATE SUPPORT

The Participants providing interest rate support shall comply with the financial terms and conditions of this Sector Understanding and shall require any bank or any other financial institution which is a party to the interest supported transaction to participate in that transaction only on terms that are consistent in all respects with the financial terms and conditions of this Sector Understanding.

16. FEES

a) Subject to the limits of the premium holding period, the Participants providing official support in the form of pure cover shall charge a premium holding fee on the un-drawn portion of the official support during the premium holding period, as follows:

1) For the first six months of the holding period: zero basis points per annum.

2) For the second six months of the holding period: 12. 5 basis points per annum.

3) For the third and final six months of the holding period: 25 basis points per annum.

b) The Participants providing official support in the form of direct credit / financing shall charge the following fees:

1) Arrangement / Structuring fee: 25 basis points on the disbursed amount payable at the time of each disbursement.

2) Commitment and premium holding fee: 20 basis points per annum on the un-drawn portion of the officially supported export credit to be disbursed, during the premium holding period, payable in arrears.

3) Administration fee: five basis points per annum on the amount of official support outstanding payable in arrears. Alternatively, the Participants may elect to have this fee payable as an upfront fee, on the amount disbursed, at the time of each disbursement pursuant to the provisions of Article 11 b) above.

17. CO-FINANCING

Notwithstanding Articles 14 and 16 above, in a co-financing where official support is provided by way of direct credit and pure cover, and where pure cover represents at least 35% of the officially supported amount, the Participant providing direct credit shall apply the same financial terms and conditions, including fees, as those provided by the financial institution under pure cover, to generate an all-in cost equivalence between the pure cover provider and the direct lender. In such circumstances, the Participant providing such support shall report the financial terms and conditions supported, including fees, in accordance with the reporting form set out in Appendix IV.

PART 3: USED AIRCRAFT, SPARE ENGINES, SPARE PARTS, MAINTENANCE AND SERVICE CONTRACTS

CHAPTER I: COVERAGE

18. USED AIRCRAFT AND OTHER GOODS AND SERVICES

This Part of the Sector Understanding shall apply to used aircraft and to spare engines, spare parts, conversion, major modification, refurbishing, maintenance and service contracts in conjunction with both new and used aircraft and engine kits.

CHAPTER II: FINANCIAL TERMS AND CONDITIONS

The financial terms and conditions to be applied, other than the maximum repayment term, shall be in accordance with the provisions set out in Part 2 of this Sector Understanding.

19. SALE OF USED AIRCRAFT

a) Subject to paragraph b) below, the maximum repayment term for used aircraft shall be established in accordance with the age of the aircraft, as set out in the following table:

Age ofaircraft (years since the date of original manufacture)	Maximumrepayment terms for asset-backed or sovereign transactions (years)	Maximum repayment terms for transactions neither asset-backed nor sovereign (years)
1	10	8.5
2	9	7.5
3	8	6.5
4	7	6
5-8	6	5.5
Over 8	5	5

b) The maximum repayment term for aircraft that have undergone conversion, provided the transaction meets all the requirements of Article 19 of Appendix II and provided further that official support, if any, provided in respect of such conversion was not provided in accordance with Article 21 a) below, shall be established in accordance with the period of time since the date of conversion and the age of the aircraft, as set out in the following table:

Maximum repayment terms for asset-backed converted aircraft (years)

Period oftime since the date of conversion (years)	Age ofaircraft (years since the date of original manufacture)					
	1	2	3	4	5-8	Over 8
0 (Newly converted)	10	9	8	8	8	8
1	10	9	8	7	7	7
2	—	9	8	7	6	6
3 or more	—	—	8	7	6	5

20. SPARE ENGINES AND SPARE PARTS

a) When purchased, or ordered in connection with the engines to be installed on a new aircraft, the official support for spare engines may be provided on the same terms and conditions as for the aircraft.

b) When purchased with new aircraft, the official support for spare parts may be provided on the same terms and conditions as for the aircraft up to a maximum 5% of the net price of the new aircraft and installed engines; paragraph d) below shall apply to official support for spare parts in excess of the 5% limit.

c) When spare engines are not purchased with a new aircraft, the maximum repayment term shall be eight years. For spare engines with a unit value of USD 10 million or more, the repayment term may be increased to 10 years, provided the transaction meets all the requirements of Article 19 of Appendix II.

d) When other spare parts are not purchased with a new aircraft, the maximum repayment term shall be:

1) Five years with a contract value of USD 5 million or more.

2) Two years with a contract value of less than USD 5 million.

21. CONTRACTS FOR CONVERSION/MAJOR MODIFICATION/REFURBISHING

a) If a transaction for conversion:

1) Is valued at USD 5 million or more, and

- Meets all the requirements of Article 19 of Appendix II, a Participant may offer official support with a repayment term of up to eight years.
- Does not meet all the requirements of Article 19 of Appendix II, a Participant may offer official support with a repayment term of up to five years.

2) Is valued at less than USD 5 million, a Participant may offer official support with a repayment term of up to two years.

b) If a transaction is for a major modification, or refurbishment, a Participant may offer official support with a repayment term of up to:

1) Five years if the contract value is USD 5 million or more;

2) Two years, if the contract value is less than USD 5 million.

22. MAINTENANCE AND SERVICE CONTRACTS

The Participants may offer official support with a repayment term of up to three years.

23. ENGINE KITS

The Participants may offer official support with a repayment term of up to five years.

PART 4: TRANSPARENCY PROCEDURES

All communications shall be made between the designated contact points in each Participant country by means of instant communication, *e. g.* using the electronic mail system that is maintained by the Secretariat to facilitate communications amongst Participants and the Secretariat. Unless otherwise agreed, all information exchanged under this Part of the Sector Understanding shall be treated by all Participants as confidential.

SECTION 1: INFORMATION REQUIREMENTS

24. INFORMATION ON OFFICIAL SUPPORT

a) Within one month after the date of a final commitment, a Participant shall submit the information required in Appendix IV to all other Participants, with a copy to the Secretariat.

b) In order to establish the margin benchmark in accordance with Appendix III Article 8 b), information on pure cover margins, as outlined in Appendix III Articles 8 c) and d), shall be submitted to the Secretariat no later than five days after the end of each month.

SECTION 2: EXCHANGE OF INFORMATION

25. REQUESTS FOR INFORMATION

a) A Participant may ask another Participant for information about the use of its officially supported export credits for the sale or lease of aircraft covered by this Sector Understanding.

b) A Participantthat has received an application for official support may address an enquiry to another Participant, giving the most favourable credit terms and conditions that the enquiring Participant would be willing to support.

c) The Participant to which such an enquiry is addressed shall respond within seven calendar days and provide reciprocal information to the fullest extent possible. The reply shall include the best indication that the Participant can give of the decision it is likely to take. If necessary, the full reply shall follow as soon as possible.

d) Copies of all enquiries and responses shall be sent to the Secretariat.

26. FACE-TO-FACE CONSULTATIONS

a) In a competitive situation, a Participant may request face-to-face consultations with one or more Participants.

b) Any Participant shall agree within ten working days to such requests.

c) The consultations shall take place as soon as possible after the expiry of the ten working-day period.

d) The Chairman of the Participants shall co-ordinate with the Secretariat on any necessary follow up action. The Secretariat shall promptly make available to all Participants the outcome of the consultation.

27. SPECIAL CONSULTATIONS

a) A Participant (the initiating Participant) that has reasonable grounds to believe that financial terms and conditions offered by another Participant (the responding Participant) are more generous than those provided for in this Sector Understanding shall inform the Secretariat; the Secretariat shall immediately make available such information to the responding Participant.

b) The responding Participant shall clarify the financial terms and conditions of the official support being considered within five working days following the issue of the information from the Secretariat.

c) Following clarification by the responding Participant, the initiating Participant may request that a special consultation with the responding Participant be organised by the Secretariat within five working days to discuss the issue.

d) The responding Participant shall wait for the outcome of the consultation which shall be determined on the day of such consultation before proceeding any further with the transaction.

SECTION 3: COMMON LINES

28. PROCEDURES AND FORMAT OF COMMON LINES

a) Common Line proposals shall be addressed to the Secretariat only. The identity of the initiator is not revealed on the Common Line register on the electronic bulletin board maintained by the Secretariat on the OECD Network Environment. However, the Secretariat may orally reveal the identity of the initiator to a Participant on demand. The Secretariat shall keep a record of such requests.

b) The Common Line proposal shall be dated and shall be in the following format:

1) Reference number, followed by Common Line.
2) Name of the importing country and buyer/borrower.
3) Name or description of the transaction as precise as possible to clearly identify the transaction.
4) Common Line proposal for the most generous terms and conditions to be supported.
5) Nationality and names of known competing bidders.
6) Bid closing date and tender number to the extent it is known.
7) Other relevant information, including reasons for proposing the Common Line and as appropriate, special circumstances.

29. RESPONSES TO COMMON LINE PROPOSALS

a) Responses shall be made within 20 calendar days, although the Participants are encouraged to respond to a Common Line proposal as quickly as possible.

b) A response may be acceptance, rejection, a request for additional information, a proposal for modification of the Common Line or an alternative Common Line proposal.

c) A Participantthat remains silent or advises that it has no position shall be deemed to have accepted the Common Line proposal.

30. ACCEPTANCE OF COMMON LINES

a) After a period of 20 calendar days, the Secretariat shall inform all Participants of the status of the Common Line proposal. If not all Participants have accepted the Common Line, but no Participant has rejected it, the proposal shall be left open for a further period of eight calendar days.

b) After this further period, a Participantthat has not explicitly rejected the Common Line proposal shall be deemed to have accepted the Common Line. Nevertheless, a Participant, including the initiating Participant, may make its acceptance of the Common Line conditional on the explicit acceptance by one or more Participants.

c) If a Participant does not accept one or more elements of a Common Line it implicitly accepts all other elements of the Common Line.

31. DISAGREEMENT ON COMMON LINES

a) If the initiating Participant and a Participant which has proposed a modification or alternative cannot agree on a Common Line within the additional eight calendar-day period mentioned in Article 30 above, this period can be extended by their mutual consent. The Secretariat shall inform all Participants of any such extension.

b) A Common Linethat has not been accepted may be reconsidered using the procedures in Articles 28 to 30 above. In these circumstances, the Participants are not bound by their original decision.

32. EFFECTIVE DATE OF COMMON LINE

The Secretariat shall inform all Participants either that the Common Line will go into effect or that it has been rejected; the agreed Common Line will take effect three calendar days after this announcement.

33. VALIDITY OF COMMON LINES

a) Unless agreed otherwise, a Common Line, once agreed, shall be valid for a period of two years from its effective date, unless the Secretariat is informed that it is no longer of interest, and that such situation is accepted by all Participants.

b) If a Participant seeks an extension within 14 calendar days of the original date of expiry and in the absence of disagreement, a Common Line shall remain valid for a further two-year period; subsequent extensions may be agreed through the same procedure.

c) The Secretariat shall monitor the status of Common Lines and shall keep the Participants informed accordingly, through the maintenance of the listing "The Status of Valid Common Lines" onthe electronic bulletin board. Accordingly, the Secretariat, inter alia, shall issue, on a quarterly basis, a list of Common Lines due to expire in the following quarter.

d) Upon the request of a non-Participantthat produces competing aircraft, the Secretariat shall make available valid Common Lines to that non-Participant.

SECTION 4: MATCHING

34. MATCHING

a) Taking into account a Participant's international obligations, a Participant may match financial terms and conditions of official support offered by a non-Participant.

b) In the event of matching non-conforming terms and conditions offered by a non-Participant:

  1) The matching Participant shall make every effort to verify such terms and conditions.

  2) The matching Participant shall inform the Secretariat and all other Participants of the nature and outcome of such efforts, as well as of the terms and conditions it intends to support, at least ten calendar days before issuing any commitment.

  3) If a competing Participant requests a discussion during this ten calendar-day period, the matching Participant shall wait an additional ten calendar days before issuing any commitment on such terms.

c) If a matching Participant modifies or withdraws its intention to support the notified terms and conditions, it shall immediately inform all other Participants accordingly.

PART 5: MONITORING AND REVIEW

35. MONITORING

a) The Secretariat shall monitor the implementation of this Sector Understanding and report to the Participants on an annual basis.

b) Each transaction deemed eligible under Article 39a) shall be reported in accordance with the provisions of Article 24 a) and Appendix IV, in addition to which:

  1) The reporting Participant shall indicate the link between that transaction and the transition list.

2) The transition lists shall be monitored on a semi-annual basis; to that end, the Secretariat shall meet with each Participant, with a view to:

- Monitoring the number of firm orders registered on the transition liststhat have been delivered.
- Updating for the following year the delivery schedule for transactions registered on the transition lists.
- Identifying orders registered on transition liststhat have not been or shall not, for any reason, be delivered to the buyer listed on such transition lists. Any such order shall be deleted from the transition list and shall not be reallocated in any way to any other buyer.

36. REVIEW

The Participants shall review the procedures and provisions of this Sector Understanding, against the criteria, and at the times, set out in paragraphs a) and b) below.

a) The Participants shall undertake the review of this Sector Understanding as follows:

1) In calendar year 2019 and every fourth year thereafter, in each case with three months prior notice given by the Secretariat.

2) At the request of a Participant after due consultation, provided that three months prior notice has been given by the Secretariat and the requesting Participant provides a written explanation of the reason for, and objectives of, the review as well as a summary of the consultations preceding its request.

3) Modalities of update of minimum premium rates and minimum interest rates are set out inAppendices II and III respectively.

4) Fees set out in Article 16 shall be part of reviews.

b) The review set out in sub-paragraph a) 1) above shall consider:

1) The extent to which the purposes of this Sector Understanding, as set out in Article 1 above, have been achieved and any other issue a Participant may wish to bring forward for discussion.

2) In view of the elements in sub-paragraph b) 1) above, whether amendments to any aspect of this Sector Understanding are justified.

c) In recognition of the importance of the review process, to ensure that the terms and conditions of this Sector Understanding continue to meet the needs of the Participants, each Participant reserves the right to withdraw from this Sector Understanding in accordance with Article 40 below.

37. FUTURE WORK

Consideration will be given to:

a) Examining Participants' practices in providing official support before the starting point of credit.

b) The provisions applicable to indirect loans.

c) An extension of maximum repayments terms under Article 19 for used aircraft that have undergone significant refurbishment prior to sale.

d) An extension of maximum repayment terms under Article 21 for larger contract values.

e) The provisions applicable to "refurbishing" (Article 21) and "services" (Article 22).

f) The Cape Town eligibility process.

g) The definition of "Interested Participant".

PART 6: FINAL PROVISIONS

38. ENTRY INTO FORCE

The effective date of this Sector Understanding is 1 February 2011.

39. TRANSITIONAL ARRANGEMENTS

Notwithstanding Article 38 above, the Participants may provide official support on the terms and conditions set out as follows for transactions committed up to and including 31 December 2020 (past this date the transitional arrangements will no longer be applicable):

a) The Participants may provide official support on terms and conditions applicable prior to the effective date of this Sector Understandingif the aircraft was registered on the transition list notified by the Participants to the Secretariat prior to the entry into force of this Sector Understanding. In order to have been registered on the transition lists, the following conditions had to have been fulfilled:

1) The goods and serviceshad to be subject to a firm contract concluded no later than 31 December 2010.

2) The official support was limited to deliveries of 69 2007 ASU Category 1 aircraft per Participant and 92 2007 ASU Category 2 aircraft per Participant.

3) The Participants will have reported to the Secretariat the following information prior to the entry into force of the Sector Understanding:

- The aircraft models and numbers.
- Tentative delivery dates.

– Identity of buyers.

– The applicable regime (either the Aircraft Sector Understanding prevailing prior to the 2007 ASU, or the 2007 ASU).

4) Information under the first, second and fourthtirets above shall be shared with all Participants; information under the third tiret above shall be managed exclusively by the Secretariat and the Chairman.

5) For each aircraft on transition lists:

– If official support is committed under the Aircraft Sector Understanding prevailing prior to the 2007 ASU, a commitment fee of 35 basis points per annum shall be charged from the earlier of the date of the final commitment or 31 March 2011, until the aircraft is delivered. In addition, the minimum premium charged shall be no less than 3% on an up-front basis.

– If official support is committed under the 2007 ASU, a commitment fee of 20 basis points per annum shall be charged from the earlier of the date of the final commitment or 30 June 2011, until the aircraft is delivered.

– The commitment fee set out in bothtirets above shall be in lieu of the fees set out in Articles 17 a) and b) 2) of the 2007 ASU. This commitment fee shall be charged in addition to the minimum premium charged.

b) The implementation of this Article shall be monitored in accordance with Article 35 b).

40. WITHDRAWAL

A Participant may withdraw from this Sector Understanding by notifying the Secretariat in writing by means of instant communication, *e. g.* electronic mail. The withdrawal takes effect six months after receipt of the notification by the Secretariat. Withdrawal will not affect agreements reached on individual transactions entered into prior to the effective date of the withdrawal.

APPENDIX I
PARTICIPATION IN THE AIRCRAFT SECTOR UNDERSTANDING

1. The Participants encourage non-Participants that are developing a manufacturing capacity for civil aircraft to apply the disciplines of this Sector Understanding. In this context the Participants invite non-Participants to enter into a dialogue with them regarding the conditions of joining the ASU.

2. The Secretariat should ensure that a non-Participant interested in participating in this Sector Understanding is provided with full information on the terms and conditions associated with becoming a Participant to this Sector Understanding.

3. The non-Participant would then be invited by the Participants to take part in the activities in pursuance of this Sector Understanding and to attend, as an observer, the relevant meetings. Such an invitation would be for a maximum of two years and could be renewed once for a further two years. During this period the non-Participant shall be invited to provide a review of its export credit system, especially for the export of civil aircraft.

4. At the end of that period, the non-Participant shall indicate whether it wishes to become a Participant in this Sector Understanding and to follow its disciplines; in the case of such confirmation, the non-Participant shall contribute, on an annual basis, to the costs associated with the implementation of this Sector Understanding.

5. The interested non-Participant shall be considered a Participant 30 working days after the confirmation referred to in Article 4 of this Appendix.

APPENDIX II
MINIMUM PREMIUM RATES

This Appendix sets out the procedures to be used when determining the pricing of official support for a transaction subject to this Sector Understanding. Section 1 sets out the risk classification procedures; Section 2 sets out the minimum premium rates to be charged for new and used aircraft, and Section 3 sets out the minimum premium rates to be charged for spare engines, spare parts, conversion/major modification/refurbishing, maintenance and service contracts, and engine kits.

SECTION 1: PROCEDURES FOR RISK CLASSIFICATION

1. The Participants have agreed on a list of risk classifications (the List) for buyers/borrowers; such risk classifications reflect the senior unsecured credit rating of buyers/borrowers using a common rating scale such as that of one of the credit rating agencies (CRA).

2. The risk classifications will be made by experts nominated by the Participants against the risk categories set out in Table 1 of this Appendix.

3. The List shall be binding at any stage of the transaction (*e. g.* campaign and delivery), subject to the provisions of Article 15 of this Appendix.

I. ESTABLISHMENT OF THE LIST OF RISK CLASSIFICATIONS

4. The List shall be developed and agreed among the Participants prior to the entry into force of this Sector Understanding; it shall be maintained by the Secretariat and made available to all the Participants on a confidential basis.

5. Upon request, the Secretariat may, on a confidential basis, inform an aircraft-producing nonParticipant of the risk classification of a buyer/borrower; in this case, the Secretariat shall inform all Participants of the request. A non-Participant may, at any time, propose additions to the List to the Secretariat. A non-Participant proposing an addition to the List may participate in the risk-classification procedure as if it were an interested Participant.

II. UPDATE OF THE LIST OF RISK CLASSIFICATIONS

6. Subject to the provisions of Article 15 of this Appendix, the List may be updated on an ad hoc basis in the event that either a Participant signals, in any form, its intention to apply another risk classification than that on the List, or a Participant needs a risk classification for a

buyer/borrower that is not yet on the List[①][②].

7. Any Participant shall, before any use of an alternative or new risk classification, send a request to the Secretariat for updating the List on the basis of an alternative or new risk classification. The Secretariat will circulate this request to all Participants within two working days, without mentioning the identity of the Participant who submitted the request.

8. A period of ten[③] working days is allowed for interested Participants either to agree to or to challenge any proposed change to the List; a failure to respond within this period is considered as an agreement to the proposal. If at the end of the ten-day period, no challenge has been made to the proposal, the proposed change in the List is deemed to have been agreed. The Secretariat will modify the List accordingly and send a message via electronic mail within five working days; the revised List shall be binding from the date of that message.

III. RESOLUTION OF DISAGREEMENTS

9. In the event of a challenge to a proposed risk classification, interested Participants shall, at an expert level, make their best efforts to come to an agreement on the risk classification within a further period of ten working days after notification of a disagreement. All means necessary to resolve the disagreement should be explored, with the assistance of the Secretariat if necessary (*e. g.* conference calls or face-to-face consultations). If interested Participants agree to a risk classification within this ten working-day period, they shall inform the Secretariat of the outcome upon which the Secretariat will update the List accordingly and send a message via electronic mail in the following five working days. The adjusted List shall be binding from the date of that message.

10. In case the disagreement is not resolved among the experts within ten working days, the issue will be referred to the Participants for decision on an appropriate risk classification, in a period that shall not exceed five working days.

11. In the absence of a final agreement, a Participant may have recourse to a CRA to determine the risk classification of the buyer/borrower. In such cases, the Chairman of the Participants shall address a communication on behalf of the Participants to the buyer/borrower,

---

① An explanation shall be provided where the proposed risk-rating of a buyer/borrower exceeds the risk rating of the host sovereign.

② For transactions with an export contract value of less than USD 5 million, a Participant not wishing to follow the risk classification procedure set out in Articles 6 to 8 of this Appendix shall apply the risk classification "8" for the buyer/borrower which is the subject of the transaction and shall notify the transaction in accordance with Article 24 a) of this Sector Understanding.

③ For transactions with an export contract value of less than USD 5 million, a five working-day period shall apply.

within ten working days. The communication shall include the terms of reference for the risk assessment consultation as agreed among the Participants. The resulting risk classification will be registered in the List and become binding immediately following the Secretariat's message to finalise the update procedure within five working days.

12. Unless otherwise agreed, the cost of such recourse to a CRA shall be borne by the interested buyer/borrower.

13. During the procedures set out in Articles 9 to 11 of this Appendix, the prevailing risk classification (when available on the List) shall remain applicable.

IV. VALIDITY PERIOD OF CLASSIFICATIONS

14. The valid risk classifications are the prevailing risk classifications as recorded in the List maintained by the Secretariat; indications and commitments of premium rates shall only be made in accordance with those risk classifications.

15. Risk classifications have a 12-month maximum validity period from the date recorded in the List by the Secretariat for the purpose of the Participants providing indication and final commitments of premium rates; the validity period for a specific transaction may be extended by an additional 18 months once a commitment or a final commitment has occurred and premium holding fees are charged. Risk classifications may be subject to revision during the 12-month validity period in case of material changes to the risk profile of the buyer/borrower, such as a modification of a rating delivered by a CRA.

16. Unless any Participant requests its update, at least 20 working days before the end of the relevant risk classification validity period, the Secretariat shall remove that risk classification from the next succeeding updated List. The Secretariat will circulate this update request to all Participants within two working days, without mentioning the identity of the Participant who submitted the request, and the procedures set out in Articles 9 to 11 of this Appendix shall apply.

V. BUYER/BORROWER RISK CLASSIFICATION REQUEST

17. If, at the campaign stage, a buyer/borrower requests an indication of its risk classification and if it is not yet on the List, that buyer/borrower may ask for an indicative risk classification from a CRA at its own expense. This risk classification shall not be included in the List; it may be used by the Participants as a basis for their own risk assessment.

SECTION 2: MINIMUM PREMIUM RATES FOR NEW AND USED AIRCRAFT

I. ESTABLISHMENT OF THE MINIMUM PREMIUM RATES

18. Articles 19 to 60 of this Appendix set out the minimum premium rates corresponding to

the risk classification of a buyer/borrower (or, if a different entity, the primary source of repayment of the transaction).

19. The Participants may provide official support at or above the minimum premium rate provided that all the conditions below are fulfilled:

a) The transaction is asset-backed, meeting all of the following criteria:

1) A first priority security interest on or in connection with the aircraft and engines.

2) In the case of a lease structure, assignment and/or a first priority security interest in connection with the lease payments.

3) Cross default and cross collateralization of all aircraft and engines owned legally and beneficially by the same parties under the proposed financing, whenever possible under the applicable legal regime.

b) The transaction is structured to include, as a minimum, risk mitigants as set out in Table 1 below:

Table1. Risk Mitigants

ASU Risk Category	Risk Ratings	Risk Mitigants	
		TOTAL	Of which at least "A"
1	AAA to BBB-	0	0
2	BB+ and BB	0	0
3	BB-	1	1
4	B+	2	1
5	B	2	1
6	B-	3	2
7	CCC	4	3
8	CC to C	4	3

20. For purposes of Article 19 of this Appendix:

a) The Participants may select from the following risk mitigants:

"A" *risk mitigants*:

1) Reduced advance rate: each reduction of five percentage points from the advance rates referred to in Articles 10 a) and b) of this Sector Understanding is equivalent to one "A" risk mitigant. In this case, the Participant shall not provide official support in any form in excess of the reduced advance rate.

2) Straight line amortisation: repayment of principal in equal instalments is equivalent to one risk mitigant.

3) Reduced repayment term: a repayment termthat does not exceed ten years is equivalent

to one risk mitigant, irrespective of the maximum repayment term allowed.

"*B*" *risk mitigants*:

1) Security deposit: each security deposit in an amount equal to one quarterly instalment of principal and interest is equivalent to one risk mitigant. The security deposit can be in the form of cash or a standby letter of credit.

2) Lease payments in advance: lease payments in an amount equal to one quarterly instalment of principal and interest shall be paid one quarter in advance of each repayment date.

3) Maintenance reserves in a form and amount reflective of market best practices.

b) Subject to a prior notification, up to one of the "A" risk-mitigants may be replaced by a 15% surcharge on the applicable minimum premium rate.

21. Minimum premium rates to be applied to a transaction can be set prior to delivery, either at commitment, final commitment or otherwise at the commencement of a premium holding period with a defined duration. Final upfront premium rate, per annum spread, or a combination thereof to be applied to the transaction will comply with the minimum premium rate so established as well as mandatory risk mitigants prescribed in Article 19 b) of this Appendix as of the date on which the minimum premium rates were set. Such terms shall apply for the full length of the premium holding period and may only be revised following the expiry of that period, at which time the minimum premium rates and mandatory risk mitigants prescribed by the ASU then in force will apply and may be set for a subsequent premium holding period.

22. Pursuant to Article 11 of this Sector Understanding, the minimum premium rates to be applied are composed of minimum risk-based rates (RBR) to which a market reflective surcharge (MRS) shall be added, in accordance with Articles 23 to 35 below.

23. As of the entry into force of this Sector Understanding, the RBRs are:

Table 2. Risk-based rates

ASU Risk Category	Spreads (bps)	Upfront (%)
1	89	4.98
2	98	5.49
3	116	6.52
4	133	7.49
5	151	8.53
6	168	9.51
7	185	10.50
8	194	11.03

24. The RBRs rates shall be reset on an annual basis, based on 4-year moving average of the annual Moody's Loss Given Default (LGD). The appropriate LGD for this reset is based on the 1st Lien Senior Secured Bank Loans, and shall be calculated as follows:

Table 3

LGD Mapping	
4-year Moving Average	LGD Considered
> =45%	25%
> ='35%' < 45%	23%
> -'30%' < 35%	21%
< 30%	19%

25. A RBR adjustment factor shall be determined as follows:

$$\frac{\text{LGD Considered}}{19\%} = \text{RBR adjustment factor}$$

26. The RBR adjustment factor shall be multiplied by the RBRs set out in Table 2 above, in order to determine the reset RBRs.

27. The RBRs resulting fromthe reset processes listed above will be effective as of 15 April of each following year. Once the RBRs resulting from the annual reset have been determined, the Secretariat shall inform immediately all Participants of the applicable rates and make them publicly available.

28. For each risk category, a Market Reflective Surcharge shall be calculated as follows:

$$MRS = B * [(0.5 * MCS) - RBR]$$

where:

- B is a blend coefficient varying from 0. 7 to 0. 35 according to each risk category as per Table 4 below.
- MCS is a 90-day moving average of Moody's Median Credit Spreads (MCS) with an average life of 7 years.

29. Where risk categories include more than one risk rating, the spreads shall be averaged. In risk category 1, the BBB- spread shall be used.

30. The MCS spreads shall be discounted by 50% to account for the asset-security. The MCS discounted spreads shall then be adjusted by a blend factor ranging from 70% to 35% as per Table 4 below, applied on the difference between the MCS discounted spreads and the RBR. Any negative spreads resulting from the blending shall not be deducted.

Table 4. Blend factors

Risk-Ratings	ASU Risk Category	Blend Factor (%)
AAA	1	70
AA	1	70
A	1	70
BBB +	1	70
BBB	1	70
BBB-	1	70
BB +	2	65
BB	2	65
BB-	3	50
B +	4	45
B	5	40
B-	6	35
CCC	7	35
CC	8	35
C	8	35

31. The MRS shall beupdated on a quarterly basis and the resulting MCS shall become effective respectively on 15 January, 15 April, 15 July and 15 October of each year. Following each update, the Secretariat shall inform immediately all Participants of the applicable MRS and the resulting minimum rates and make them available to Participants prior to the date these rates become effective.

32. The increase in minimum premium rates resulting from the MRS update shall be capped at 10% of the previous quarterly minimum premium rates. Therefore, the minimum premium rates (which result from adding the RBRs and the MRS) shall be capped at 200% of the RBRs and floored at 100% of the RBRs.

33. The premium rates resulting from the application of Article32 for risk categories 2-8 shall be adjusted, if necessary, to ensure that the premium rate for each risk category is no lower than the premium rate for the risk category that immediately precedes it (i. e. the premium rate for category "x" that is lower than the premium rate for category "x-1" will be

adjusted upwards to the level of the premium rate for category "x-1").

34. In order to determine the minimum premium rates:

- The following formula shall be used:

$$Net\ MPR = MPR * (1 + RTAS) * (1 + RFAS) * (1 + RMRS) * (1 - CTCD) * (1 + NABS) - CICD$$

Where:

- RTAS represents the repayment term adjustment surcharge set out in Article 12 b) of this Sector Understanding.
- RFAS represents the repayment frequency adjustment surcharge set out in Articles 13 a) 1) and 2) of this Sector Understanding.
- RMRS represents the risk mitigant replacement surcharge set out in Article 20 b) of this Appendix.
- CTCD represents the Cape Town Convention Discount set out in Article 38 of this Appendix.
- NABS represents the non-asset-backed surcharge set out in Articles 57 a) 4), 57 b) and 59 b) of this Appendix, as applicable.
- CICD represents the conditional insurance coverage discount set out in Article 56 a) of this Appendix.

- Premium may be paid either upfront or, over the life of the facility, as spreads expressed in basis points per annum, or in any combination of upfront rates and spreads. The upfront rates and spreads shall be calculated using the premium rate conversion model (PCM) so that the premium payable for a given transaction has the same NPV whether payable upfront, as a spread over the life of the facility, or a combination thereof. In transactions where, prior to the commencement of cover, terms are agreed or stipulated, which entail a reduction in the weighted average life, an upfront rate (calculated using the PCM) may be charged, which in terms of the resulting premium payable, corresponds to that payable in NPV terms under the spreads.

35. The applicable minimum premiumrates are published on the OECD website, using the format set out in Table 5 below.

Table 5. Minimum premium rates

(12-year repayment term, asset-backed transactions)

Riskcategory	Risk classification	Minimum premium rates	
		Per annum spreads (bps)	Up-front (%)
1	AAA to BBB-		
2	BB + and BB		
3	BB-		
4	B +		
5	B		
6	B-		
7	CCC		
8	CC to C		

II. REDUCTIONS OF THE MINIMUM PREMIUM

36. Subject to the provisions of Article 37 of this Appendix, a reduction of the minimum premium rates established in accordance with sub-Section I above shall be allowed if:

a) The asset-backed transaction relates to an aircraft object within the meaning of the Cape Town Protocol on Matters Specific to Aircraft Equipment,

b) The operator of the aircraft object (and, if different, the borrower/buyer or lessor if, in the view of the Participant providing the official support, the structure of the transaction so warrants) is situated in a State which, at the time of disbursement in respect of the aircraft object, appears on the list of States which qualify for the reduction of the minimum premium rates ("Cape Town List"), and where applicable, in a territorial unit of that State that qualifies under Article 39 of this Appendix, and

c) The transaction relates to an aircraft object registered on the International Registry established pursuant to the Cape Town Convention, and the Aircraft Protocol thereto (Cape Town Convention or CTC).

37. The reduction of the minimum premium rates established in accordance with sub-Section I above shall not exceed 10% of the applicable minimum premium rate.

38. In order to be included on the Cape Town List, a State shall:

a) Be a Contracting Party to the Cape Town Convention;

b) Have made the qualifying declarations set out in Annex I to this Appendix; and

c) Have implemented the Cape Town Convention, including the qualifying declarations, in its laws and regulations, as required, in such a way that the Cape Town Convention commitments are appropriately translated into national law.

39. To qualify under Article 36 of this Appendix, a territorial unit shall:

a) Be a territorial unit to which the Cape Town Convention has been extended;

b) Be a territorial unit in respect of which the qualifying declarations set out in Annex I to this Appendix apply; and

c) Have implemented the Cape Town Convention, including the qualifying declarations, in its laws and regulations, as required, in such a way that the Cape Town Convention commitments are appropriately translated into national law.

40. An initial agreed Cape Town List shall be provided by the Participants to the Secretariat prior to the entry into force of this Sector Understanding. Updates to the Cape Town List shall be made in accordance with Articles 41 to 53 of this Appendix.

41. Any Participant or non-Participantthat provides official support for aircraft may propose to the Secretariat the addition of a State to the Cape Town List. Such proposal shall include, with respect to such State:

a) All the relevant information in respect of the date of deposit of the Cape Town Convention ratification or accession instruments with the Depositary;

b) A copy of the declarations made by the State which is proposed to be added to the Cape Town List;

c) All relevant information in respect of the date on which the Cape Town Convention and the qualifying declarations have entered into force;

d) An analysis which outlines the steps that the State which is proposed to be added to the Cape Town List has taken to implement the Cape Town Convention including the qualifying declarations in its laws and regulations, as required to ensure that the Cape Town Convention commitments are appropriately translated into national law; and

e) A duly completed questionnaire, the form of which is attached at Annex 2 of this Appendix ("CTC Questionnaire") completed by at least one law firm qualified to give legal advice in relation to the relevant jurisdiction of the State which is proposed to be added tothe Cape Town List. The completed CTC Questionnaire shall specify:

1) The name(s) and office address(es) of the responding law firm(s);

2) The law firm's relevant experience, which could include experience in legislative and constitutional processes as they relate to the implementation of international treaties in the State, and specific experience in CTC related issues including any experience in advising either a government on implementation and enforcement of the Cape Town Convention or the private sector, or enforcement of creditor's rights

in the State which is proposed to be added to the Cape Town List;

3) Whether the law firm is involved or intends to be involved in any transactions that may benefit from a reduction of minimum premium rates if the proposed State is added to the CTC list①; and

4) The date on which the CTC Questionnaire has been completed.

42. The Secretariat shall circulate a messagevia electronic mail within five working days containing the proposal.

43. Any Participant or non-Participant which provides official support for aircraft may propose that a State be removed from the Cape Town List if they are of the view that such State has taken actions that are inconsistent with, or failed to take actions that are required by virtue of, that State's Cape Town Convention commitments. To that end, the Participant or non-Participant shall include in a proposal for removal from the Cape Town List, a full description of the circumstances that have given rise to the proposal for deletion, such as any State actions that are inconsistent with its Cape Town Convention commitments, or any failure to maintain or enforce legislation required by virtue of that State's Cape Town Convention commitments. The Participant or non-Participant who submits the proposal for removal from the Cape Town List shall provide any supporting documentation that may be available, and the Secretariat shall circulate a message via electronic mail within five working days containing such proposal.

44. Any Participant or non-Participant which provides official support for aircraft may propose the reinstatement of a State that has been previously removed from the Cape Town List, where such reinstatement is justified by subsequent corrective actions or events. Such a proposal shall be accompanied by a description of the circumstances that gave rise to the removal of the State as well as a report of the subsequent corrective actions in support of reinstatement. The Secretariat shall circulate a messagevia electronic mail within five working days containing such proposal.

45. The Participants may either agree to or challenge a proposal brought forward under Articles 41 to 44 of this Appendix within 20 working days from the date of submission of the proposal ("Period 1").

46. If at the end of Period 1, and in the case of Article 43 of this Appendix unless the proposal has been withdrawn by the proposing Participant or non-Participant providing evidence of corrective actions or events, no challenge has been made to the proposal, the proposed

① Together with information regarding any involvement (provided with due respect for confidentiality duties).

update to the Cape Town List is deemed to have been accepted by all Participants. The Secretariat will modify the Cape Town List accordingly and send a message via electronic mail within five working days. The updated Cape Town List shall take effect on the date of that message.

47. In the event of a challenge to the proposed update of the Cape Town List, the challenging Participant or Participants shall, within Period 1, provide a written explanation of the basis of the challenge. Following circulation by the OECD Secretariat to all Participants of the written challenge, the Participants shall make best efforts to come to an agreement within a further tenworking day period ("Period 2").

48. The Participants shall inform the Secretariat of the outcome of their discussions. If an agreement is reached during Period 2, the Secretariat will, if necessary, update the Cape Town List accordingly and send a messagevia electronic mail in the following five working days. The updated Cape Town List shall take effect on the date of that message.

49. If no agreement is reached during Period 2, the Chairman of the Participants to this Sector Understanding (hereafter "the Chairman") will make her/his best efforts to facilitate a consensus between the Participants, within20 working days ("Period 3") immediately following Period 2. If at the end of Period 3, no consensus is reached, a final resolution shall be achieved through the following procedures:

a) The Chairman shall make a written recommendation with respect to the proposed update of the Cape Town List. The Chairman's recommendation shall reflect the majority view emerging from the views openly expressed by at least the Participantsthat provide official support for aircraft exports. In the absence of a majority view, the Chairman shall make a recommendation based exclusively on the views expressed by the Participants and shall set out in writing the basis for the recommendation, including in the case of ineligibility, the eligibility criteria that were not met.

b) The Chairman's recommendation shall not disclose any information relating to Participants' views or positions expressed in the context of the process set out in Articles 41 to 50 of this Appendix, and

c) The Participants shall accept the recommendation of the Chairman.

50. If, following a proposal submitted under Article 41 of this Appendix, the Participants or Chairman has determined that a State is not eligible to be added to the Cape Town List, a Participant or non-Participant may submit another proposal requesting that the Participants reconsider the State's eligibility. The proposing Participant or non-Participant shall address the

reasons substantiating the original determination of ineligibility. The proposing Participant or non-Participant shall also obtain and provide an updated CTC questionnaire. This new proposal shall be subject to the process set out in Articles 45 to 51 of this Appendix.

51. In the event of any change to the list of qualified countries pursuant to the procedures set out in Article 49 of this Appendix, the Secretariat shall issue a message via electronic mail containing the updated Cape Town List within five working days of such change. The updated Cape Town List shall take effect on the date of that message.

52. The addition, withdrawal or reinstatement of a State to the Cape Town List after disbursement in respect of an aircraft shall not affect MPRs established regarding such aircraft.

53. In the context of the process set out in Articles 41 to 51 of this Appendix, the Participants shall not disclose any information relating to views or positions expressed.

54. The Participants shall monitor the implementation of Articles 41 to 53 of this Appendix and review it annually or upon the request of any Participant.

55. For new and used aircraft, the following adjustments to the applicable minimum premium rates may be applied:

a) A discount of five basis points (per annum spreads) or 0.29% (up-front) to the applicable minimum premium rates may be applied for officially supported transactions in the form of conditional insurance cover.

b) The minimum premium rates shall be applied on the covered principal amount.

III. NON ASSET-BACKED TRANSACTIONS

56. Notwithstanding the provisions of Article 19 a) of this Appendix, the Participants may provide officially supported export credits for non-asset backed transactions, provided either of the following conditions is fulfilled:

a) In the case of non-sovereign transactions:

1) The maximum value of the export contract receiving official support is USD 15 million.

2) The maximum repayment term shall be 10 years,

3) No third party has a security interest in the assets being financed, and

4) A minimum surcharge of 30% shall be applied to the minimum premium rates established in accordance with sub-Section I above.

b) In the case of a transaction with a sovereign or backed by an irrevocable and unconditional sovereign guarantee, a minimum surcharge shall, in accordance with Table 6 below, be applied to the minimum premium rates set out in accordance with sub-Section I above.

Table 6

Risk Category	Surcharge (%)
1	0
2	0
3	0
4	10
5	15
6	15
7	25
8	25

57. The provisions of Articles 36 to 52 of this Appendix do not apply to officially supported export credits provided pursuant to Article 56 of this Appendix.

SECTION 3: MINIMUM PREMIUM RATES FOR GOODS AND SERVICES OTHER THAN USED AIRCRAFT COVERED BY PART 3 OF THIS SECTOR UNDERSTANDING

58. When providing official support for all goods and services other than used aircraft covered by Part 3 of this Sector Understanding, the minimum premium rates shall be as follows:

a) In the case of asset-backed transactions, the minimum premium rates shall be equal to the prevailing minimum spreads established in accordance with sub-Section I above and, in the case of pure cover, converted to upfront fees using the conversion model and the appropriate tenor.

b) In the case of non asset-backed transactions, the minimum premium rates shall be equal to the prevailing minimum spreads established in accordance with sub-Section I above to which a surcharge of 30% will be added, and, in the case of pure cover, converted to upfront fees using the conversion model and the appropriate tenor.

59. The provisions of Articles 36 to 52 of this Appendix shall apply to official support for asset backed spare engines covered by Article 20 a) and c) of this Sector Understanding and support under the first tiret of Article 21 a) 1) of this Sector Understanding.

60. The provision of Article 55 of this Appendix shall also apply to official support for all goods and services other than used aircraft covered by Part 3 of this Sector Understanding.

ANNEX 1: QUALIFYING DECLARATIONS

1. For the purpose of Section 2 of Appendix II, the term "qualifying declarations", and all other references thereto in this Sector Understanding, means that a Contracting party to the Cape Town Convention (Contracting Party):

a) Has made the declarations in Article 2 of this Annex, and

b) Has not made the declarations in Article 3 of this Annex.

2. The declarations for the purpose of Article 1 a) of this Annex are:

a) Insolvency: State Party declares that it will apply the entirety of Alternative A under Article XI of the Aircraft Protocol to all types of insolvency proceeding and that the waiting period for the purposes of Article XI (3) of that Alternative shall be no more than 60 calendar days.

b) Deregistration: State Party declares that it will apply Article XIII of the Aircraft Protocol.

c) Choice of Law: State Party declares that it will apply Article VIII of the Aircraft Protocol.

And at least one of the following (though both are encouraged):

d) Method for Exercising Remedies: State Party declares under Convention Article 54 (2) that any remedies available to the creditor under any provision of the Convention which are not expressed under the relevant provisions thereof to require application to a court may be exercised without leave of the court (the insertion "without court action and" to be recommended (but not required) before the words "leave of the court");

e) Timely Remedies: State Party declares that it willapply Article X of the Aircraft Protocol in its entirety (though clause 5 thereof, which is to be encouraged, is not required) and that the number of working days to be used for the purposes of the time-limit laid down in Article X (2) of the Aircraft Protocol shall be in respect of:

1) The remedies specified in Articles 13 (1) (a), (b) and (c) of the Convention (preservation of the aircraft objects and their value; possession, control or custody of the aircraft objects; and immobilisation of the aircraft objects), not more than that equal to ten calendar days, and

2) The remedies specified in Articles 13 (1) (d) and (e) of the Convention (lease or management of the aircraft objects and the income thereof and sale and application of proceeds from the aircraft equipment), not more than that equal to 30 calendar days.

3. The declarations referred to in Article 1 b) of this Annex are the following:

a) Relief Pending Final Determination: State Party shall not have made a declaration under Article 55 of the Convention opting out of Article 13 or Article 43 of the Convention; provided, however, that, if State Party made the declarations set out under Article 2 d) of this Annex, the making of a declaration under Article 55 of the Convention shall not prevent application of the Cape Town Convention discount.

b) Rome Convention: State Party shall not have made a declaration under Article XXXII of the Aircraft Protocol opting out of Article XXIV of the Aircraft Protocol; and

c) Lease Remedy: State Party shall not have made a declaration under Article 54 (1) of the Convention preventing lease as a remedy.

4. Regarding Article XI of the Aircraft Protocol, for Member States of the European Union, the qualifying declaration set out in Article 2 a) of this Annex shall be deemed made by a Member State, for purposes hereof, if the national law of such Member State was amended to reflect the terms of Alternative A under Article XI of the Aircraft Protocol (with a maximum 60 calendar days waiting period). As regards the qualifying declarations set out in Articles 2 c) and e) of this Annex, these shall be deemed satisfied, for the purpose of this Sector Understanding, if the laws of the European Union or the relevant Member States are substantially similar to that set out in such Articles of this Annex. In the case of Article 2 c) of this Annex, the laws of the European Union (EC Regulation 593/2008 on the Law Applicable to Contractual Obligations) are agreed to be substantially similar to Article VIII of the Aircraft Protocol.

ANNEX 2: CAPE TOWN CONVENTION QUESTIONNAIRE

I. Preliminary Information

Please provide the following information:

a) The name and full address of the law firm completing the questionnaire.

b) The law firm's relevant experience, which could include experience in legislative and constitutional processes as they relate to the implementation of international treaties in the State, and specific experience in CTC related issues including any experience in advising either a government on implementation and enforcement of the Cape Town Convention or the private sector, or enforcement of creditor's rights in the State which is proposed to be added to the Cape Town List.

c) Whether the law firm is involved or intends to be involved in any transactions that may benefit from a reduction of minimum premium rates if the proposedState is added to the CTC list. ①

4. The date on which this questionnaire was completed.

II. Questions

1. Qualifying declarations

1.1 Has the State② made each of the qualifying declarations in accordance with the requirements of Annex 1 to Appendix II of the Sector Understanding on Export Credits for Civil Aircraft ("ASU") (each a "Qualifying Declaration")? In particular, regarding the declarations concerning "Method for Exercising Remedies" [Article 2 d)] and "Timely Remedies" [Article 2 e)], please specify if one or both of these have been made.

1.2 Please describe the way in which the declarations made differ, if at all, from the requirements referred to in Question 1.1.

---

① Together with information regarding any involvement (provided with due respect for confidentiality duties).

② For the purposes of this questionnaire the "State" is the country that is being proposed for addition to the Cape Town Convention List under Appendix II, Section 2 II of the ASU. Where appropriate, these questions shall also be answered in respect of the laws of the particular "territorial unit" of the State in which the relevant operator of an aircraft [or other relevant body as set out in Article 36 (b) Appendix II] is located and "national law" shall be read as including a reference to the relevant local law.

1.3 Please confirm that the State has not made any of the declarations listed in Article 3 of Annex 1 to Appendix II of the ASU.

2. Ratification

1.1 Has the State ratified, accepted, approved or acceded to the Cape Town Convention and Aircraft Protocol ("Convention")? Please could you state the date of ratification/accession and briefly describe the State's process of accession to or ratification of the Convention?

1.2 Do the Convention and Qualifying Declarations ("QD") made have the force of law in the whole territory of the State without any further act, implementing legislation or the passing of any further law or regulation?

1.3 If so, please briefly explain the process that gives the Convention and QDs the force of law.

3. Effect of national and local law

1.1 Describe and list, if applicable, the implementing legislation and regulation(s) with respect to the Convention and each QD made by the State.

1.2 Would the Convention and QDs made, as translated into national law① ("Convention and QDs"), overrule or have priority over any conflicting national law, regulation, order, judicial precedent or regulatory practice. If so, please describe the process by which this happens,② and if not, please provide details.

1.3 Are there any existing gaps in the implementation of the Convention and QDs? If so, please describe.③

4. Court and administrative decisions

1.1 Please describe any matters, including judicial, regulatory, or administrative practice which could be expected to result in the courts, authorities or

---

① For the purposes of this questionnaire, 'national law' refers to all national legislation of a State, including but not limited to, the Constitution and its Amendments, any federal, state and district law or regulation.

② For example, that (i) treaties prevail over other law as a matter of constitutional or similar framework law in State X, or (ii) legislation is required in State X, and has been enacted expressly setting out the priority of the Cape Town Treaty and /or superseding such other law, or (iii) the Cape Town Treaty or its implementing legislation is (a) more specific than other law (lex specialis derogat legi generali), and/or (b) later in time than such other law (lex posterior derogat legi priori), and as a result of (a) and/or (b) prevails over such other law.

③ For example, is there any reason why the rights and remedies granted to creditors under the Convention, including those granted under the QDs, would not (a) be recognised as being effective or (b) be sufficient by themselves, to enable such rights and remedies to be validly exercised in the State?

administrative bodies failing to give full force and effect to the Convention and QDs. [①,②]

1.2 To your knowledge, has there been any judicial or administrative enforcement action taken by a creditor under the Convention? If so, please describe the action and indicate whether it was successful.

1.3 To your knowledge, since ratification/implementation, have the courts in that State refused in any instance to enforce loan obligations of a debtor or guarantor in the State contrary to the Convention and QDs?

1.4 To your knowledge, are there any other matters that may impact whether courts and administrative bodies should be expected to act in a manner consistent with the Convention and QDs? If so, please specify.

① An example of an administrative action for the purposes of this question might be the failure by the State to put in place any procedures or resources to give effect to a provision of the Convention or a Qualifying Declaration. Another example would be the failure by a State to put in place proper procedures in its aircraft registry for recording IDERAs.

② Please include in your analysis any precedent / decision relating to the recognition of rights of creditors, including ECAs, when relevant.

APPENDIX III
MINIMUM INTEREST RATES

The provision of official financing support shall not offset or compensate, in part or in full, for the appropriate premium rate to be charged for the risk of non-repayment pursuant to the provisions of Appendix II.

1. MINIMUM FLOATING INTEREST RATE

a) The minimum floating interest rate shall be, as appropriate, the EURIBOR, the Bank Bill Swap Rate, i. e. BBSY, the London Inter-Bank Offered Rate, i. e. LIBOR, as compiled by the British Bankers' Association (BBA) with the currency and the maturity corresponding to the frequency of interest payment of officially supported export credit, or the Canadian Dealer Offered Rate (CDOR), to which a margin benchmark calculated in accordance with Article 8 of this Appendix, shall be added.

b) The floating interest rate setup mechanism shall vary according to the repayment profile chosen, as follows:

1) When the repayment of principal and the payment of interest are combined in equal instalments, the relevant EURIBOR/BBSY/LIBOR/CDOR effective two business days prior to the loan drawdown date, according to the relevant currency and payment frequency shall be used to calculate the entire payment schedule, as if it were a fixed rate. The principal payment schedule shall then be fixed as well as the first interest payment. The second interest payment, and so on, shall be calculated based on the relevant EURIBOR/BBSY/LIBOR/CDOR effective two business days before the prior payment date over the outstanding principal balance initially established.

2) When the repayment of principal is made in equal instalments, the relevant EURIBOR/BBSY/LIBOR/CDOR, according to the relevant currency and payment frequency, effective two business days before the loan drawdown date and prior to each payment date shall be used to calculate the following interest payment over the outstanding principal balance.

c) Where official financing support is provided for floating rate loans, buyers/borrowers may have the option to switch from a floating rate to a fixed rate provided that the following conditions are fulfilled:

1) The option is restricted to switching to the swap rate only;

2) The option to switch shall only be exercised upon request, only once, and shall be reported accordingly with a reference to the reporting form initially sent to the Secretariat pursuant to Article 24 of this Understanding.

2. MINIMUM FIXED INTEREST RATE

The minimum fixed interest rate shall be either:

a) The swap rate, concerning the relevant currency of the officially supported export credit and with a maturity equal to the interpolated rate for the two closest available annual periods to the weighted average life of the loan. The interest rate shall be set two business days prior to each drawdown date.

OR

b) The Commercial Interest Reference Rate (CIRR) established according to the provisions set out in Articles 3 to 7 of this Appendix,

to which, in both cases, the margin benchmark, calculated in accordance with Article 8 f) of this Appendix, shall be added.

3. CONSTRUCTION OF CIRR

a) A CIRR shall be published for the euro, the Japanese yen, the UK pound sterling, the US dollar and, pending the submission of a request by an Interested Participant, any of the eligible currencies set out in Article 9 of this Sector Understanding and calculated by adding a fixed margin of 120 basis points to one of the following three yields (the base rates):

1) Five-year government bond yields for a repayment term up to and including nine years,

2) Seven-year government bond yields for over nine and up to and including 12 years, or

3) Nine-year government bond yields for over 12 and up to and including 15 years.

b) CIRR shall be calculated monthly using data from the previous month and notified to the Secretariat, no later than five days after the end of each month. The Secretariat shall then inform immediately all Participants of the applicable rates and make them publicly available. CIRR shall take effect on the 15th day of each month.

c) A Participant or a non-Participant may request that a CIRR be established for the currency of a non-Participant. In consultation with the non-Participant, a Participant or the Secretariat on behalf of that non-Participant may make a proposal for the construction of the CIRR in that currency using the Common Line procedures set out in

Articles 28 to 33 of this Sector Understanding.

4. VALIDITY PERIOD OF CIRR

a) Holding the CIRR: the CIRR applying to a transaction shall not be held for a period longer than six months from its selection (export contract date or any application date thereafter) to the credit agreement date. If the credit agreement is not signed within that limit, and the CIRR is reset for an additional six months, the new CIRR shall be committed at the rate prevailing at the date of reset.

b) After the credit agreement date, the CIRR shall be applied for drawingperiods that do not exceed six months. After the first six-month drawing period, the CIRR is reset for the next six months; thc new CIRR shall be the one prevailing at the first day of the new sixmonth period and cannot be lower than the CIRR originally selected (procedure to be replicated for each subsequent sixmonth period of drawings).

5. APPLICATION OF MINIMUM INTEREST RATES

Within the provisions of the credit agreement the borrower shall not be allowed an option to switch from an officially supported floating rate financing to a pre-selected CIRR financing, nor be allowed to switch between a pre-selected CIRR and the short term market rate quoted on any interest payment date throughout the life of the loan.

6. EARLY REPAYMENT OF FIXED INTEREST RATE LOANS

In the event of a voluntary, early repayment of a fixed interest rate loan as determined in Article 2 of this Appendix, or any portion thereof or when the CIRR applied under the credit agreement is modified into a floating or a swap rate, the borrower shall compensate the institution providing official financing support for all costs and losses incurred as a result of such actions, including the cost to the government institution of replacing the part of the fixed rate cash inflow interrupted by the early repayment.

7. IMMEDIATE CHANGES IN INTEREST RATES

When market developments require the notification of an amendment to a CIRR during the course of a month, the amended rate shall be implemented ten working days after notification of this amendment has been received by the Secretariat.

8. MARGIN BENCHMARK

a) A three-month LIBOR margin benchmark shall be calculated monthly in accordance with paragraph b), using data notified to the Secretariat in accordance with paragraph c), and shall take effect on the 15th day of each month. Once calculated, the margin benchmark shall be notified by the Secretariat to the Participants and shall be made publicly available.

b) The three-month LIBOR margin benchmark shall be a rate equivalent to the average of the lowest 50% of the margins over: (i) three-month LIBOR charged for floating rate transactions and (ii) three-month LIBOR as interpolated by swapping the fixed rate issuance to a floating rate equivalent charged for fixed rate transactions or capital market issuances. In either case, the margins included in the monthly benchmark reports submitted by relevant Participants shall be those from the three full calendar months preceding the effective date set out in paragraph a) above. Transactions / issuances that are used in the calculation of the margin benchmark shall meet the following conditions:

1) 100% unconditional guarantee transactions denominated in US dollars; and

2) Official support provided in respect ofaircraft valued at or above USD 35 million (or its equivalent in any other eligible currency).

c) Participants shall report a margin at the time it becomes known and that margin will remain on the Participant's margin benchmark report for three full calendar months. In the case of individual transactions with multiple pricing events, there shall be no attempt to match subsequent pricing events to ex post notifications.

d) Participants shall notify transactions as of the date on which the long-term margin is realised. For bank mandated deals (including PEFCO), the date on which the margin is realised would be the earliest of the following: (i) issuance of a final commitment by the Participant, (ii) setting of the margin post-commitment, (iii) loan drawdown, and (iv) setting of the long-term margin post drawdown. In the case of several drawdowns occurring under the same bank mandate at the same margin, notification shall only be made in respect of the first aircraft. For loans funded by way of capital market issuance, the date on which the margin is realised shall be the date on which the long term rate is set which is typically the bond issuance date. In the case of several drawdowns occurring under the same bond and at the same margin, notification shall only be made in respect of the first aircraft.

e) The three-month LIBOR margin benchmark shall be applicable to a floating rate transaction and shall be set no earlier than the date of the final commitment.

f) For a fixed rate transaction, the margin benchmark applicable to the transaction shall be determined by swapping the threemonth LIBOR margin benchmark into an equivalent spread over the applicable fixed rate, as determined in Article 2 of this

Appendix, no earlier than the final commitment date and shall be set no earlier than that date.

g) The Participants shall monitor the margin benchmark and shall review the margin benchmark mechanism upon the request of any Participant.

APPENDIX IV REPORTING FORM

a) Basic Information

1. Notifying country

2. Notification date

3. Name of notifying authority/agency

4. Identification number

b) Buyer/Borrower/Guarantor Information

5. Name and country of buyer

6. Name and country of borrower

7. Name and country of guarantor

8. Status of buyer/borrower/guarantor, *e. g.* sovereign, private bank, other private

9. Risk classification of buyer/borrower/guarantor

c) Financial Terms and Conditions

10. In what form is official support provided, *e. g.* pure cover, official financing support

11. If official financing support is provided, is it a direct credit/refinancing/interest rate support

12. Description of the transaction supported, including the manufacturer, aircraft model and number of aircraft; indication of whether the transaction falls under the transitional arrangements set out in Article 39 a) or b) of this Understanding.

13. Final commitment date

14. Currency of credit

15. Credit amount, according to the following scale in USD millions:

Category	Credit Amount
I	0 – 200
II	200 – 400
III	400 – 600
IV	600 – 900
V	900 – 1200
VI	1200 – 1500
VII	1500 – 2000 *

* Indicate the number of USD 300 million multiples in excess of USD 2 000 million.

16. Percentage of official support

17. Repayment term

18. Repayment profile and frequency -including, where appropriate, weighted average life

19. Length of time between the starting point of credit and the first repayment of principal

20. Interest rates:

- Minimum interest rate applied
- Margin benchmark applied

21. Total premium charged by way of:

- Up-front fees (in percentage of the credit amount) or
- Spreads (basis points per annum above the applied interest rate)
- As appropriate, please indicate separately the 15% surcharge applied in accordance with Appendix II Article 20 b).

22. In the case of direct credit/financing, fees charged by way of:

- Arrangement/Structuring fee
- Commitment/Premium holding fee
- Administration fee

23. Premium holding period

24. In the case of pure cover, premium holding fees

25. Transaction structuring terms: risk mitigants / premium surcharge applied

26. As appropriate, an indication of the impact of the Cape Town Convention on the premium rate applied

APPENDIX V LIST OF DEFINITIONS

All-In Cost Equivalence: the net present value of premium rates, interest rate costs and fees charged for a direct credit as a percentage of the direct credit amount is equal to the net present value of the sum of premium rates, interest rate costs and fees charged under pure cover as a percentage of the credit amount under pure cover.

Asset-Backed: a transaction that meets the conditions set out in Article 19 a) of Appendix II.

Buyer/Borrower: includes (but is not limited to) commercial entities such as airlines and lessors, as well as sovereign entities (or if a different entity, the primary source of repayment of the transaction).

Buyer Furnished Equipment: equipment furnished by the buyer and incorporated in the aircraft during the manufacture/refurbishment process, on or before delivery, as evidenced by the Bill of Sale from the manufacturer.

Cape Town Convention: refers to the Cape Town Convention on International Interests in Mobile Equipment and the Protocol thereto on Matters specific to Aircraft Equipment.

Commitment: any statement, in whatever form, whereby the willingness or intention to provide official support is communicated to the recipient country, the buyer, the borrower, the exporter or the financial institution, including without limitation, eligibility letters, marketing letters.

Common Line: agreement of the Participants for a given transaction, or in special circumstances on specific financial terms and conditions for official support; such common line shall prevail over the relevant provisions of this Sector Understanding only for the transaction or in the circumstances specified in the common line.

Conditional Insurance Cover: official support, which in the case of a default on payment for defined risks provides indemnification to the beneficiary after a specified waiting period; during the waiting period the beneficiary does not have the right to payment from the Participant. Payment under conditional insurance cover is subject to the validity and the exceptions of the underlying documentation and of the underlying transaction.

Conversion: A major change in the type design of an aircraft through its conversion into a different type of aircraft (including the conversion of a passenger aircraft into a water bomber, cargo aircraft, search and rescue, surveillance aircraft, or business jet), subject to certification by the responsible Civil Aviation Authority.

Country Risk Classification: the prevailing country risk classification of the Participants to the Arrangement on Officially Supported Export Credits as published on the OECD website.

Credit Rating Agency: one of the internationally reputable rating agencies or any other rating agency that is acceptable to the Participants.

Engine Kits: a set of parts introduced to improve reliability, durability and/or on-wing performance procurement through introduction of technology.

Export Credit: an insurance, guarantee or financing arrangement which enables a foreign buyer of exported goods and/or services to defer payment over a period of time; an export credit may take the form of a supplier credit extended by the exporter, or of a buyer credit, where the exporter's bank or other financial institution lends to the buyer (or its bank).

Final Commitment: a final commitment exists when the Participant commits to precise and complete financial terms and conditions, either through a reciprocal agreement or by a unilateral act.

Firm Contract: an agreement between the manufacturer and the person taking delivery of the aircraft or engines as buyer, or, in connection with a sale-leaseback arrangement, as lessee under a lease with a term of at least five years, setting forth a binding commitment (excluding those relating to then unexercised options), where non-performance entails legal liability.

Interested Participant: a Participant that (i) provides official support for airframe or aircraft engines completely or partially manufactured in its territory, (ii) has an existing substantial commercial interest or has experience with the buyer/borrower concerned, or (iii) has been requested by a manufacturer/exporter to provide official support to the buyer/borrower in question.

Interest Rate Support: can take the form of an arrangement between on the one hand a government, or an institution acting for or on behalf of a government and, on the other hand, banks or other financial institutions which allows the provision of fixed rate export finance at or above the relevant minimum fixed interest rate.

Major Modification/Refurbishing: operations of reconfiguration or upgrading of either a passenger or cargo aircraft.

Net Price: the price for an item invoiced by the manufacturer or supplier thereof, after accounting for all price discounts and other cash credits, less all other credits or concessions of any kind related or fairly allocable thereto, as stated in a binding representation by each of the aircraft and engine manufacturers the engine manufacturer representation is required only when it is relevant according to the form of the purchase agreement - or service provider, as the case may be, and supported by documentation required by the provider of official support to confirm that net price. All import duties and taxes (*e. g.* VAT) are not included in the net price.

New Aircraft: see Article 8 a) of this Sector Understanding.

Non-Asset-Backed: a transaction that does not meet the conditions set out in Article 19 a) of Appendix II.

Non-Sovereign Transaction: a transaction that does not meet the description set out in Article 57 b) of Appendix II.

Premium Holding Period: subject to Article 36 b) of Appendix II, period(s) during which a premium rate and related mandatory risk mitigants offered for a transaction are being maintained; not to exceed 18 months from the date it has been set until the final disbursement.

Premium Rate Conversion Model: model agreed by and made available to the Participants, to be used for the purpose of this Sector Understanding in order to convert up-front premium fees into spreads and vice versa, in which the interest rate and the discount rate used shall be 4. 6% ; such rate shall be reviewed regularly by the Participants.

Prior Notification: a notification made at least ten calendar days before issuing any commitment, using the reporting form set out in Appendix IV.

Pure Cover: Official support provided by or on behalf of a government by a way of export credit guarantee or insurance only, i. e. which does not benefit from official financing support.

Repayment Term: the period beginning at the Starting Point of Credit and ending on the contractual date of the final repayment of principal.

Sovereign Transaction: a transaction that meets the description set out in Article 56 b) of Appendix II.

Starting Point of Credit: for the sale of aircraft including helicopters, spare engines and parts, at the latest the actual date when the buyer takes physical possession of the goods, or the weighted mean date when the buyer takes physical possession of the goods. For services, the latest starting point of credit is the date of the submission of the invoices to the client or acceptance of service by the client.

Swap Rate: a fixed rate equal to the semi-annual rate to swap floating rate debt to fixed rate debt (Offer side), posted on any independent market index provider, such as Telerate, Bloomberg, Reuters, or its equivalent, at 11:00 am New York time, two business days prior to the loan drawdown date.

Weighted Average Life: the time it takes to retire one-half of the principal of a credit; this is calculated as the sum of time (in years) between the starting point of credit and each principal repayment weighted by the portion of principal repaid at each repayment date.

ANNEX IV: SECTOR UNDERSTANDING ON EXPORT CREDITS FOR RENEWABLE ENERGY, CLIMATE CHANGE MITIGATION AND ADAPTATION, AND WATER PROJECTS

The purpose of this Sector Understanding is to provide adequate financial terms and conditions to projects in selected sectors identified including under international initiatives as significantly contributing to climate change mitigation, including renewable energy, greenhouse gas (GHG) emissions' reduction and high energy efficiency projects, climate change adaptation, as well as water projects. The Participants to this Sector Understanding agree that the financial terms and conditions of the Sector Understanding, which complements the Arrangement, shall be implemented in a way that is consistent with the Purpose of the Arrangement.

CHAPTER I: SCOPE OF THE SECTOR UNDERSTANDING

1. SCOPE OF APPLICATION FOR PROJECTS IN RENEWABLE ENERGY SECTORS ELIGIBLE TO APPENDIX I

a) This Sector Understanding sets out the financial terms and conditions that apply to officially supported export credits relating to contracts in the eligible sectors listed in Appendix I of this Sector Understanding for:

1) The export of complete renewable energies plants or parts thereof, comprising all components, equipment, materials and services (including the training of personnel) directly required for the construction and commissioning of such plants.

2) The modernisation of existing renewable energies plants in cases where the economic life of the plant is likely to be extended by at least the repayment period to be awarded. If this criterion is not met, the terms of the Arrangement apply.

b) This Sector Understanding does not apply to items located outside the power plant site boundary for which the buyer is usually responsible, in particular, water supply not directly linked to the power production plant, costs associated with land development, roads, construction villages, power lines and switchyard, as well as costs arising in the buyer's country from official approval procedures (*e. g.* site permits, construction permit), except:

3) In cases where the buyer of the switchyard is the same as the buyer of the power plant and the contract is concluded in relation to the original switchyard for that power plant, the terms and conditions for the original switchyard shall not exceed those for the renewable energies power plant; and

4) The terms and conditions for sub-stations, transformers and transmission lines with a minimum voltage threshold of 60kV located outside the renewable energies power plant site boundary shall not be more generous than those for the renewable energies power plant.

2. SCOPE OF APPLICATION FOR PROJECTS IN CLIMATE CHANGE MITIGATION SECTORS ELIGIBLE TO APPENDIX II

a) This Sector Understanding sets out the financial terms and conditions that apply to officially supported export credits relating to contracts in a sector listed in Appendix II of this Sector Understanding. This list of sectors and, when applicable, corresponding technology-neutral performance criteria used to define a project's eligibility, may be modified over time in accordance with the review provisions set out in Article 10 of this Sector Understanding.

b) Such contracts shall relate to the export of complete projects or parts thereof, comprising all components, equipment, materials and services (including the training of personnel) directly required for the construction and commissioning of an identifiable project, providing that:

1) The project should result in low to zero carbon emissions, or CO_2 equivalent, and/or in high energy efficiency;

2) The project should be designed to meet, as a minimum, the performance standards as set out in Appendix II; and

3) The terms and conditions provided shall be extended only to address specific financial disadvantages encountered by a project, and shall be based on the individual financial needs and specific market conditions of each project.

3. SCOPE OF APPLICATION FOR ADAPTATION PROJECTS ELIGIBLE TO APPENDIX III

a) This Sector Understanding sets out the financial terms and conditions that apply to officially supported export credits relating to contracts for projectsthat meet the criteria set out in Appendix III of this Sector Understanding.

b) Such contracts shall relate to the export of complete projects or parts thereof, comprising all components, equipment, materials and services (including the training of personnel) directly required for the execution and commissioning of an identifiable project, providing that:

1) The conditions set out in Appendix III are met;

2) The terms and conditions provided shall be extended only to address specific financial disadvantages encountered by a project, and shall be based on the individual financial needs and specific market conditions of each project.

c) This Sector Understanding applies to the modernisation of existing projects, to take into consideration adaptation concerns, in cases where the economic life of the project is likely to be extended by at least the repayment period to be awarded. If this criterion is not met, the terms of the Arrangement apply.

4. SCOPE OF APPLICATION FOR WATER PROJECTS

This Sector Understanding sets out the financial terms and conditions that apply to officially supported export credits relating to contracts for the export of complete projects or parts thereof related to the supply of water for human use and wastewater treatment facilities:

a) Infrastructure for the supply of drinking water to municipalities, including to households and small businesses, i. e. water purification for the purpose of obtaining drinking water and distribution network (including leakage control).

b) Wastewater collection and treatment facilities, i. e. collection and treatment of household and industrial wastewater and sewage, including processes for the re-use or recycling of water and the treatment of sludge directly associated with these activities.

c) The modernisation of such facilities in cases where the economic life of the plant is likely to be extended by at least the repayment period to be awarded. If this criterion is not met, the provisions of the Arrangement apply.

CHAPTER II: PROVISIONS FOR EXPORT CREDITS

5. MAXIMUM REPAYMENT TERMS

a) For officially supported export credits relating to contracts in the sectors listed in Appendix I, and for water projects defined in Article 4 of this Sector Understanding, the maximum repayment term is 18 years.

b) For officially supported export credits relating to contracts of a value of at least SDR 10 million in the project classes listed in Appendix II, the maximum repayment term is set out as follows:

1) For contracts in Project Class A: 18 years.

2) For contracts in Project Class B and Project Class C: 15 years.

c) For officially supported export credits relating to contracts of a value of less than SDR 10 million in the project classes listed in Appendix II, the maximum repayment term is set out as follows:

1) For Category I countries as defined in Article 11 of the Arrangement, the maximum repayment term is five years, with the possibility of agreeing up to eight-and-a-half years when the procedures for priornotification set out in Article 8 of this Sector Understanding are followed.

2) For Category II countries, the maximum repayment term is ten years.

3) Notwithstanding sub-paragraphs 1) and 2) above, for non-nuclear power plants as defined in Article 13 of the Arrangement, the maximum repayment term is 12 years.

d) For officially supported export credits relating to contracts of a value of at least SDR 10 million for projects supported in conformity with Appendix III, the maximum repayment term is 15 years.

6. REPAYMENT OF PRINCIPAL AND PAYMENT OF INTEREST

a) The Participants shall apply a profile of repayment of principal and payment of interest as specified in sub-paragraph 1) or 2) below:

1) Repayment of principal shall be made in equal instalments.

2) Repayment of principal and payment of interest combined shall be made in equal instalments.

b) Principal shall be repaid and interest shall be paid no less frequently than every six months and the first instalment of principal and interest shall be made no later than six months after the starting point of credit.

c) On an exceptional and duly justified basis, official support may be provided on terms other than those set out in paragraphs a) and b) above. The provision of such support shall be explained by an imbalance in the timing of the funds available to the obligor and the debt service profile available under an equal, semi-annual repayment schedule, and shall comply with the following criteria:

1) No single repayment of principal or series of principal payments within a six-month period shall exceed 25% of the principal sum of the credit.

2) Principal shall be repaid no less frequently than every 12 months. The first repayment of principal shall be made no later than 18 months after the starting point of credit and no less than 2% of the principal sum of the credit shall have been repaid 18 months after the starting point of credit.

3) Interest shall be paid no less frequently than every 12 months and the first interest payment shall be made no later than six months after the starting point of credit.

4) The maximum weighted average life of the repayment period shall not exceed 60% of the maximum available tenor.

d) Interest due after the starting point of credit shall not be capitalised.

7. LOCAL COSTS

a) For officially supported export credits relating to contracts of a value of at least SDR 10 million, official support provided for local costs shall not exceed 30% of the export contract value.

b) For officially supported export credits relating to contracts of a value of less than SDR 10 million:

1) For the sectors listed in Appendix I of this Sector Understanding, official support provided for local costs shall not exceed 45% of the export contract value.

2) For the sectors listed in Appendix II and for water projects defined in Article 4 of this Sector Understanding, official support provided for local costs shall not exceed 30% of the export contract value.

c) Where official support for local cost exceeds 15% of the export contract value, such official support shall be subject to prior notification, pursuant to Article 8 of this Sector Understanding, specifying the nature of the local costs being supported.

CHAPTER III: PROCEDURES

8. PRIOR NOTIFICATION

a) A Participant intending to provide support in accordance with the provisions of this Sector Understanding, shall give prior notification at least ten calendar days before issuing any commitment, in accordance with:

1) Article 46 of the Arrangement if the support is extended pursuant to Article 1, 2 or 4 of this Sector Understanding;

2) Article 45 of the Arrangement if the support is extended pursuant to Article 3 of this Sector Understanding.

b) For projects falling in the Project Classes listed in Appendix II of this Sector Understanding, such notifications shall include an enhanced description of the project in order to demonstrate how the project complies with the criteria for support, as set out in Article 2 b) of this Sector Understanding.

c) For projects supported in conformity with Appendix III of this Sector Understanding, such notification shall include:

   1) An enhanced description of the project in order to demonstrate how the project complies with the criteria for support, as set out in Article 3 b) of this Sector Understanding, and

   2) Access to the outcome of the independent third-party review required in Appendix III.

d) Notwithstanding paragraph a) 1) above, if the notifying Participant intends to provide support with a repayment term in excess of 15 years and/or in accordance with Article 6 c) of this Sector Understanding, it shall give prior notification at least ten calendar days before issuing any commitment in accordance with Article 45 of the Arrangement.

e) A Participant shall inform all other Participants of its final decision following a discussion, to facilitate the review of the body of experience.

CHAPTER IV: MONITORING AND REVIEW

9. FUTURE WORK

The Participants agree to examine the following issues:

a) Term-adjusted risk-premia.

b) Conditions for low emission/high energy efficiency fossil fuel power plants including definition of CCS-readiness.

c) Net zero energy buildings.

d) Fuel cell projects.

10. MONITORING AND REVIEW

a) The Secretariat shall report annually on the implementation of this Sector Understanding.

b) The Participants shall regularly review the scope and other provisions of this Sector Understanding and at the latest by the end of 2020.

c) Appendix II of this Sector Understanding shall be reviewed at regular intervals, including upon the request of a Participant, with the view to assessing whether any

Project Class and/or Type should be added to, or removed from, or whether any thresholds should be changed in, that Appendix. Proposals for new Project Classes and/or Types shall be supported by information on how projects within such a Class/ Type should fulfilthe criteria set out in Article 2 b) and shall follow the methodology set out in Appendix IV of this Sector Understanding.

d) The Participants shall undertake a review of Appendix III of this Sector Understanding by the end of 2020, with a view to assessing the international initiatives related to adaptation, market conditions, and the body of experience developed from the notification process to determine if the definitions, project criteria, terms and conditions should be continued and or amended.

e) After 31 December 2020, the terms and conditions related to Appendix III shall be discontinued unless the Participants agree otherwise.

APPENDIX I: RENEWABLE ENERGIES SECTORS

The following renewable energies sectors shall be eligible for the financial terms and conditions set out in this Sector Understanding provided that their impacts are addressed in accordance with the 2012 Recommendationof the Council on Common Approaches on Officially Supported Export Credits and Environmental and Social Due Diligence① (as subsequently amended by Members of the OECD Working Group on Export Credits and Credit Guarantee (ECG) and adopted by the OECD Council):

a) Wind energy②.

b) Geothermal energy.

c) Tidal and tidal stream power.

d) Wave power.

e) Osmotic power.

f) Solar photovoltaic power.

g) Solar thermal energy.

h) Ocean thermal energy.

i) Bio-energy: all sustainable landfill gas, sewage treatment plant gas, biogas energy or fuel derived from biomass energy installations. "Biomass" shall mean the biodegradable fraction of products, waste and residues from agriculture (including vegetal and animal substances), forestry and related industries, as well as the biodegradable fraction of industrial and municipal waste.

j) Hydro power.

k) Energy efficiency in Renewable Energies projects.

---

① It is understood that the 2012 Recommendation applies equally to projects that are not eligible for these financial terms and conditions.

② The maximum repayment term for jack up rigs used in the installation of wind turbines shall be 12 years.

APPENDIX II: CLIMATE CHANGE MITIGATION SECTORS

PROJECT CLASS	DEFINITION	RATIONALE	STANDARDS USED	REPAYMENT TERMS
Project Class A: Carbon Capture and Storage				
TYPE 1: Fossil Fuel Power Plants with Operational Carbon Capture and Storage (CCS)	A process consisting of the separation of CO_2 stream from the emissions produced by fossil fuel generation sources, transport to a storage site, for the purposes of environmentally safe and permanent geological storage of CO_2.	To achieve low carbon emission levels for fossil fuel power sources.	Carbon intensity shall achieve a level equal to or less than 350 metric ton CO_2 per GWh vented to atmosphere①; Or In the case of all projects, a capture and storage rate that would reduce the plant's carbon emissions by 65% or greater; Or The capture rate has to be at least 85% of CO_2 emitted by the equipment included in the application for officially supported export credits. The 85% is to apply at normal operating conditions.	18 years
Project Class A: Carbon Capture and Storage				
TYPE 2: CCS Projects as such	A process consisting of the separation of CO_2 from industrial or energy generation sources, transport to a storage site, for the purposes of environmentally safe and permanent geological storage of CO_2.	To significantly reduce carbon emissions from existing sources.	In the case of all projects, a capture and storage rate that would reduce the industrial or energy generation carbon emissions by 65% or greater; Or The capture rate has to be at least 85% of CO_2 emitted by the equipment included in the application for officially supported export credits. The 85% is to apply at normal operating conditions.	18 years

① In the case of a plant fuelled by natural gas, significantly lower carbon intensity is expected to be achieved.

续表

PROJECT CLASS	DEFINITION	RATIONALE	STANDARDS USED	REPAYMENT TERMS
Project Class B: Fossil Fuel Substitution				
TYPE 1: Waste to Energy	Unit dedicated to generating energy by thermal treatment (including gasification) of mixed stream solid waste.	To offset GHG emissions from the use of conventional power and by reducing future GHG such as methane that would normally emanate from the waste.	In the case of a steam cycle, a boiler (or steam generator) energy conversion efficiency of at least 75% based on low heating value (LHV)①. In the case of gasification, a gasifier efficiency of at least 65% LHV②.	15 years
Project Class B: Fossil Fuel Substitution				
TYPE 2: Hybrid Power Plants	A power plant that generates electric power from both a renewable energy source and a fossil fuel source.	To meet the requirement of plant availability, a fossil fuel generating source is required for those periods when power from the renewable energy source is not available or sufficient. The fossil fuel source enables the usage of renewable energy in the hybrid plant, thereby achieving a significant carbon reduction compared with standard fossil fuel plant.	Model 1: Two separate generation sources: one Renewable Energy and one fossil fuel. Project shall be designed such that at least 50% of its projected total annual energy output originates from the plant's renewable energy source. Model 2: Single generation source using the combination of renewable and fossil fuel. The project shall be designed such that at least 75% of the useful energy produced is derived from the renewable source.	15 years

① Boiler (or steam generator) energy conversion efficiency = (Net heat exported by the steam / heat or calorific value [LHV] provided by the fuel) (x 100%).

② Gasifier efficiency = (Calorific value of gas per kg of fuel used / average net calorific value (LHV) of one kg of fuel) (x 100%).

续表

PROJECT CLASS	DEFINITION	RATIONALE	STANDARDS USED	REPAYMENT TERMS
Project Class C: Energy Efficiency				
TYPE 1: Combined Heat & Power projects	Simultaneous generation of multiple forms of energy (electrical, mechanical and thermal) in a single integrated system. Output of the CHP plant shall include electric or mechanical energy and heat for commercial industrial and/or residential use.	Up to two thirds of the primary energy used to generate electricity in conventional thermal power plants is lost in the form of heat. Combined heat and power (CHP) generation can therefore be an effective GHG mitigation option. CHP is possible with all heat machines and fuels (including biomass and solar thermal) from a few kW-rated to 1000MW steam-condensing power plants①.	Overall efficiency of at least 75% based on low heating value (LHV)②.	15 years
Project Class C: Energy Efficiency				
TYPE 2: District heating and/or cooling	Network which carries/distributes thermal energy from energy producing unit to end use.	To improve the efficiency of heating of districts by building piping networks for steam and/or hot water with substantial thermal efficiency, both by minimising losses of piping and converters, and by increasing the amount of utilisation of waste heat. District cooling is an integrative technology that can make significant contributions to reducing emissions of carbon dioxide and air pollution and to increasing energy security *e.g.* via substitution of individual airconditioners.	The district piping thermal conductivity shall be less than 80% of the relevant thermal conductivity required by the European standard EN253:2009 (to be reviewed when this standard is updated).	15 years

① IPCC Fourth Assessment Report: Climate Change 2007, http://www.ipcc.ch/publications_and_data/ar4/wg3/en/ch4s4-3-5.html.

② The total system efficiency (ηo) of a CHP system is the sum of the net useful power output (W_E) and net useful thermal outputs (ΣQ_{TH}) divided by the total fuel input (Q_{FUEL}), as shown below:

$$\eta_o = \frac{W_E + \Sigma Q_{TH}}{Q_{FUEL}}$$

续表

PROJECT CLASS	DEFINITION	RATIONALE	STANDARDS USED	REPAYMENT TERMS
Project Class C: Energy Efficiency				
TYPE 3: Smart Grids	Integrated, technologically advanced electricity networks with improved dynamic capabilities to monitor and control the input and output of all their constituent technical components (such as power generation, Network Management Solutions, High Voltage Direct Current (HVDC) converters and systems, Flexible Alternating Current Transmission Systems (FACTS), Special Power Systems (SPS), transmission, distribution, storage, Smart Grid Power Electronics Solutions, consumption reduction, metering, distributed energy resources). ICT according to internationally agreed industry standards such as NIST-SGIP and ETSI-CEN-CENELEC.	To enable network operators, transmission and distribution system operators, grid users, storage owners, metering operators, applications and service providers or power exchange platform operators to create economical, environmentally-friendly, balanced and sustainable power systems with reduced transmission losses and optimized levels of supply quality, safety, grid stability, reliability, renewable power collection and cost-efficiency by supporting supply contracts involving predominantly export of state-of-the-art, innovative technologies and services.	Standards 1, 2 (a or b) and 3 shall be met. 1. The total cost of the project includes at least 20% for eligible information and communication technology (ICT) upgrades. 2a. An estimated minimum 10% reduction in the amount of CO_2 emissions from fossil fuel will result from the project or application, or 2b. Demonstrated significant CO_2 emission reductions will be enabled through either: • reductions in energy losses within the electricity grid served by the Smart Grid application or project by at least 5%; or • reductions in aggregate electricity consumption by loads served by the Smart Grid application or project by at least 5%; or • intermittent feed-in of renewable energies, including from subordinate voltage levels, representing at least an additional 10% of the total energy fed into the grid where the smart grid technologies are applied. 3. Prior to authorization, an independent, qualified third party will review the project and prepare a report that describes the characteristics of the proposed Smart Grid application or project and verifies whether the project or application will meet standards 1 and 2 (a or b). For projects using the 2b standard, estimated C02 emissions reductions enabled by the project will be included in the report. Such report will be shared with Participants prior to any authorization of financial support and authorization will be conditional on the report positively verifying that standards 1 and 2 (a or b) will be met by the proposed Smart Grid project or application. Standards will be measured by comparing the estimated emissions or energy use from an Area Served by the Grid if the proposed Smart Grid technologies are applied to emissions or energy use of that same area if the proposed Smart Grid technologies were not applied.	15 years

APPENDIX III:
ELIGIBILITY CRITERIA FOR CLIMATE CHANGE ADAPTATION PROJECTS

A project is eligible for the financial terms and conditions set out in this Sector Understanding if:

a) Climate change adaptation is the principal objective of the project, and it is explicitly indicated and explained as such in the project plan and supporting documents, as being fundamental to the design of the project.

b) The project's proposal shall include an analysis and identification of specific and relevant climate change-related risks and vulnerabilities, and how the proposed measures or technologies will directly address them.

c) There is an independent third-party review conducted on the project, either separately or as an integral part of the project plan which is made publicly available, such as published on the website of the national authority. The review shall evaluate the specific and relevant climate change-related risks and vulnerabilities and how the proposed measures contained within the project will directly address them.

d) The useful life of the project exceeds 15 years.

APPENDIX IV:
METHODOLOGY TO BE USED WHEN DETERMINING THE ELIGIBILITY OF SECTORS RELATING TO ARTICLE 2 OF THIS SECTOR UNDERSTANDING

When proposing that Project Class or Type be added to Appendix II of this Sector Understanding, Participants shall provide a detailed description of the proposed Project Class or Type and information on how such projects fulfil the criteria set out in Article 2 b) of this Sector Understanding; such information shall include:

a) An evaluation of the direct contribution of the Project Class or Type to climate change mitigation, including a comparison of the sector performance, based on measurable data regarding carbon emissions or CO_2 equivalent and/or in high energy efficiency, with conventional and in-use newer technological approaches; this comparison shall, in all cases, be based on quantitative measures, such as a decrease in emissions per unit produced.

b) A description of the technical and performance standards of the Project Class or Type proposed sector, including information on any relevant, existing Best Available Techniques (BAT); if appropriate, this description shall explain how the technology is an improvement on the existing BAT.

c) A description of the financial barriers in the proposed Project Class or Type, including any financial needs and market conditions, and identify the provisions under this Sector Understanding that are expected to enable such projects to proceed.

APPENDIX V: LIST OF DEFINITIONS

Area Served by the Grid: A system of synchronized power providers and consumers connected by transmission and distribution lines and operated by one or more control centres.

Best Available Techniques: as per the definition of EU Directive 96/61/EC (Article 2.1), "Best Available Techniques" shall mean the most effective and advanced stage in the development of activities and their methods of operation, which indicate the practical suitability of particular techniques for providing in principle the basis for emission limit values designed to prevent and, where that is not practicable, generally to reduce emissions and the impact on the environment as a whole:

a) "techniques" shall include both the technology used and the way in which the installation is designed, built, maintained, operated and decommissioned.

b) "available" techniques shall mean those developed on a scale which allows implementation in the relevant industrial sector, under economically and technically viable conditions, taking into consideration the costs and advantages, whether or not the techniques are used or produced inside the Member State in question, as long as they are reasonably accessible to the operator.

c) "best" shall mean most effective in achieving a high general level of protection of the environment as a whole.

Greenhouse Gases: greenhouse gases are defined to include carbon dioxide, methane, nitrous oxide, hydrofluorocarbons, perfluorocarbons and sulphur hexafluoride.

Large Hydro Power Project: as per the definition of the International Commission on Large Dams (ICOLD). ICOLD defines a large dam as a dam with a height of 15m or more from the foundation. Dams that are between 5 and 15m high and have a reservoir volume of more than 3 million m^3 are also classified as large dams.

ANNEX V: SECTOR UNDERSTANDING ON EXPORT CREDITS FOR RAIL INFRASTRUCTURE

The Participants to this Sector Understanding agree that the financial terms and conditions of the Sector Understanding, which complements the Arrangement, shall be implemented in a way that is consistent with the Purpose of the Arrangement.

CHAPTER I: SCOPE OF THE SECTOR UNDERSTANDING

1. SCOPE OF APPLICATION

a) This Sector Understanding sets out the financial terms and conditions that apply to officially supported export credits relating to contracts for railand other specified track-bound transportation infrastructure assets essential to operating trains, including control (*e. g.* signalling and other IT) systems, electrification, tracks, overhead wires and cables, pylons, rolling stock, cable cars, trolley buses, and related construction work.

b) The specific types of track-bound transportation systems that are eligible for support according to the terms and conditions of this Annex are:

1. Any type of rail transportation system.
2. Trolleybus transportation systems.
3. Cable car transportation systems①.

CHAPTER II: PROVISIONS FOR EXPORT CREDITS

2. MAXIMUM REPAYMENT TERMS

a) For officially supported export credits relating to contracts included within the scope of application of this Sector Understanding, the maximum repayment term is set out as follows:

1) For contracts in Category I countries (as defined in Article 11 of the Arrangement): 12 years.

---

① Cable car transportation systems associated with recreational activities such as skiing are not eligible for support under this Annex.

2) For contacts in Category II countries (as defined in Article 11 of the Arrangement): 14 years.

b) To qualify for the repayment terms set out in paragraph a) above, the following conditions shall apply:

1) The transaction shall involve an overall contract value of more than SDR 10 million; and

2) The repayment terms shall not exceed the useful life of thetrack-bound transportation infrastructure asset financed; and

3) For transactions in Category I countries, the transaction involves/is characterised by:

– Participation in a loan syndication with private financial institutions that do not benefit from Official Export Credit Support, whereby:

i) The Participant is a minority partner with pari passu status throughout the life of the loan; and

ii) Official export credit support provided by the Participants comprises less than 50% of the syndication.

– Premium rates for any official support that do not undercut available private market financing and that are commensurate with the corresponding rates being charged by other private financial institutions that are participating in the syndication.

c) A Participant may request a waiver of the condition set out in paragraph b) 3) above, through use of a Common Line, in accordance with Articles 56 to 61 of the Arrangement. In such cases, the Participant proposing the Common Line shall provide, either in the proposed Common Line or in each individual transaction thereafter notified, a comprehensive explanation for the support, including specific data on pricing, and a rationale for the need to waive the provisions of paragraph b) 3) above.

3. REPAYMENT OF PRINCIPAL AND INTEREST

The repayment of principal and interest shall be provided according to Article 14 of the Arrangement except that the maximum weighted average life of the repayment period under paragraph d) 4) of that Article shall be:

a) For transaction in a Category I countries, six-and-a-quarter years; and

b) For transaction in a Category II countries, seven-and-a-quarter years.

CHAPTER III: PROCEDURES

4. PRIOR NOTIFICATION

a) A Participant shall give prior notification in accordance with Article 45 of the Arrangement at least ten calendar days before issuing any commitment if it intends to provide support for a transaction in a Category I country. Such notifications shall include a comprehensive explanation for the official support, including specific data on pricing.

b) A Participant shall give prior notification in accordance with Article 46 of the Arrangement at least ten calendar days before issuing any commitment if it intends to provide support for:

1) A transaction in a Category II country; or

2) A transaction supported pursuant to a Common Line set out in accordance with Article 2 c) of this Sector Understanding. Such prior notification may be made concurrently with, and subject to the approval of, the Common Line proposal.

5. VALIDITY OF COMMON LINES

Notwithstanding the provisions of Article 61 a) of the Arrangement, all agreed Common Lines shall cease to be valid on 31 December 2020, unless the Participants agree to the extension of this Sector Understanding in accordance with Article 6 d) of this Sector Understanding.

CHAPTER IV: MONITORING AND REVIEW

6. MONITORING AND REVIEW

a) The Secretariat shall report annually on the implementation of this Sector Understanding.

b) After 31 December 2020, and subject to paragraph c) below, the less than 50% syndication requirement set out in sub-paragraph ii) of the firsttiret of Article 2 b) 3) of this Sector Understanding shall be replaced by a maximum 35% syndication requirement unless the Participants agree otherwise.

c) The Participants shall undertake a review of this Sector Understanding by the end of 2020 with a view to assessing the market conditions and other factors to determine whether the terms and conditions should be continued and or amended.

d) After 31 December 2020, the terms and conditions of this Sector Understanding shall be discontinued unless the Participants agree otherwise.

ANNEX VI: SECTOR UNDERSTANDING ON EXPORT CREDITS FOR COAL FIRED ELECTRICITY GENERATION PROJECTS

The Participants to this Sector Understanding agree that the financial terms and conditions of the Sector Understanding, which complements the Arrangement, shall be implemented in a way that is consistent with the Purpose of the Arrangement.

CHAPTER I: SCOPE OF THE SECTOR UNDERSTANDING

1. SCOPE OF APPLICATION

a) This Sector Understanding sets out the financial terms and conditions that apply to officially supported export credits relating to contracts for coal-fired electricity generation projects, for:

   1) The export of new coal-fired electricity generation plants or parts thereof, for the grid and for industrial use, located in plants without operational carbon capture and storage or carbon capture and utilisation technology, comprising all components, equipment, materials and services (including the training of personnel) directly required for the construction and commissioning of such plants. The addition of a new coal-fired electricity generation unit to an existing plant is deemed to be a new coal-fired electricity generation plant.

   2) The modernisation of, or supply of equipment to, existing coal-fired electricity generation plants, for the grid and for industrial use.

b) This Sector Understanding does not apply to items located outside the coal-fired electricity generation project site boundary for which the buyer is usually responsible, in particular, water supply not directly linked to the power production plant, costs associated with land development, roads, construction villages, power lines and switchyard, as well as costs arising in the buyer's country from official approval procedures (*e.g.* site permits, construction permit), except:

   1) In cases where the buyer of the switchyard is the same as the buyer of the power plant and the contract is concluded in relation to the original switchyard for that power plant, the terms and conditions for the original switchyard shall not exceed

those for the coal-fired electricity generation project; and

2) The terms and conditions for sub-stations, transformers and transmission lines with a minimum voltage threshold of 100kV located outside the coal-fired electricity generation project site boundary shall not be more generous than those for the coal-fired electricity generation project.

c) If a coal-fired electricity generation project falls within the scope and meets the conditions of Appendix II of the Sector Understanding on Export Credits for Renewable Energy, Climate Change Mitigation and Adaptation, and Water Projects, the financial terms and conditions applicable to such project shall be those set out in the said Sector Understanding.

CHAPTER II: PROVISIONS FOR EXPORT CREDITS

2. MAXIMUM REPAYMENT TERMS

a) For officially supported export credits for goods and services covered by the provisions of Article 1a)1) of this Sector Understanding, the maximum repayment term is set out as follows in Table 1 below:

Table1. Maximum repayment terms

PLANT UNIT SIZE (gross installed capacity)	Unit >500 MW	Unit =300 to 500 MW	Unit <300 MW
Ultra-supercritical (*i. e.*, with a steam pressure >240 bar and =593°C steam temperature), OR Emissions < 750 g CO_2/kWh	12 years①	12 years[1]	12 years[1]
Supercritical (i. e., with a steam pressure >221 bar and >550°C steam temperature), OR Emissions between 750 and 850 g CO_2/kWh	Ineligible	10 years, and only in IDA-eligible countries[1]·②·③	10 years, and only in IDA-eligible countries[1,2,3]

① Where eligible for official support, an additional two years repayment term is allowed for project finance transactions consistent with paragraph d) below, subject to the maximum repayment terms in Article 2 of Annex VII.

② To help address energy poverty, tenyear export credit support may be provided in all countries where the National Electrification Rate (as per the most current IEA World Energy Outlook Electricity Access database) is reported as 90% or below at the time the relevant completed application for export credit is received.

③ Export credit support may be provided in non-IDA-eligible countries for geographically isolated locations, where, (1) the alternatives analysis referred to in Article 4 b) 1) of this Sector Understanding deems that less carbon-intensive alternatives are not viable and (2) the physical/geographic and existing grid features (including inability to connect to a larger grid) justify the proposed project's efficiency category as the best available technology. In cases where the project is not located on a physical island, the interested Participant shall seek the consent of all Participants through the use of a Common Line procedure in accordance with Articles 56 to 61 of the Arrangement.

续表

PLANT UNIT SIZE (gross installed capacity)	Unit > 500 MW	Unit =300 to 500 MW	Unit < 300 MW
Subcritical (*i. e.* , with a steam pressure < 221 bar), OR Emissions > 850 g CO_2/kWh	Ineligible	Ineligible	10 years, and only in IDA-eligible countries[1,3]

b) For the purpose of the implementation of Table 1 above:

1) With respect to eligible subcritical units, official support shall be limited to two co-located units in a given plant, not to exceed an aggregate gross installed capacity of 500 MW, except if the alternativesanalysis referred to in Article 4 b) 1) of this Sector Understanding examines the possibility of one larger unit in a higher efficiency category, and demonstrates that this approach is not viable; in this case, official support shall be limited to two units, not to exceed an aggregate gross installed capacity of 600 MW.

2) With respect to eligible supercritical units, official support shall be limited to no more than two co located units in a given plant, except if the alternativesanalysis referred to in Article 4 b) 1) of this Sector Understanding examines the possibility of achieving the same capacity through one or two larger units, and demonstrates that this approach is not viable.

3) IDA-eligible countries are defined as countries eligible for International Development Association (IDA) resources (including IDA-only and IDA blend countries) at the time the relevant completed application for export credit is received.

c) For officially supported export credits for goodsand services covered by Article 1 a) 2) of this Sector Understanding, the maximum repayment term shall be determined by Article 12 of the Arrangement.

d) Project Finance transactions are transactions of goods and services covered by this Sector Understanding that also meet the criteria set out in Appendix I of Annex VII. For such transactions, a Participant applying the relevant repayment term allowed by Table 1 of this Sector Understanding, shall also apply the other terms and conditions set out in Annex VII, subject to the provisions of Article 3 of this Sector Understanding.

3. REPAYMENT OF PRINCIPAL AND INTEREST

a) Subject to the provisions of paragraph b) below, the repayment of principal and interest shall be provided in accordance with:

1) Article 14 of the Arrangement, or

2) For transactions of goods and services covered by this Sector Understanding that also meet the criteria set out in Appendix I of Annex VII, Article 3 of that Annex.

b) The weighted average life of the repayment period supported shall not exceed half of the repayment period plus one quarter of a year.

CHAPTER III: PROCEDURES

4. PRIOR NOTIFICATION

a) A Participant shall give prior notification in accordance with Article 46 of the Arrangement at least ten calendar days before issuing any commitment if it intends to provide support in accordance with the provisions of this Sector Understanding.

b) Such notification shall:

1) Indicate that an evaluation of less carbon-intensive energy alternatives has been carried out and such alternatives are demonstrated as not viable, and

2) Include a demonstration that the project is compatible with the host country's national energy policy and climate mitigation policy and strategy, which is supported by a targeted policy to expand renewables and/or to enhance energy efficiency.

3) For projects qualifying under Footnote 2, an explanation of how the supported project helps address energy poverty.

c) A Participant notifying a transaction under "Project Finance" in compliance with Article 2 d) of this Sector Understanding shall, in addition to the reporting requirements set out above, report the information required in accordance with Annex VII.

CHAPTER IV: MONITORING, REVIEW AND REVISION

5. MONITORING

The Secretariat shall report annually on the implementation of this Sector Understanding.

6. REVIEW AND MONITORING

a) This Sector Understanding shall be reviewed by no later than 30 June2020 with the objective of further strengthening its terms and conditions in a second phase beginning no later than 1 January 2021, in order to contribute to the common goal of addressing climate change and to continue phasing down official support for coal-fired power plants, including with a view to reducing the use of less efficient coal-fired power plants.

b) The review shall take into account:

1) The most recent reports on climate science and the implications for global infrastructure investment decisions of remaining on the path to limit global warming to below 2 degrees Celsius higher than pre-industrial levels;

2) Advancements in technology concerning coal-fuelled power plants, including Integrated Gasification Combined Cycle (IGCC);

3) Availability of carbon capture and storage technology;

4) The evolution of regulatory frameworks in both exporting and buying countries with regard to coal-fuelled power plants;

5) The evolution of market conditions, in various countries, including commercial feasibility of, and operational experience with, various coal-fuelled power plant technologies;

6) Developments in the export credit financing policies and practices of non-OECD countries, especially the major exporting countries of coal-fuelled power plants, recognising the important role that Participants can play in encouraging the Participation of non-OECD countries in this area; and

7) How the present Sector Understanding has affected energy poverty and the National Electrification Rate.

ANNEX VII: TERMS AND CONDITIONS APPLICABLE TO PROJECT FINANCE TRANSACTIONS

CHAPTER I: GENERAL PROVISIONS

1. SCOPE OF APPLICATION

a) This Annex sets out terms and conditions that Participants may support for project finance transactions that meet the eligibility criteria set out in Appendix 1.

b) Where no corresponding provision exists in this Annex, the terms of the Arrangement shall apply.

CHAPTER II: FINANCIAL TERMS AND CONDITIONS

2. MAXIMUM REPAYMENT TERMS

The maximum repayment term is 14 years, except when official export credit support provided by the Participants comprises more than 35% of the syndication for a project in a High Income OECD country, the maximum repayment term is ten years.

3. REPAYMENT OF PRINCIPAL AND PAYMENT OF INTEREST

The principal sum of an export credit may be repaid in unequal instalments, and principal and interest may be paid in less frequent than semi-annual instalments, as long as the following conditions are met:

a) No single repayment of principal or series of principal payments within a six-month period shall exceed 25% of the principal sum of the credit.

b) The first repayment of principal shall be made no later than 24 months after the starting point of credit and no less than 2% of the principal sum of the credit shall have been repaid 24 months after the starting point of credit.

c) Interest shall be paid no less frequently than every 12 months and the first interest payment shall be made no later than six months after the starting point of credit.

d) The weighted average life of the repayment period shall not exceed seven-and-a-quarter years, except when official export credit support provided by the Participants comprises more than 35% of the syndication for a project in a High Income OECD country, the weighted average life of the repayment period shall not exceed five-and-a-quarter years.

e) The Participant shall give prior notification according to Article4 of this Annex.

CHAPTER III: PROCEDURES

4. PRIOR NOTIFICATION FOR PROJECT FINANCE TRANSACTIONS

A Participant shall notify all Participants of the intent to provide support according to the terms and conditions of this Annex at least ten calendar days before issuing any commitment. The notification shall be provided in accordance with Annex VIII of the Arrangement. If any Participant requests an explanation in respect of the terms and conditions being supported during this period, the notifying Participant shall wait an additional ten calendar days before issuing any commitment.

APPENDIX 1: ELIGIBILITY CRITERIA FOR PROJECT FINANCE TRANSACTIONS

I. BASIC CRITERIA

The transaction involves/is characterised by:

a) The financing of a particular economic unit in which a lender is satisfied to consider the cash flows and earnings of that economic unit as the source of funds from which a loan will be repaid and to the assets of the economic unit as collateral for the loan.

b) Financing of export transactions with an independent (legally and economically) project company, *e. g.* special purpose company, in respect of investment projects generating their own revenues.

c) Appropriate risk-sharing among the partners of the project, *e. g.* private or creditworthy public shareholders, exporters, creditors, off-takers, including adequate equity.

d) Project cash flow sufficient during the entire repayment period to cover operating costs and debt service for outside funds.

e) Priority deduction from project revenues of operating costs and debt service.

f) A non-sovereign buyer/borrower with no sovereign repayment guarantee (not including performance guarantees, *e. g.* off-take arrangements).

g) Asset-based securities for proceeds/assets of the project, *e. g.* assignments, pledges, proceed accounts;

h) Limited or no recourse to the sponsors of the private sector shareholders/sponsors of the project after completion.

II. ADDITIONAL CRITERIA FOR PROJECT FINANCE TRANSACTIONS IN HIGH INCOME OECD COUNTRIES

The transaction involves/is characterised by:

a) Participation in a loan syndication with private financial institutions that do not benefit from Official Export Credit Support, whereby:

- The Participant is a minority partner withpari passu status throughout the life of the loan and;
- Official export credit support provided by the Participants comprises less than 50% of the syndication.

b) Premium rates for any official support that do not undercut available private market financing and that are commensurate with the corresponding rates being charged by other private financial institutions that are participating in the syndication.

ANNEX VIII: INFORMATION TO BE PROVIDED FOR NOTIFICATIONS

The information listed in Section I below shall be provided for all notifications made under the Arrangement (including its Annexes). In addition, the information specified in Section II shall be provided, as appropriate, in relation to the specific type of notification being made.

I. INFORMATION TO BE PROVIDED FOR ALL NOTIFICATIONS

a) Basic Information

1. Notifying country
2. Date of notification
3. Notifying institution/authority/agency
4. ECA(s) extending official export credit support

a. ECA providing insurance/guarantee support

b. ECA providing finance support

5. Notification number
6. Identification codes (internal)
7. Credit line reference number (if relevant)
8. Status (*e. g.* original, revision, replacement)
9. Revision number (if relevant)
10. Arrangement Article (s) under which notification is being made
11. Reference number of notification matched (if relevant)
12. Description of support being matched (if relevant)
13. Destination country

b) Buyer/Borrower/Guarantor Information

14. Buyer name
15. Buyer country
16. Buyer location (if known)
17. Buyer status
18. Buyer type
19. Borrower name (if the borrower is not the buyer)
20. Borrower country (if the borrower is not the buyer)

21. Borrower location (if the borrower is not the buyer)

22. Borrower status (if the borrower is not the buyer)

23. Borrower type (if the borrower is not the buyer)

24. Guarantor name (if relevant)

25. Guarantor country (if relevant)

26. Guarantor location (if relevant)

27. Guarantor status (if relevant)

28. Guarantor type (if relevant)

c) *Information on Goods and/or Services Being Exported and the Project*

29. Detailed description of the products and/or services being exported

30. Detailed description of the project (or sector) for which the exports are being provided

31. Suggested purpose code

32. Location of the project (if known)

33. Tender closing date (if relevant)

34. Expiry date of credit line (if relevant)

35. Value of contract(s) supported, according to the following scale in millions of SDRs:

Category	From	To
I:	0	1
II:	1	2
III:	2	3
IV:	3	5
V:	5	7
VI:	7	10
VII:	10	20
VIII:	20	40
IX:	40	80
X:	80	120
XI:	120	160
XII:	160	200
XIII:	200	240
XIV:	240	280
XV:	280	*

* Indicate the number of SDR 40 million multiples in excess of SDR 280 million, *e. g.* SDR 410 million would be notified as Category XV + 3.

36. Value of contract(s) supported, actual amount (in contract currency)

37. Currency of contract(s)

d) Financial Terms and Conditions of the Official Export Credit Support

The following information should be provided in respect of each tranche supported for transactions comprising multiple tranches with different financial terms and conditions.

38. Credit value, SDR scale

39. Credit value, actual amount (optional in lieu of item 38)

40. Credit currency

41. Down payment (% export contract value)

42. Local Costs (% export contract value)

43. SPOC determined according to (with reference to Annex XV definition q)

44. Length of the repayment period

45. Length of repayment period units

46. Interest rate base

47. Interest rate or margin above base

48. Comments, notes and/or explanations regarding the information provided in Section I

II. ADDITIONAL INFORMATION TO BE PROVIDED, AS APPROPRIATE, FOR NOTIFICATIONS MADE IN RELATION TO SPECIFIC PROVISIONS

a) Chapter II Article 10 d) 3)

The following information should be provided in respect of each tranche supported for transactions comprising multiple tranches with different financial terms and conditions.

49. Type of local costs supported

50. Nature of local costs supported: Capital equipment?

51. Nature of local costs supported: Deliveries from local subsidiaries and/or affiliates?

52. Nature of local costs supported: Local construction or installation costs?

53. Nature of local costs supported: VAT, import duties, other taxes?

54. Nature of local costs supported: Other?

55. Description of "other" local costs

56. Comments, notes and/or explanations regarding the information provided in Section II. a.

b) Chapter II Article 14 c) 5), Annex I Article 5 e), Annex II Article 6 a), Annex II Article 6 b), Annex IV Article 8 d), Annex VII Article 4

57. Repayment profile

58. Repayment frequency (principal)

59. Repayment frequency (interest)

60. First principal repayment after SPOC

61. First principal repayment after SPOC units

62. Amount of interest capitalised before the SPOC

63. Capitalised interest currency

64. Weighted average life of the repayment period

65. Percentage principal repaid by mid-point of credit

66. Explanation of the reason for not providing support according to standard repayment structures

67. Comments, notes and/or explanations regarding the information provided in Section II. b.

c) All notification obligations in Chapter II Articles 22, 25, 28, 29, Annex VII Article 4 (only for projects in high Income OECD countries) and Annex V Article 4a)

68. Country risk classification of the obligor's country

69. Application of an offshore future flow structure combined with an offshore escrow account? (Categories 1-7 only)

70. The applicable country and buyer risk categories are related to the (buyer, borrower, guarantor, project, transaction)

71. Applicable country risk classification

72. Applicable buyer risk category

73. Does the entity indicated in #70 have a foreign currency rating from an accredited credit rating agency (CRA)?

74. Most favourable accredited CRA foreign currency rating for the entity indicated in #70

75. Accredited CRA providing the rating reported in #74

76. Basis for applicable Minimum Premium Rate (MPR)

77. Basis for actual premium rate charged

78. Comments, notes and/or explanations regarding the basis for the actual premium rate charged

79. Length of the drawdown period

80. Length of drawdown period units

81. Percentage of cover for political (country) risk

82. Percentage of cover for commercial (buyer) risk

83. Official export credit product

84. Interest covered during claims waiting period?

85. MPR (based on item 76) country risk mitigation or buyer risk credit enhancements

86. Local currency financing? (Cat 1-7 MPRs only)

87. Local currency factor (LCF) applied

88. Buyer risk credit enhancements?

89. Total credit enhancement factor (CEF) applied

90. Applicable MPR (based on item 76) after any country risk mitigation or buyer risk credit enhancements

91. Actual premium rate charged

92. Comments, notes and/or explanations regarding the information provided in Section II. c.

d) Arrangement, Article 25 e) first tiret

93. Explanation of the characteristics of the obligor against the criteria for Buyer Risk Category CC0 in Annex XII of the Arrangement

e) Arrangement, Article 25 e) second tiret

94. Rationale for buyer risk category better than accredited CRA rating

f) Arrangement, Article 22 c) 2)

95. Type of name-specific or related entity debt instrument used to set premium

96. Name of the debt instrument entity

97. Detailed description and key characteristics of the debt instrument and the methodology used to derive the pricing, including (but not limited to) information about the tenor, credit profile, liquidity and currency of the instrument

98. Relationship between the transaction obligor/guarantor and the related entity

99. Does the transaction obligor/guarantor have the same issuer CRA rating as the related entity?

100. Does the related entity meet all of the criteria listed in Annex XV (definition "o") of the Arrangement?

101. Detailed explanation of how the criteria that define a related entity have been met

g) Arrangement, Article 46 a) 7)

102. Justification for the buyer risk classification

103. Best accredited CRA foreign currency rating for the sovereign in the obligor's/guarantor's domicile (If the applicable buyer risk category is more favourable than the best

accredited CRA rating of the sovereign in the obligor's/guarantor's domicile for an unrated obligor)

104. Accredited CRA providing the rating reported in #103

h) Arrangement, Article 22 c) 1)

105. Is syndicated loan package structured as either an asset-backed or project finance transaction?

106. Do commercial market loans/guarantees without any bilateral or multilateral support comprise at least 25% of the syndicate?

107. Are all parties to the financing on pari passu terms on all financial terms and conditions, including the security package?

108. Are the financial terms and conditions of the transaction fully compliant with the Arrangement, as modified by the provisions for Market Benchmark pricing in syndicated loans/guarantees transactions?

109. Detailed description of the methodology used to derive the premium (or all-in cost for direct lending) reported in item 91

110. Comments, notes and/or explanations regarding the information provided in Section II. d.

i) Arrangement, Article 22 h)

111. Does the guarantee cover the entire duration of the debt?

112. Is the guarantee irrevocable, unconditional and available on demand?

113. Is the guarantee legally valid and capable of being enforced in the guarantor country's jurisdiction?

114. Is the guarantor creditworthy in relation to the size of the guaranteed debt?

115. Is the guarantor subject to the monetary control and transfer regulations of the country in which it is located?

116. Percentage of the total amount at risk (i. e. principal and interest) that is covered by the guarantee

117. Does any financial relationship exist between the guarantor and the obligor?

118. Type of relationship

119. Is the guarantor legally and financially independent and can it fulfil the obligor's payment obligation?

120. Would the guarantor be affected by events, regulations or sovereign intervention in the obligor's country?

121. Comments, notes and/or explanations regarding the information provided in Section II. e.

j) Arrangement, Article 28 b)

For the application of an offshore future flow structure combined with an offshore escrow account:

122. - 132. Confirmation that the criteria listed in Annex XIII have been met

133. Information on additional factors taken into consideration and/or any other comments regarding the application of an offshore future flow structure combined with an offshore escrow account

For local currency financing:

134. - 139. Confirmation that the criteria listed in Annex XIII have been met

140. Local currency used

141. Information on additional 'factors taken into consideration and/or any other comments regarding the application of local currency financing

142. Comments, notes and/or explanations regarding the information provided in Section II. f.

k) Arrangement, Article29 d)

143. -150. The specific buyer risk credit enhancements and corresponding credit enhancement factors applied

151. Comments, notes and/or explanations regarding the information provided in Section II. g.

l) Annex V, Article4

152. Does the repayment term supported exceed the useful life of the track-bound transportation infrastructure asset financed?

153. Comments (regarding item 152)

For all transactions involving Category I countries:

154. Comprehensive explanation for provision of official support

155. Has a waiver of the conditions set out in Article 2, Paragraph b) 3) of Annex V been requested via a common line?

156. Common line status

157. Comments, notes and/or explanations regarding any common line

m) Annex VI, Article 4

158. Plant unit size (gross installed capacity)

159. Number of electric power generation units

160. Boiler technology

161. Explanation and description of how the evaluation of less carbon-intensive energy alternatives has been carried out and the results of the evaluation showing that such alternatives are not viable

162. Explanation of how the project is compatible with the host country's national energy policy and climate mitigation policy and strategy, which is supported by a targeted policy to expand renewables and/or to enhance energy efficiency

163. For transactions providing support according to Footnote 2 of Annex VI, explanation of how the supported project helps address energy poverty

164. Comments, notes and/or explanations regarding the information provided in Section II. i.

n) Annex VII, Article4

165. Explanation of why project finance terms are being provided

166. Contract value in relation to turnkey contract, portion of sub-contracts, etc.

167. Type of cover provided prior to SPOC

168. Percentage of cover for political risk prior to SPOC

169. Percentage of cover for commercial risk prior to SPOC

170. Type of cover provided after SPOC

171. Percentage of cover for political risk after SPOC

172. Percentage of cover for commercial risk after SPOC

173. Length of the construction period

174. Length of construction period units

175. - 190. Confirmation (and explanation as necessary) that the transaction meets the criteria listed in Appendix I of Annex VII

o) Annex VII, Article4 and Annex V Article 4 a) for projects in High Income OECD Countries

191. Total debt syndication amount for the project, including official and private lenders

192. Total debt syndication currency

193. Percentage of debt syndication from Participants to the Arrangement

194. Percentage of the debt syndication from private lenders

195. Minority partner in loan syndication?

196. Comments (regarding item 195)

197. Premium rate meets market criteria?

198. Comments (regarding item 197)

199. Comments, notes and/or explanations regarding the information provided in Section II. h.

p) Arrangement, Articles 47 and 48

200. Total amount of trade-related aid, SDR scale

201. Composition of trade-related aid package: share of non-concessional export credits in conformity with the Arrangement

202. Composition of trade-related aid package: share of other funds at or near market rates

203. Composition of trade-related aid package: share of other official funds with a concessionality level of less than the minimum permitted under Article 36 except in cases of matching

204. Composition of trade-related aid package: share of down payment from the purchaser

205. Composition of trade-related aid package: share of payments on or before the starting point of credit that are not considered

206. Composition of trade-related aid package: share of grants

207. Composition of trade-related aid package: share of concessional credits

208. Terms and conditions of concessional credits: grace period

209. Terms and conditions of concessional credits: length of repayment period

210. Terms and conditions of concessional credits: repayment frequency

211. Terms and conditions of concessional credits: repayment profile

212. Terms and conditions of concessional credits: currency

213. Terms and conditions of concessional credits: interest rate

214. Terms and conditions of concessional credits: applicable DDR

215. Terms and conditions of concessional credits: concessionality level

216. Overall concessionality level of the trade-related aid package

217. Comments, notes and/or explanations regarding the information provided in section II. k)

ANNEX IX: CALCULATION OF THE MINIMUM PREMIUM RATES FOR COUNTRY RISK CATEGORY 1-7 TRANSACTIONS

MPR Formula

The formula for calculating the applicable MPR for an export credit involving an obligor/guarantor in a country classified in Country Risk Categories 1-7 is:

MPR = {[(ai * HOR + bi) * max (PCC, PCP) / 0.95] * (1-LCF) + [cin * PCC / 0.95 * HOR * (1-CEF)]} * QPFi * PCFi * BTSF

where:

- ai = country risk coefficient in country risk category i (i = 1-7)
- cin = buyer risk coefficient for buyer category n (n = SOV +, SOV/CCO, CC1-CC5) in country risk category i (i = 1-7)
- bi = constant for country category risk category i (i = 1-7)
- HOR = horizon of risk
- PCC = commercial (buyer) risk percentage of cover
- PCP = political (country) risk percentage of cover
- CEF = credit enhancements factor
- QPFi = quality of product factor in country risk category i (i = 1-7)
- PCFi = percentage of cover factor in country risk category i (i = 1-7)
- BTSF = better than sovereign factor
- LCF = local currency factor

Applicable Country Risk Classification

The applicable country risk classification is determined according to Article 22 e) of the Arrangement, which in turn determines the country risk coefficient (ai) and constant (bi) that are obtained from the following table:

	1	2	3	4	5	6	7
a	0.090	0.200	0.350	0.550	0.740	0.900	1.100
b	0.350	0.350	0.350	0.350	0.750	1.200	1.800

Selection of the Appropriate Buyer Risk Category

The appropriate buyer risk category is selected from the following table, which provides the combinations of country and buyer risk categories that have been established and the agreed concordance between buyer risk categories CC1-CC5 and the classifications of accredited CRAs. Qualitative descriptions of each buyer risk category (SOV + to CC5) have been established to facilitate the classification of obligors (and guarantors) and are provided in Annex XII.

Country Risk Category						
1	2	3	4	5	6	7
SOV +	SOV +	SOV +	SOV +	SOV +	SOV +	SOV +
SOV / CC0	SOV / CC0	SOV / CC0	SOV / CC0	SOV / CC0	SOV / CC0	SOV / CC0
CC1 AAA to AA-	CC1 A + to A-	CC1 BBB + to BBB-	CC1 BB + to BB	CC1 BB-	CC1 B +	CC1 B
CC2 A + to A-	CC2 BBB + to BBB-	CC2 BB + to BB	CC2 BB-	CC2 B +	CC2 B	CC2 B- or worse
CC3 BBB + to BBB-	CC3 BB + to BB	CC3 BB-	CC3 B +	CC3 B	CC3 B- or worse	
CC4 BB + to BB	CC4 BB-	CC4 B +	CC4 B	CC4 B- or worse		
CC5 BB- or worse	CC5 B + or worse	CC5 B or worse	CC5 B- or worse			

The selected buyer risk category, in combination with the applicable country risk category determines the buyer risk coefficient (c_{in}) that is obtained from the following table:

Buyer Risk Category	Country Risk Category						
	1	2	3	4	5	6	7
SOV +	0.000	0.000	0.000	0.000	0.000	0.000	0.000
SOV / CC0	0.000	0.000	0.000	0.000	0.000	0.000	0.000
CC1	0.110	0.120	0.110	0.100	0.100	0.100	0.125
CC2	0.200	0.212	0.223	0.234	0.246	0.258	0.271
CC3	0.270	0.320	0.320	0.350	0.380	0.480	n/a
CC4	0.405	0.459	0.495	0.540	0.621	n/a	n/a
CC5	0.630	0.675	0.720	0.810	n/a	n/a	n/a

Horizon of Risk (HOR)

The Horizon of Risk (HOR) is calculated as follows:

For standard repayment profiles (i. e. equal semi-annual repayments of principal):

HOR = (length of the disbursement period * 0.5) + the length of the repayment period

For non-standard repayment profiles:

HOR = (length of the disbursement period * 0.5) + (weighted average life of the repayment period - 0.25) / 0.5

In the above formulas, the unit of measurement for time is years.

Percentage of Cover for Commercial (Buyer) Risk (PCC) and Political (Country) Risk (PCP)

The Percentages of Cover (PCC and PCP) expressed as a decimal value (i. e. 95% is expressed as 0.95) in the MPR formula.

Buyer Risk Credit Enhancements

The value of the credit enhancement factor (CEF) is 0 for any transaction that is not subject to any buyer risk credit enhancements. The value of the CEF for transactions that are subject to buyer risk credit enhancements is determined according to Annex XIII, subject to therestrictions set out in Article 29 c) of the Arrangement and may not exceed 0.35.

Quality of Product Factor (QPF)

The QPF is obtained from the following table:

Product Quality	Country Risk Category						
	1	2	3	4	5	6	7
Below Standard	0.9965	0.9935	0.9850	0.9825	0.9825	0.9800	0.9800
Standard	1.0000	1.0000	1.0000	1.0000	1.0000	1.0000	1.0000
Above Standard	1.0035	1.0065	1.0150	1.0175	1.0175	1.0200	1.0200

Percentage of Cover Factor (PCF)

The PCF is determined as follows:

For (max(PCC, PCP) ≤ 0.95, PCF = 1)

For (max(PCC, PCP) > 0.95, PCF = 1 + ((max(PCC, PCP) - 0.95) / 0.05) * (percentage of cover coefficient)

The percentage of cover coefficient is obtained from the following table:

	Country Risk Category						
	1	2	3	4	5	6	7
Percentage of cover coefficient	0. 00000	0. 00337	0. 00489	0. 01639	0. 03657	0. 05878	0. 08598

Better than Sovereign Factor (BTSF)

When an obligor is classified in the "better than sovereign" (SOV +) buyer risk category, BTSF = 0. 9, otherwise BTSF = 1.

Local Currency Factor (LCF)

For transaction making use of local currency country risk mitigation, the value of the LCF may not exceed 0. 2. The value of the LCF for all other transactions is 0.

ANNEX X: PREMIUM BENCHMARKS FOR MARKET BENCHMARK TRANSACTIONS

Un-covered Tranche of Export Credits or the non-ECA Covered Part of a Syndicated Loan

The price indicated by private banks/institutions with respect to the uncovered tranche of the export credit in question (or sometimes as the non-ECA covered part of a syndicated loan) may represent the best match to ECA cover. Pricing on such un-covered portions or non-covered parts should only be used if provided on commercial terms (*e. g.* this would exclude IFI funded portions).

Name-Specific Corporate Bonds

Corporate bonds reflect name specific credit risk. Care should be used in matching in terms of the ECA contract characteristics, such as term of maturity, and currency denomination, and any credit enhancements. If primary corporate bonds (i. e. all-in yield upon issuance) or secondary corporate bonds (i. e. the option adjusted spread over the appropriate curve, which is usually the relevant currency swap curve) are used, those for the obligor should be used in the first instance; if not available, primary or secondary corporate bonds from Related Entities may be used.

Name-Specific Credit Default Swaps

Credit Default Swaps (CDS) are a form of protection against default. The CDS spread is the amount paid per period by the buyer of the CDS as a percentage of notional principal, and is usually expressed in basis points. The CDS buyer effectively buys insurance against default by making payments to the seller of the CDS for the life of the swap, or until the credit event occurs. A CDS curve for the obligor should be used in the first instance; if not available, CDs curves from Related Entities may be used.

Loan Benchmarks

Primary loan benchmarks (i. e. pricing upon issuance) or secondary loan benchmarks (i. e. the current yield on the loan expected by the financial institution purchasing the loan from another financial institution). All fees must be known for primary loan benchmarks so that the all-in yield can be calculated. If loan benchmarks are used, those for the obligor should be used in the first instance; if not available, those from similar entities may be used.

Benchmark Market Curves

Benchmark market curves reflect the credit risk of a whole sector or class of buyers. This market information may be relevant when name specific information is not available. In general, the quality of the information inherent to these markets depends upon their liquidity. In any case, one should look for market instruments that provide the closest match in terms of the ECA contract characteristics, such as date, credit rating, term of maturity, and currency denomination.

ANNEX XI: CRITERIA AND CONDITIONS GOVERNING THE APPLICATION OF A THIRD PARTY REPAYMENT GUARANTEE AND THE CLASSIFICATION OF MULTILATERAL OR REGIONAL INSTITUTIONS

PURPOSE

This Annex provides the criteria and conditions that govern the application of third party repayment guarantees, including the repayment guarantee of a classified multilateral or regional institution according to Article 22 e) of the Arrangement. It also provides the criteria by which multilateral or regional institutions should be assessed when determining if an institution should be classified in connection with Article 26 of the Arrangement.

APPLICATION

Case 1: Guarantee for the Total Amount at Risk

When security in the form of a repayment guarantee from an entity is provided for the total amount at risk (i. e. principal and interest), the applicable Country Risk Classification and Buyer Risk Category may be that of the guarantor when the following criteria are met:

- The guarantee covers the entire duration of the credit.
- The guarantee is irrevocable, unconditional and available on-demand.
- The guarantee is legally valid and capable of being enforced in the guarantor country's jurisdiction.
- The guarantor is creditworthy in relation to the size of the guaranteed debt.
- The guarantor is subject to the monetary control and transfer regulations of the country in which it is located.

For classified Multilateral or Regional Institutions acting as guarantors, the following criteria apply:

- The guarantee covers the entire duration of the credit.
- The guarantee is irrevocable, unconditional and available on-demand.
- The guarantor is legally committed for the total amount of the credit.
- The repayments are made directly to the creditor.

If the guarantor is a subsidiary/parent of the guaranteed entity, Participants shall, on a case-by-case basis, determine whether: (1) in consideration of the relationship between the subsidiary/parent and the degree of legal commitment of the parent, the subsidiary/parent is legally and financially independent and could fulfil its payment obligations; (2) the subsidiary/parent could be affected by local events/regulations or sovereign intervention; and (3) the Head Office would in the event of a default regard itself as being liable.

Case 2: Guarantee Limited in Amount

When security in the form of a repayment guarantee from an entity is provided for a limited amount at risk (i. e. principal and interest), the applicable Country Risk Classification and Buyer Risk Category may be that of the guarantor for the portion of the credit subject to the guarantee, providing that all other criteria listed under Case 1 are met.

For the unguaranteed portion, the applicable Country Risk Classification and Buyer Risk Category is that of the obligor.

Classification of Multilateral or Regional Institutions

Multilateral and regional institutions shall be eligible for classification if the institution is generally exempt from the monetary control and transfer regulations of the country in which it is located. Such institutions shall be classified in Country Risk Categories 0 through 7 on a case-by-case basis according to an assessment of the risk of each on its own merits and in consideration of whether:

- the institution has statutory and financial independence;
- all of the institution's assets are immune from nationalisation or confiscation;
- the institution has full freedom of transfer and conversion of funds;
- the institution is not subject to government intervention in the country where it is located;
- the institution has tax immunity; and
- there is an obligation of all its Member countries to supply additional capital to meet the institution's obligations.

The assessment should also take into consideration the historical payment record in situations of country credit risks default either in the country where it is located or in an obligor's country, and any other factors that may be deemed appropriate in the assessment process.

The list of classified multilateral and regional institutions is not closed and a Participant may nominate an institution for review according to the above-listed considerations. The classifications of multilateral and regional institutions shall be made public by the Participants.

ANNEX XII: BUYER RISK CATEGORIES QUALITATIVE DESCRIPTIONS

Better than Sovereign (SOV +)

This is an exceptional classification. The entity achieving such a classification is one with an exceptionally strong creditprofile that could be expected to fulfil its payment obligations during a period of sovereign debt distress or even default. International Credit Rating Agencies issue regular reports listing Corporate and Counterparty Ratings that exceed the Sovereign's Foreign Currency Rating. Except when the risk sovereign has been identified through the Sovereign Risk Assessment Methodology as being significantly higher than country risk, Participants proposing that an entity be classified as better than sovereign shall reference such better than sovereign ratings in support of their recommendation. In order to be classified as better than its host sovereign, an entity would be expected to display several or normally a majority of the following characteristics or equivalents:

- a strong credit profile;
- substantial foreign exchange earnings relative to its currency debt burden;
- production facilities and cash generation ability from subsidiaries or operations offshore, especially those domiciled in highly rated sovereigns, *i. e.* multinational enterprises;
- a foreign owner or a strategic partner which could be relied on as a source of financial support in the absence of a formal guarantee;
- a history of preferential treatment of the entity by the sovereign, including exemption from transfer and convertibility constraints and surrender requirements for export proceeds, and favourable tax treatment;
- committed credit lines from highly rated international banks, especially credit lines without a material adverse change (MAC) clause which enable banks to withdraw committed facilities in the event of a sovereign crisis or other risk events; and
- assets held offshore, especially liquid assets, often as a result of rules allowing exporters to trap and maintain cash balances offshore that are available for debt service.

Normally the SOV + buyer risk category is not applicable to:

- publiclyowned entities and utilities, sub-sovereigns as line ministries, regional governments, etc;
- financial institutions domiciled in the sovereign's jurisdiction; and
- entities primarily selling to the domestic market in local currency.

Sovereign (SOV)

Sovereign obligors/guarantors are entities that are explicitly legally mandated to enter into a debt payment obligation on the behalf of the Sovereign State, typically Ministry of Finance or Central bank①. A risk designated as sovereign is one where:

- the obligor/guarantor is legally mandated to enter into a debt payment obligation on behalf of the Sovereign and thereby commits the full faith and credit of the sovereign; and
- inthe event of rescheduling of sovereign risk, the debt in question would be included in the rescheduling and payment obligations acquired by the sovereign by virtue of the rescheduling.

Equivalent to the Sovereign (CC0): Exceptionally Good Credit Quality

The "equivalent to sovereign" category embraces two basic types of obligors/guarantors:

- Public entities where due diligence reveals that either the buyer has the implicit full faith and credit/support of the sovereign or that the likelihood of sovereign liquidity and solvency support is very high, both in relation to recovery prospects as well as default risk. Nonsovereign public entities equivalent to the sovereign would also include companies owned by the government with a monopoly or near monopoly on operations in a sector (*e. g.* power, oil, gas).
- Corporate entities with an exceptionally strong credit profile, displaying features in terms of both default and recoveryprospects, which indicate that the risk could be seen as being equivalent to sovereign. Candidates could include strong blue chip corporates or very important banks for which the likelihood of sovereign liquidity and solvency support is high.

Exceptionally good credit quality implies that the risk of payment interruption is expected to be negligible and that the entity has an exceptionally strong capacity for repayment and this capacity is not likely to be affected by foreseeable events. The credit quality is typically

---

① Most typically this would be a risk on the central bank or Ministry of Finance. For central government entities other than the finance ministry, due diligence shall be undertaken to affirm that the entity commits the full faith and credit of the sovereign.

manifested in a combination of some, if not all, of the following characteristics of the entity's business and financial profile:

- exceptionally good to very good cash and income generation
- exceptionally good to very good liquidity levels
- exceptionally low to very low leverage
- excellent to very strong business profile with proven and very strong management abilities

The entity is also characterised by a high quality of financial and ownership disclosure, unless there is a very high likelihood of support from a parent (or sovereign) with a buyer risk classification that is equal to or better than what corresponds to this buyer risk category.

Depending on the classification of the country in which the obligor/guarantor is domiciled, it is likely that an obligor/guarantor classified in buyer risk category CC0 would be rated between AAA (Country Category 1) and B (Country Category 7) by accredited CRAs.

Very Good Credit Quality (CC1)

The risk of payment interruption is expected to be low or very low. The obligor/guarantor has a very strong capacity for repayment and this capacity is not likely to be affected by foreseeable events. The obligor/guarantor has a limited or very limited susceptibility to adverse effects of changes in circumstances and economic conditions. The credit quality is typically manifested in a combination of some, if not all, of the following characteristics of the business and financial profile:

- very good to good cash and income generation
- very good to good liquidity levels
- very low to low leverage
- very strong business profile with proven management abilities

The entity is also characterised by a high quality of financial and ownership disclosure, unless there is a very high likelihood of support from a parent (or sovereign) with a buyer risk classification that is equal to or better than what corresponds to this buyer risk category.

Depending on the classification of the country in which the obligor/guarantor is domiciled, it is likely that an obligor/guarantor classified in buyer risk category CC1 would be rated between AAA (Country Category 1) and B (Country Category 7) by accredited CRAs.

Good to Moderately Good Credit Quality, Above Average (CC2)

The risk of payment interruption is expected to be low. The obligor/guarantor has a good to moderately good capacity for repayment and this capacity is not likely to be affected by foreseeable events. The obligor/guarantor has a limited susceptibility to adverse effects of changes in circumstances and economic conditions. The credit quality is typically manifested in a combination of some, if not all, of the following characteristics of the business and financial profile:

- good to moderately good cash and income generation
- good to moderately good liquidity levels
- low to moderately low leverage
- moderately strong business profile with proven management abilities

The entity is also characterised by a high quality of financial and ownership disclosure, unless there is a very high likelihood of support from a parent (or sovereign) with a buyer risk classification that is equal to or better than what corresponds to this buyer risk category.

Depending on the classification of the country in which the obligor/guarantor is domiciled, it is likely that an obligor/guarantor classified in buyer risk category CC2 would be rated between A+ (Country Category 1) and B- or worse (Country Category 7) by accredited CRAs.

Moderate Credit Quality, Average (CC3)

The risk of payment interruption is expected to be moderate or moderately low. The obligor/guarantor has a moderate or moderately good capacity for repayment. There is a possibility of credit risk developing as the obligor/guarantor faces major ongoing uncertainties or exposure to adverse business, financial or economic conditions which could lead to inadequate capacity to meet timely payments. However, business or financial alternatives may be available to allow financial commitments to be met. The credit quality is typically manifested in a combination of some, if not all, of the following characteristics of the business and financial profile.

- moderately good to moderate cash and income generation
- moderately good to moderate liquidity levels
- moderately low to moderate leverage
- moderate business profile with proven management abilities

The entity is also characterised by an adequate quality of financial and ownership disclosure, unless there is a very high likelihood of support from a parent (or sovereign) with a buyer risk classification that is equal to or better than what corresponds to this buyer risk category.

Depending on the classification of the country in which the obligor/guarantor is domiciled, it is likely that an obligor/guarantor classified in buyer risk category CC3 would be rated between BBB + (Country Category 1) and B- or worse (Country Category 6) by accredited CRAs.

Moderately Weak Credit Quality, Below Average (CC4)

The risk of payment interruption is expected to be moderately weak. The obligor/guarantor has a moderate to moderately weak capacity for repayment. There is a possibility of credit risk developing as the obligor/guarantor faces major ongoing uncertainties or exposure to adverse business, financial or economic conditions which could lead to inadequate capacity to meet timely payments. However, business or financial alternatives may be available to allow financial commitments to be met. The credit quality is typically manifested in a combination of some, if not all, of the following characteristics of the business and financial profile:

- moderate to moderately weak cash and income generation
- moderate to moderately weak liquidity levels
- moderate to moderately high leverage
- moderately weak business profile with limited track record of management abilities

The entity is also characterised by an adequate quality of financial and ownership disclosure, unless there is a very high likelihood of support from a parent (or sovereign) with a buyer risk classification that is equal to or better than what corresponds to this buyer risk category.

Depending on the classification of the country in which the obligor/guarantor is domiciled, it is likely that an obligor/guarantor classified in buyer risk category CC4 would be rated between BB + (Country Category 1) and B- or worse (Country Category 5) by accredited CRAs.

Weak Credit Quality (CC5)

The risk of payment interruption is expected to be high to very high. The obligor/guarantor has a moderately weak to weak capacity for repayment. The obligor/guarantor currently has the capacity to meet repayments but a limited margin of safety remains. However, there is a likelihood of developing payment problems as the capacity for continued payment is contingent upon a sustained, favourable business and economic environment. Adverse business, financial, or economic conditions will likely impair capacity or willingness to repay. The credit quality is typically manifested in a combination of some, if not all, of the following characteristics of the business and financial profile:

- moderately weak to weak to very weak cash and income generation
- moderately weak to weak liquidity levels

- moderately high to high leverage
- weak business profile with limited or no track record of management abilities

The entity is also characterised by a poor quality of financial and ownership disclosure, unless there is a very high likelihood of support from a parent (or sovereign) with a buyer risk classification that is equal to or better than what corresponds to this buyer risk category.

Depending on the classification of the country in which the obligor/guarantor is domiciled, it is likely that an obligor/guarantor classified in buyer risk category CC5 would be rated between BB- (Country Category 1) and B- or worse (Country Category 4) by accredited CRAs.

ANNEX XIII: CRITERIA AND CONDITIONS GOVERNING THE APPLICATION OF COUNTRY RISK MITIGATION TECHNIQUES AND BUYER RISK CREDIT ENHANCEMENTS

PURPOSE

This Annex provides detail on the use of country risk mitigation techniques listed in Article28 a) of the Arrangement and the buyer risk credit enhancements listed in Article 29 a) of the Arrangement; this includes the criteria, conditions and specific circumstances which apply to their use as well as the impact on the MPRs.

COUNTRY RISK MITIGATION TECHNIQUES

1. Offshore Future Flow Structure Combined with Offshore Escrow Account

Definition:

A written document, such as a deed or a release or trustee arrangement, sealed and delivered to a third party, *i. e.* a person not party to the instrument, to be held by such third party until the fulfilment of certain conditions and then to be delivered by him to the other party to take effect. If the following criteria are satisfied subject to consideration of the additional factors listed, this technique can reduce or eliminate the transfer risks, mainly in the higher risk country categories.

Criteria:

- The escrow account is related to a foreign exchange-earning project and the flows into the escrow account are generated by the project itself and/or by other offshore export receivables.
- The escrow account is held offshore, *i. e.* located outside of the country of the project where there are very limited, transfer or other country risks (*i. e.* in a High Income OECD country or High Income Euro Area country).
- The escrow account is located in a first class bank, which is not directly or indirectly controlled by interests of the obligor or by the country of the obligor.
- The funding of the account is secured through long-term or other appropriate contracts.
- The combination of the sources of revenues (*i. e.* generated by the project itself and/or the other sources) of the obligor flowing through the account are in hard currency and

can reasonably be expected to be collectively sufficient for the service of the debt for the entire duration of the credit, and come from one or more creditworthy foreign customers located in better risk countries than the country in which the project is located (*i. e.* normally High Income OECD countries or High Income Euro Area countries).

- The obligor irrevocably instructs the foreign customers to pay directly into the account (*i. e.* the payments are not forwarded through an account controlled by the obligor or through its country).
- The funds which have to be kept within the account are equal to at least six months of debt service. Where flexible repayment terms are being applied under a project finance structure, an amount equivalent to the actual six months debt service under such flexible terms are to be kept within the account; this amount may vary over time depending on the debt service profile.
- The obligor has restricted access to the account (*i. e.* only after payment of the debt service under the credit).
- The revenues deposited in the account are assigned to the lender as direct beneficiary, for the entire life of the credit.
- The opening of the account has received all the necessary legal authorisations from the local and any other appropriate authorities.
- The escrow account and contractual arrangements may not be conditional and/or revocable and/or limited in duration.

Additional factors to be taken into consideration:

The technique applies subject to a case-by-case consideration of the above characteristics and, inter alia, with regard to:

- the country, the obligor (*i. e.* either public or private), the sector, the vulnerability in relation to the commodities or services involved, including their availability for the entire duration of the credit, the customers;
- the legal structures, *e. g.* whether the mechanism is sufficiently immune against the influence of the obligor or its country;
- the degree to which the technique remains subject to government interference, renewal or withdrawal;
- whether the account would be sufficiently protected against project related risks;
- the amount which will flow into the account and the mechanism for the continuation of

appropriate provision;

- the situation with regard to the Paris Club (*e. g.* possible exemption);
- the possible impact of country risks other than the transfer risk;
- the protection against the risks of the country where the account is located;
- the contracts with the customers, including their nature and duration; and
- the global amount of the expected foreign earnings in relation to the total amount of the credit.

Impact on the MPR

The application of this country risk mitigation technique may result in a one category improvement in the applicable country risk classification for the transaction, except for transactions in Country Risk Category 1.

2. Local Currency Financing

Definition:

Contract and financing negotiated in convertible and available local, other than hard, currencies and financed locally that eliminates or mitigates the transfer risk. The primary debt obligation in local currency would, in principle, not be affected by the occurrence of the first two country credit risks.

Criteria:

- The ECA liability and claims payment or the payment to the Direct Lender are expressed/ made throughout in local currency.
- The ECA is normally not exposed to the transfer risk.
- In the normal course of events, there will be no requirement for local currency deposits to be converted into hard currency.
- The borrower's repayment in his own currency and in his own country is a valid discharge of the loan obligation.
- If a borrower's income is in local currency the borrower is protected against adverse exchange rate movements.
- Transfer regulations in the borrower's country should not affect the borrower's repayment obligations, which would remain in local currency.

Additional factors to be taken into consideration:

The technique applies on a selective basis in respect of convertible and transferable currencies, where the underlying economy is sound. The Participant ECA should be in a position to meet its obligations to pay claims expressed in its own currency in the event that the local currency becomes either ‘non-transferable’ or ‘non-convertible’ after the ECA takes on liability. (A Direct Lender would however carry this exposure.)

Impact on the MPR

The application of this risk mitigation technique may result in a discount of no more than 20% to the country credit risk portion of the MPR (*i. e.* a local currency factor [LCF] with a value of no more than 0.2).

BUYER RISK CREDIT ENHANCEMENTS

The following table provides definitions of the buyer risk credit enhancements that may be applied, along with their maximum impact on the applicable MPRs. For transactions subject to country risk category 17 MPRs, the maximum CEF used in the MPR formula is stipulated; for market benchmark transactions, the maximum discount to the applicable Market Benchmark MPR is stipulated①.

Credit Enhancement	Definition	Maximum CEF (Country Risk Category 1-7)	Maximum Discount (Market Benchmark)
Assignment of Contract Proceeds or Receivables	In the event a borrower has contracts with strong off-takers, whether offshore or local, a legally enforceable assignment of the contract provides rights to enforce the borrower's contracts and/or make decisions under major contracts in the place of the borrower after a default under the loan. A direct agreement with a third party in a transaction (a local government agency in a mining or energy transaction) allows Lenders to approach a government to seek remedies for expropriation or other violation of contractual obligations related to the transaction. An existing company operating in a difficult market or sector may have receivables related to the sale of production with a company or companies located in a more stable environment. Receivables would generally be in a hard currency but may not be the subject of a specific contractual relationship. Assignment of these receivables could provide asset security in the accounts of the Borrower, giving the Lender a preferential treatment in the cash flow generated by the Borrower.	0.10	N/A

① For a Market Benchmark Transaction, the premium rate resulting from the application of buyer risk credit enhancements may not be lower than the applicable Minimum Actuarial Premium.

续表

Credit Enhancement	Definition	Maximum CEF (Country Risk Category 1-7)	Maximum Discount (Market Benchmark)
Asset Based Security	Control of an asset shown by: (1) mortgage on very mobile and valuable piece of property and (2) property that has entire value in itself. An asset based security is one that can be reacquired with relative ease such as a locomotive, medical equipment or construction equipment. In valuing such a security, the ECA should take into consideration the legal ease of recovery. In other words, there is more value when the security interest in the asset is perfected under an established legal regime and less value where the legal ability to recover the asset is questionable. The precise value of an asset-based security is set by the market, with the relevant "market" being deeper than a local market because the asset can be moved to another jurisdiction. NOTE: The application of an asset based security credit enhancement for transactions subject to country risk category 1-7 MPRs applies to the buyer risk, where the asset based security is held internally within the country in which the transaction is domiciled.	0.25	15%
Fixed Asset Security	A fixed asset security is most typically component equipment which may be constrained by its physicality such as turbine or manufacturing machinery integrated into an assembly line. The intent and value of the fixed asset security is to provide the ECA with more leverage over the use of the asset in recouping losses in the event of default. The value of a fixed asset security varies dependent on economic, legal, market and other factors.	0.15	10%
Escrow Account	Escrow accounts involve debt service reserve accounts held as security for the lenders or other forms of cash receivable accounts held as security for the lenders by a party not controlled or sharing common ownership with the buyer/obligor. The escrowed amount must be deposited or escrowed in advance. The value of such security is nearly always 100% of the nominal amount in such cash accounts. Permits greater control over use of cash, ensures that debt is serviced before discretionary spending. NOTE: The application of an escrow account credit enhancement for transactions subject to country risk category 1-7 MPRs applies to the buyer risk, where the escrow account is held internally within the country in which the transaction is domiciled. Cash security significantly diminishes the risk of default for the covered instalments.	escrowed amount as % of credit up to a maximum of 0.10	escrowed amount as % of credit up to a maximum of 10%

ANNEX XIV: CHECKLIST OF DEVELOPMENTAL QUALITY

CHECKLIST OF DEVELOPMENTAL QUALITY OF AID FINANCED PROJECTS

A number of criteria have been developed in recent years by the DAC to ensure that projects in developing countries that are financed totally or in part by Official Development Assistance (ODA) contribute to development. They are essentially contained in the:

- DAC Principles for Project Appraisal, 1988;
- DAC Guiding Principles for Associated Financing and Tied and Partially Untied Official Development Assistance, 1987; and
- Good Procurement Practices for Official Development Assistance, 1986. Of these, the DAC Principles for Project Appraisal and the Good Procurement Practices for Official Development Assistance were, together with several other 'principles' or 'good practices' the DAC produced, published together in the Development Assistance Manual, DAC Principles for Effective Aid (DAM) in 1992.

CONSISTENCY OF THE PROJECT WITH THE RECIPIENT COUNTRY'S OVERALL INVESTMENT PRIORITIES (PROJECT SELECTION)

Is the project part of investment and public expenditure programmes already approved by the central financial and planning authorities of the recipient country?

(Specify policy document mentioning the project, *e. g.* public investment programme of the recipient country.)

Is the project being cofinanced with an international development finance institution?

Does evidence exist that the project has been considered and rejected by an international development finance institution or another DAC Member on grounds of low developmental priority?

In the case of a private sector project, has it been approved by the government of the recipient country?

Is the project covered by an intergovernmental agreement providing for a broader range of aid activities by the donor in the recipient country?

PROJECT PREPARATION AND APPRAISAL

Has the project been prepared, designed and appraised against a set of standards and criteria broadly consistent with the DAC Principles for Project Appraisal from paragraphs 91-162 of the DAM? Relevant principles concern project appraisal under:

a) Economic aspects (paragraphs 120 to 128 DAM).

b) Technical aspects (paragraph 112 DAM).

c) Financial aspects (paragraphs 113 to 119 DAM).

In the case of a revenue producing project, particularly if it is producing for a competitive market, has the concessionary element of the aid financing been passed on to the end-user of the funds? (paragraph 115 DAM).

a) Institutional assessment (paragraphs 130 to 134 DAM).

b) Social and distributional analysis (paragraphs 137 to 147 DAM).

c) Environmental assessment (paragraphs 145 to 147 DAM).

PROCUREMENT PROCEDURES

What procurement mode will be used among the following? (For definitions, see Principles listed in Good Procurement Practices for ODA from paragraphs 409-429 of the DAM).

a) International competitive bidding (paragraphs 411 and 419-429 DAM: Minimum conditions for effective international competitive bidding).

b) National competitive bidding (paragraph 412 DAM).

c) Informal competition or direct negotiations (paragraphs 413-414 DAM).

Is it envisaged to check price and quality of supplies (paragraph 153 DAM)?

ANNEX XV: LIST OF DEFINITIONS

For the purpose of the Arrangement:

a) **Commitment**: any statement, in whatever form, whereby the willingness or intention to provide official support is communicated to the recipient country, the buyer, the borrower, the exporter or the financial institution.

b) **Common Line**: an understanding between the Participants to agree, for a given transaction or in special circumstances, on specific financial terms and conditions for official support. The rules of an agreed Common Line supersede the rules of the Arrangement only for the transaction or in the circumstances specified in the Common Line.

c) **Concessionality Level of Tied Aid**: in the case of grants the concessionality level is 100%. In the case of loans, the concessionality level is the difference between the nominal value of the loan and the discounted present value of the future debt service payments to be made by the borrower. This difference is expressed as a percentage of the nominal value of the loan.

d) **Decommissioning**: closing down or dismantling of a nuclear power plant.

e) **Export Contract Value**: the total amount to be paid by or on behalf of the purchaser for goods and/or services exported, *i. e.* excluding local costs as defined hereafter; in the case of a lease, it excludes the portion of the lease payment that is equivalent to interest.

f) **Final Commitment**: for an export credit transaction (either in the form of a single transaction or a line of credit), a final commitment exists when the Participant commits to precise and complete financial terms and conditions, either through a reciprocal agreement or by a unilateral act.

g) **Initial Fuel Load**: the initial fuel load shall consist of no more than the initially installed nuclear core plus two subsequent reloads, together consisting of up to two-thirds of a nuclear core.

h) **Interest Rate Support**: an arrangement between a government and banks or other financial institutions which allows the provision of fixed rate export finance at or above the CIRR.

i) **Line of Credit**: a framework, in whatever form, for export credits that covers a series of transactions which may or may not be linked to a specific project.

j) **Local Costs**: expenditure for goods and services in the buyer's country that are necessary either for executing the exporter's contract or for completing the project of which the exporter's contract forms a part. These exclude commission payable to the exporter's agent in the buying country.

k) **Market Benchmark Transaction**: transaction involving ultimate obligors/guarantors in Category 0 countries, High Income OECD countries and High Income Euro Area countries.

l) **Minimum Actuarial Premium**: is the annualised average default rate (derived from cumulative default rates published by the main Accredited CRAs) for a given rating and total term (WAL of the whole transaction) adjusted by an assumed loss given default and a costs loading factor as per agreed conventions by the Participants.

m) **Name Specific Bond or CDS**: a Name Specific Bond or CDS is limited to those market benchmark instruments that belong to the exact identical obligor/guarantor as in the transaction being supported.

n) **Pure Cover**: official support provided by or on behalf of a government by way of export credit guarantee or insurance only, *i. e.* which does not benefit from official financing support.

o) **Related Entity**: Related Entity references are benchmark instruments of a related borrower rather than the exact identical borrower in the supported transaction. In the case where the obligor has no quoted bonds or CDSs, and there exists within the obligor's organisational structure a parent, subsidiary or sister company with Name Specific Bonds or CDSs outstanding in the market, then with regard to Article 22 c), those Name Specific Bonds or CDSs may be used as if they had been issued by the obligor itself if:

1) The parent, subsidiary, or sister company has the same issuer CRA rating as the obligor/guarantor; or

2) All of the following criteria are met:

i. The Participant's internal rating of the obligor/guarantor corresponds with the CRA rating of the related entity.

ii. The obligor/guarantor is the main operating company of the parent/holding, being a key and integral part of the group's business.

iii. The CRA rating is based on the core business of the group.

iv. The obligor/guarantor provides a significant part of the group's earnings by providing either some of the group's core products/services to core clients or it owns and operates a major portion of the parent's assets.

v. The sale of the obligor/guarantor from the group is very hard to conceive, and the disposal would significantly alter the overall shape of the group.

vi. A default of the obligor/guarantor would constitute a huge reputational risk to the group, damage its franchise and could threaten its viability.

vii. A high level of management and operational integration exists where capital and funding is typically provided by the parent company or a finance subsidiary via intercompany loans and where parent support is unquestioned.

p) **Repayment Term**: the period beginning at the starting point of credit, as defined in this Annex, and ending on the contractual date of the final repayment of principal.

q) **Starting Point of Credit**:

1) *Parts or components (intermediate goods) including related services*: in the case of parts or components, the starting point of credit is not later than the actual date of acceptance of the goods or the weighted mean date of acceptance of the goods (including services, if applicable) by the buyer or, for services, the date of the submission of the invoices to the client or acceptance of services by the client.

2) *Quasi-capital goods, including related services - machinery or equipment, generally of relatively low unit value, intended to be used in an industrial process or for productive or commercial use*: in the case of quasi-capital goods, the starting point of credit is not later than the actual date of acceptance of the goods or the weighted mean date of acceptance of the goods by the buyer or, if the exporter has responsibilities for commissioning, then the latest starting point is at commissioning, or for services, the date of the submission of the invoices to the client or acceptance of the service by the client. In the case of a contract for the supply of services where the supplier has responsibility for commissioning, the latest starting point is commissioning.

3) *Capital goods and project services - machinery or equipment of high value intended to be used in an industrial process or for productive or commercial use*:

- In the case of a contract for the sale of capital goods consisting of individual items usable in themselves, the latest starting point is the actual date when the buyer takes physical possession of the goods, or the weighted mean date when the buyer takes physical possession of the goods.

- In the case of a contract for the sale of capital equipment for complete plant or factories where the supplier has no responsibility for commissioning, the latest starting point is the date at which the buyer is to take physical possession of the entire equipment (excluding spare parts) supplied under the contract.
- If the exporter has responsibility for commissioning, the latest starting point is at commissioning.
- For services, the latest starting point of credit is the date of the submission of the invoices to the client or acceptance of service by the client. In the case of a contract for the supply of services where the supplier has responsibility for commissioning, the latest starting point is commissioning.

4) *Complete plants or factories - complete productive units of high value requiring the use of capital goods*:

- In the case of a contract for the sale of capital equipment for complete plant or factories where the supplier has no responsibility for commissioning, the latest starting point of credit is the date when the buyer takes physical possession of the entire equipment (excluding spare parts) supplied under the contract.
- In case of construction contracts where the contractor has no responsibility for commissioning, the latest starting point is the date when construction has been completed.
- In the case of any contract where the supplier or contractor has a contractual responsibility for commissioning, the latest starting point is the date when he has completed installation or construction and preliminary tests to ensure it is ready for operation. This applies whether or not it is handed over to the buyer at that time in accordance with the terms of the contract and irrespective of any continuing commitment which the supplier or contractor may have, *e. g.* for guaranteeing its effective functioning or training local personnel.
- Where the contract involves the separate execution of individual parts of a project, the date of the latest starting point is the date of the starting point for each separate part, or the mean date of those starting points, or, where the supplier has a contract, not for the whole project but for an essential part of it, the starting point may be that appropriate to the project as a whole.
- For services, the latest starting point of credit is the date of the submission of the

invoices to the client or the acceptance of service by the client. In the case of a contract for the supply of services where the supplier has responsibility for commissioning, the latest starting point is commissioning.

r) **Tied Aid**: aid which is in effect (in law or in fact) tied to the procurement of goods and/or services from the donor country and/or a restricted number of countries; it includes loans, grants or associated financing packages with a concessionality level greater than zero percent.

This definition applies whether the "tying" is by formal agreement or by any form of informal understanding between the recipient and the donor country, or whether a package includes components from the forms set out in Article 32 of the Arrangement that are not freely and fully available to finance procurement from the recipient country, substantially all other developing countries and from the Participants, or if it involves practices that the DAC or the Participants consider equivalent to such tying.

s) **Untied Aid**: aid which includes loans or grants whose proceeds are fully and freely available to finance procurement from any country.

t) **Weighted Average Life of the Repayment Period**: the time that it takes to retire one-half of the principal of a credit. This is calculated as the sum of time (in years) between the starting point of credit and each principal repayment weighted by the portion of principal repaid at each repayment date.

ANNEX XVI: COMMERCIAL INTEREST REFERENCE RATE (CIRR) PROVISIONS

CHAPTER I: GENERAL PROVISIONS

1. CONSTRUCTION OF CIRRs

a) Each Participant wishing to establish a CIRR shall initially select one of the following two base rate systems for its national currency:

1) three-year government bond yields for a repayment term of up to and including five years; five-year government bond yields for over five and up to and including eight and a half years; and seven-year government bond yields for over eight and a half years; or

2) five-year government bond yields for all maturities.

Exceptions to the base rate system shall be agreed by the Participants.

b) CIRRs shall be set at a fixed margin of 100 basis points above each Participant's base rate unless Participants have agreed otherwise.

c) Other Participants shall use the CIRR set for a particular currency should they decide to finance in that currency.

d) A Participant may change its base-rate system after giving six months' advance notice and with the counsel of the Participants.

e) A Participant or a non-Participant may request that a CIRR be established for the currency of a non-Participant. In consultation with the interested non-Participant, a Participant or the Secretariat on behalf of that non-Participant may make a proposal for the construction of the CIRR in that currency using Common Line procedures in accordance with Articles 56 to 61.

2. VALIDITY OF CIRRs

The interest rate applying to a transaction shall not be fixed for a period longer than 120 days. A margin of 20 basis points shall be added to the relevant CIRR if the terms and conditions of the official financing support are fixed before the contract date.

3. APPLICATION OF CIRRs

a) Where official financing support is provided for floating rate loans, banks and other financing institutions shall not be allowed to offer the option of the lower of either the CIRR (at time of the original contract) or the short-term market rate throughout the life of the loan.

b) In the event of a voluntary, early repayment of a loan of or any portion thereof, the borrower shall compensate the government institution providing official financing support for all costs and losses incurred as a result of such early repayment, including the cost to the government institution of replacing the part of the fixed rate cash inflow interrupted by the early repayment.

CHAPTER II: SPECIFIC PROVISIONS

4. CONSTRUCTION OF CIRRs FOR TRANSACTIONS UNDER ANNEX II AND ANNEX IV OF THE ARRANGEMENT

a) The applicable CIRRs for official financing support provided in accordance with the provisions of the Sector Understandings on Export Credits for Nuclear Power Plants (Annex II) and for Renewable Energy, Climate Change Mitigation and Adaptation, and Water Projects (Annex IV) are constructed using to the following base rates and margins:

Repayment Term (years)	New nuclear power stations and Annex IV projects with long construction periods①		All other contracts②	
	Base Rate (Government bonds)	Margin (bps)	Base Rate (Government bonds)	Margin (bps)
< 11	Relevant CIRR in accordance with Chapter I, Article 1 of this AnnexXVI			
11 to 12	7 years	100	7 years	100
13	8 years	120	7 years	120
14	9 years	120	8 years	120
15	9 years	120	8 years	120
16	10 years	125	9 years	120
17	10 years	130	9 years	120
18	10 years	130	10 years	120

① For new nuclear power plants, Article 1 a) 1) of Annex II refers. For Annex IV, this includes new large hydropower projects, Appendix II Project Class A, and Appendix III Adaptation Projects.

② For new nuclear power plants, Articles 1 a) 2) to 4) of Annex II refers. For Annex IV, this includes all projects not covered in footnote 1 above.

b) The currencies that are eligible for official financing support are those which are fully convertible and for which data are available to construct the minimum interest rates mentioned in Article 4 a) above, and in Article 1 of this Annex XVI for repayment terms less than 11 years.

5. CONSTRUCTION OF CIRRs FOR TRANSACTIONS UNDER ANNEX V AND ANNEX VII OF THE ARRANGEMENT

A Participant providing official financing support for fixed rate loans in accordance with the provisions of the Sector Understandings for Rail Infrastructure (Annex V) or the Terms and Conditions Applicable to Project Finance Transactions (Annex VII): shall apply, as minimum interest rates:

a) For repayment terms of up to and including 12 years, the relevant CIRR in accordance withArticle 1 of this Annex XVI.

b) For repayment terms in excess of 12 years, the relevant CIRRs constructed in accordance withArticle 1 of this Annex XVI, to which a surcharge of 20 basis points shall be added for all currencies.

CHAPTER III: OPERATIONAL PROVISIONS FOR THE COMMUNICATION OF MINIMUM INTEREST RATES (CIRRs)

6. COMMUNICATION OF MINIMUM INTEREST RATES

a) CIRRs for currencies that are determined according to the provisions of ChapterI of this Annex XVI shall be sent by means of instant communication at least monthly to the Secretariat for circulation to all Participants.

b) Such notification shall reach the Secretariat no later than five days after the end of each month covered by this information. The Secretariat shall then inform immediately all Participants of the applicable rates and make them publicly available.

7. EFFECTIVE DATE FOR APPLICATION OF INTEREST RATES

Any changes in the CIRRs shall enter into effect on the fifteenth day after the end of each month.

8. IMMEDIATE CHANGES IN INTEREST RATES

When market developments require the notification of an amendment to a CIRR during the course of a month, the amended rate shall be implemented ten days after notification of this amendment has been received by the Secretariat.